삼성이
강한
진짜 이유

이 도서의 국립중앙도서관 출판예정도서목록(CIP)은 서지정보유통지원시스템 홈페이지(http://seoji.nl.go.kr)와
국가자료공동목록시스템(http://www.nl.go.kr/kolisnet)에서 이용하실 수 있습니다.
CIP제어번호: CIP2016000505

사람
조직
조직력

삼성이
강한
진짜 이유

The Power of Samsung Talent Management

| 가재산 지음 |

한울
아카데미

세계를 석권하면서 탄탄대로를 달리던 노키아Nokia나 코닥Kodak, 소니SONY 같은 글로벌 초일류 기업들조차 파산하거나 여러 가지로 위기를 맞고 있다는 보도들이 지면을 장식하고 있다. 우리 기업들도 내수 부진과 급변하는 해외 경영환경 속에서 어려움을 호소하고 있다.

이러한 환경 속에서도 전 세계에서 제조업을 하는 기업 중에 유일하게 수년 동안 20조 원 안팎의 이익을 내면서 성장을 지속하는 회사가 있다. 바로 '삼성전자'다. 20여 년 전만 해도 회장 이건희로부터 '암 2기 환자'라는 중병 선고를 받을 정도로 글로벌 기업들과 비교되지 않던 회사가 IMF 외환위기를 극복하고 단기간 내에 세계가 주목하는 초일류 기업이 된 것이다.

20년 전, 삼성그룹의 세계 1등 제품은 삼성전자의 D램과 메모리반도체 등 단 2개에 불과했다. 그러나 1993년 이건희 회장의 '신경영 선언' 이후 판은 뒤집혔다. 휴대폰 판매량 1위, 텔레비전 매출 1위, 모니터 매출 1위, D램 매출 1위 …….

아무도 예상하지 못했다. 무려 20개의 세계 1등 제품을 한국 기업이 만드는 날이 올 줄은 그 누구도 상상할 수 없었다. 이제 삼성전자는 '한국 기업'이라는 말보다 '글로벌 초일류 기업'이라는 수식어가 어울릴 정도가 되었다.

삼성전자는 '신경영 선언' 이후 20년 동안, 양적으로나 질적으로 눈부신 성장과 발전을 이뤘다. 2013년 세계 최대 브랜드컨설팅 그룹인 인터브랜드Interbrand가 선정한 '글로벌 100대 브랜드'에서 8위까지 올랐다. 그룹 전체 연계매출도 13배로 껑충 뛰었다. 세전이익은 8,000억 원에서 20년 만에 38조 원으로 47배가 증가했다. 시가총액도 44배를 기록했다.

삼성을 이토록 성공으로 이끈 배경은 여러 가지가 있겠지만 외국 기업들은 단연 삼성의 '인재경영'을 손꼽는다. 고故 이병철 회장과 이건희 회장이 그토록 강조하는 인재경영의 요체는 무엇이며 삼성이 인재경영에 강한 진짜 이유는 무엇일까?

삼성은 1957년에 국내 기업 중에서 최초로 공채제도를 도입하는 등 인사제도를 선도해왔고, 최근에도 삼성 특유의 색깔을 가진 인사제도로 세계 어느 글로벌 기업 못지않게 당당히 앞서가고 있다. 과연 초일류 기업이라고 해서, 또 우수한 인재만 있다고 해서 이러한 것이 가능할까?

우수한 사람들이 많이 있다고 해서 결코 우수한 조직이라고 단정하기는 어려우며, 우수한 조직을 갖추더라도 리더십이나 스피드와 같은 조직을 한 방향으로 추진시키는 핵심적인 요소인 조직력이 없으면 남보다 뒤처질 수밖에 없다. 삼성은 분명 남다른 조직력을 발휘하여 불과 20년 만에 글로벌 초일류 기업으로 도약했다. 그래서 이 책에서는 인재제일 경영철학을 기본으로 하는 인재경영의 핵심전략을 '사람·조직·조직력'의 세 축으로 정리하고, 이를 12가지 키워드로 요약하여 그 안에 숨어 있는 핵심적인 비결을 소개해보고자 한다.

과거의 삼성은 경영혁신을 추진하거나 새로운 인사제도를 도입할 때 일본 기업들의 사례를 거의 완벽하게 공부했고, 그 밖에도 해외 벤치마킹을 위해 유럽이나 미국 등으로 수없이 많이 나갔다. 그때마다 현지 기업에 사정하다시피 하면서 찾아갔던 것이 사실이다. 그런데 요즘 해외 벤치마킹을 가면 삼성 사람들은 예전과는 전혀 다른 대우를 받는다고 한다. 전자업계의 지존이었던 소니조차 이제 삼성을 연구하고 있고, 세계 최강의 도요타자동차나 GE에서도 최근 '삼성을 배우자Learn Samsung'는 움직임이 일면서 삼성의 인사제도와 인재경영의 기법들을 벤치마킹하기 위해 삼성을 수차례 방문하기도 한다. 삼성의 인사제도는 이제 세계적으로 인정받고 벤치마킹의 대상이 되는 수준에 와 있는 것이다.

물론 이미 우리나라에서도 삼성을 연구하는 모임이나 전문세미나 등이 많이 생겨나고 있고 'Learn Samsung!'의 움직임이 활발하게 일어나면서 삼성식의 인사·교육제도에 대한 관심도 부쩍 늘었다.

그러나 유감스럽게도 지금까지는 삼성의 인사제도를 제대로 소개하거나 설명해주는 곳이 없었다. 삼성의 이러한 제도들은 의외로 베일에 가려져 있어 도요타나 GE 같은 기업들과는 달리 각종 인사제도들을 상세히 알 수 없었던 것이다. 이미 서점에는 삼성과 관련한 책자가 100여 종에 이를 정도로 수많은 서적들이 있으나 그 대부분이 외부 작가나 기자들이 쓴 책들로 주종을 이룬다. 삼성 출신 인사들이 쓴 책들 또한 마케팅이나 리더십, 삼성 신경영과 관련한 것 정도다.

천연자원이 거의 전무하고 인적자원이 전부인 우리나라가 선진국으로 도약하기 위해서는 '사람'이 제일 중요하다. 우리나라도 이제 급격하게 '성과주의' 인사로 재편되고 있는 가운데 공조직이든 사기업이든 인재가 가장 중요한 '인재경영'의 시대가 되었다. 우리나라 기업이나 정부,

공공기관들, 그리고 거기에 종사하는 구성원들 모두가 변화하지 않으면 안 되는 '변화와 창조의 시대'에 이 책이 인사제도나 인재 육성에 관한 한 해외 벤치마킹 이전에 반드시 먼저 읽고 참고해야 할 지침서가 되기를 기대해본다.

"행복한 가정은 모두 비슷하지만, 불행한 가정은 제각기 다르다." 톨스토이의 장편소설 『안나 카레니나』의 첫 문장이다. 이와 마찬가지로 성공한 회사나 개인들은 남다른 그들만의 성공 DNA가 있다. 삼성은 분명 글로벌 초일류 기업을 향해 인재경영과 인사관리에 관한 한 오늘에 만족하지 않고 이러한 성공 DNA들이 자체 생명력을 가지고 계속 진화해 나갈 것이 틀림없다.

삼성의 인사제도나 시스템에 대한 자료들은 의외로 공개가 되지 않고 있다. 솔직히 필자 또한 현업에 있을 때 자료를 직접 공개하기가 어려웠다. 그러나 이제 이 책이 기폭제가 되어 더 자세하고 본질적인 내용들이 세상에 알려지고 작은 제도 하나라도 다른 회사에 적용될 수 있는 좋은 것은 각각의 기업들에게 접목되고 확산되기를 바랄 뿐이다. 이를 통해 우리나라 기업들이 한 단계 성장하여 더욱 경쟁력 있는 기업으로 도약했으면 하는 바람이다.

청마靑馬가 힘차게 달려오는 새해 아침에
가재산 씀

차 · 례

1등의 위기와 싸워라

칭기즈칸의 유럽 정벌 이후 동서양의 힘이 정면으로 부딪힌 전쟁은 지금까지 세 차례가 있었다고 한다. 첫 번째는 영국과 중국 간의 아편전쟁이고, 두 번째는 미국과 일본 간의 태평양전쟁이었다. 마지막 세 번째 전쟁은 바로 1980년대 자동차로부터 촉발된 미국과 일본 간의 경제 전쟁이다. 태평양전쟁과는 반대로 이 전쟁은 일본의 승리로 끝났다.

그런데 최근 들어 동서양 간의 네 번째 전쟁이 시작되었다. 스마트폰과 태블릿 PC로 상징되는 미국의 '애플Apple'과 하드웨어로 상징되는 우리나라의 '삼성' 간의 경쟁이 그것이다. 이미 세계 도처에서 특허와 기술의 전쟁이 일어나고 있다. 앞선 세 번의 전쟁에서 승패를 가르는 중요한 요소가 군사전략이나 물자였다면, 최근의 네 번째 전쟁에서는 핵심인재 관리능력이 승패를 좌우하는 가장 근본적인 요소가 되고 있다.

1. 날로 드높아지는 삼성의 위상

삼성에 쏟아지는 밖으로부터의 찬사

이탈리아의 경제주간지 ≪파노라마 이코노미Panorama Economy≫는 2012년 5월 "만약 한국이 애플을 먹는다면……"이라는 제목의 커버스토리와 함께 8면에 걸친 한국 관련 특집기사를 실었다. 사과 모양의 애플사 로고 안에 태극기 문양을 결합한 표지 그래픽 디자인이 인상적이었다. 이 잡지는 한국이 1998년 IMF 외환위기와 2008년 금융위기에서 놀라운 대응으로 새로운 한강의 기적을 이뤄낸 것을 평가하며 그 원동력을 분석했다.

그 기사를 처음 접했을 때만 해도 천하의 애플을 한국 기업이 이긴다는 생각을 하기에는 너무 먼 이야기로 여겼지만, 휴대폰 판매대수에서 노키아는 물론 스마트폰 판매에서도 애플을 제친 삼성전자의 약진을 보며 이들의 예상이 불가능한 일만은 아닌 것 같다는 생각이 들었다.

좀 지난 이야기지만 ≪뉴욕타임스≫가 2005년 7월과 11월 두 차례에 걸쳐 삼성전자를 당시 워크맨으로 세계의 전자산업을 이끌며 '잘나가던' 소니와 비교해 충격을 주었다. 그 당시 ≪뉴욕타임스≫는 "하워드 스트링거 신임 최고경영자CEO가 입사한 1997년 소니는 한국의 텔레비전 제조업체인 삼성전자를 거의 주목하지 않았지만, 삼성전자는 그 후 약 10년 만인 2005년에 다양한 상품과 고급 브랜드를 모두 갖춘 경쟁자로 부상했다"고 보도했다. 또한 "한때 부피가 큰 텔레비전과 카세트, 싸구려 라디오를 팔던 '뒤떨어지는' 브랜드의 삼성전자가 아시아 외환위기 이후 생산라인을 업그레이드하고 반도체를 위시한 고급 제품으로 소니와 직접 경쟁할 수 있게 되었다"며 "특히 매년 30억 달러의 광고비를 투자한 삼성의 브랜드 가치는 2005년부터 소니를 능가하게 되었다"고 강조했다.

2013년 다국적 브랜드컨설팅 그룹인 인터브랜드가 매긴 일본 대표기업 소니의 브랜드 위상은 전년도보다 5계단 떨어진 40위에 그쳤다. 그 사이 애플은 8위에서 1위로, 삼성전자는 17위에서 8위로 뛰어올랐다. 삼성이 소니를 앞질렀다는 언론보도가 대대적으로 나온 계기가 된 것도 바로 이 인터브랜드의 평가자료 때문이다.

아시아, 미국, 유럽 등 어딜 가나 삼성은 나라와 인종에 관계없이 인정받고 있고 또한 성장하는 기업들에게 벤치마킹의 대상이자 모델이 되고 있다. 미국과 유럽은 물론 중국과 타이완, 인도, 일본에서조차도 '삼성'이라는 브랜드는 대단한 명성을 얻고 있다.

중국을 대표하는 어떤 기업의 관계자들은 "우리는 삼성같이 글로벌 리더기업이 되는 것이 목표"라는 견해를 서슴없이 밝히고 삼성의 모든 것을 연구·분석, 벤치마킹하고 있다며, 특히 삼성이라는 브랜드가 명성을 얻기까지 전개한 마케팅 전략에 대해 지대한 관심을 표명했다. 이들은 올림픽 및 영국 프리미어리그의 첼시 구단 등 스포츠를 후원하는 스포츠마케팅을 적극적으로 펼쳐 삼성의 명성이 대단해졌다고 내부적으로 분석해 자신들도 스포츠마케팅을 전개하고 있다고 말하기도 했다.

사실 2009년에 삼성전자는 한때 위기에 몰렸었다. 몰아치는 애플발 스마트폰 광풍에 한 치 앞을 내다보기 어려웠다. 핵심인 모바일 사업에 대한 우려가 곳곳에서 터져 나왔다. 삼성은 구글Google과 손잡고 안드로이드폰 개발에 사활을 걸었다. 뛰어난 연구개발R&D 능력 및 제조기술, 마케팅 파워 등을 빠른 속도로 결합하며 승부수를 띄웠던 것이다. 결국 2012년 삼성의 스마트폰은 애플을 제치고 세계 1위에 올라섰다. 최근 언론들이 앞 다투어 보도하는 바에 따르면 삼성전자는 2013년 3분기 만에 세계 롱텀에볼루션^{LTE} 휴대폰 시장에서 1위를 탈환했다고 한다.

인재경영으로 소니, 파나소닉을 앞지르다

일본의 경제주간지 ≪다이아몬드≫(2013년 2월 27일)는 "소니·파나소닉 vs 삼성"이란 제목의 특집기사에서 삼성과 소니의 과장 승진 기준 토익점수를 비교했다. 소니는 직원들의 영어실력 향상을 위해 2013년 4월부터 관리직(과장)에 승진하려면 '토익 650점 이상'을 받도록 인사규정을 바꿨다.

하지만 삼성의 글로벌화 수준은 소니를 압도한다는 것이 이 잡지의 지적이다. 삼성은 이미 2005년부터 신입사원은 토익 900점, 기존 사원은 800점 이상이 되도록 하고 있다. 삼성 내에서 우수인재로 꼽히는 'A급 사원'은 토익점수 하한선이 920점이다. A급 사원에 끼지 못하면 간부 승진이 어렵다는 점에서 과장 승진에 필요한 토익점수는 920점으로 볼 수 있다. 소니나 파나소닉이 한국의 삼성전자에게 지고 있는 이유가 바로 과장 승진 토익점수에 숨어 있다는 게 이 잡지의 결론이다. 이에 대해 삼성 관계자는 "토익점수는 승진 인사 때 승진 포인트에 가점 부여 방식으로 활용되고 있다"며, "예를 들어 860점 이상일 경우 0.3점을 더 준다"고 말했다.

≪다이아몬드≫는 삼성의 강점을 △ 인사제도, △ 마케팅, △ 디자인, △ 기술개발, △ 설비투자, △ 재무 등 6개 분야로 나눠 집중 분석했다. 특히 주목한 것은 신상필벌의 인사제도다. 이 잡지는 "삼성은 임원부터 일반 사원에 이르기까지 구체적이고 높은 목표를 준 뒤 달성하지 못하면 책임을 져야 하고 그만두는 것이 다반사다. 철저한 실력주의로 파벌

도 학벌도 노조도 없다"고 소개했다.

직급별 급여 격차가 큰 것도 특징이다. 삼성전자의 경우 일반 사원에서 차·부장으로 승진하면 연봉은 9,100만~1억 400만 원으로 2배 이상 뛴다. 임원이 되면 연 평균 2억 6,000만 원 이상, 등기이사는 연 130억원 등으로 급여는 가파르게 오른다. 이러한 '상후하박上厚下薄' 임금구조가 사원들의 성취동기를 유발한다는 것이다.

또 삼성은 일본의 기술자들도 공격적으로 채용하여 현재 약 500여 명의 소니 출신 엔지니어가 삼성에서 일하고 있다고 전했다. ≪다이아몬드≫는 인사제도를 확 바꿔놓은 주인공은 이건희라며 그의 인재에 대한 집착으로 인해 삼성은 '한국 최대의 인재 그룹'을 형성하고 있다고 소개했다.

수년 전 ≪비즈니스 위크≫도 'The Samsung Way'에 대한 기사를 보도한 일이 있는데, 이처럼 해외 언론들은 '인재를 바탕으로 한 시스템 경영'을 삼성의 성공비결로 뽑고 있다.

삼성전자, 이젠 해외 기업?

삼성전자의 2013년 2분기 해외 매출 비중이 분기 기준으로 처음 90%를 돌파했다. 이는 삼성전자의 국내 매출 비중이 처음으로 10% 밑으로 떨어졌다는 의미로, 삼성전자 입장에서는 시장의 대부분이 해외에 있다는 뜻이다. 국내 시장을 대상으로 하는 기업이라는 소리를 듣는 힘든 형국이다.

연결기준으로 2분기 이 회사의 총 매출(내부거래 제외) 57조 4,644억 원 가운데 국내에서 올린 매출은 전체의 9.6%인 5조 5,035억 원에 불과했다.

갤럭시S 시리즈와 스마트TV 등이 미주와 아시아, 아프리카에서 판매 호조를 보인 반면, 경기침체로 어려움을 겪고 있는 유럽 지역의 판매 축소와 국내 시장의 침체로 지역별 매출 비중에 큰 변화가 있었기 때문에 해외 매출이 90%를 넘어선 것은 이번이 처음이다.

삼성전자는 생산·판매법인, 디자인센터, 연구소 등 총 79개국에 271개의 거점을 갖고 있다. 현지화 전략을 펴기 위해 북미, 유럽, 동남아 등 15개의 지역별 총괄체제를 운영 중이다. 현재 삼성전자의 전체 인력 가운데 해외 인력이 절반 이상을 차지한다.

자료: 2013년 8월 23일 자 ≪머니투데이≫.

일본 전자업체들의 영광과 그늘

10여 년 전만 하더라도 세계 최고의 가전업체는 단연 소니였다. '워크맨'을 필두로 '플레이스테이션'이라는 게임기로 이어지는 가전 엔터테인먼트의 세계 최강자로 군림하면서 소니 제품의 인기나 회사의 위상은 하늘을 찌를 듯했다. 그 당시 소니를 비롯한 일본 전자업체들은 한국의 모든 전자업체들한테는 하늘 같은 존재들이었고, 일본은 세계시장을 완전히 석권한 이른바 전자왕국이었다.

그중에서도 제일 잘나가는 소니가 내놓은 광고 카피는 정말 놀라웠고 충격 그 자체였다. 'It's Sony!' 단 한 줄이었다.

소니 제품에 대한 어떤 설명도 필요 없다는 대단한 자신감의 표현이었다. 이 한 줄의 카피는 전 세계적으로 대단한 충격과 돌풍을 동시에 일으키며 역사상 최고의 히트를 쳤다.

우리나라의 사오십대 사람들이 어릴 적 추억 중의 하나로 떠올리는 것은 일본 소니사의 워크맨이다. 워크맨이 나왔던 초기에는 거의 한 달여 봉급을 주어야 겨우 구입할 수 있었을 때여서 잘사는 집안 아이들의 전유물로 여겨질 정도였다. 그 당시 공부할 때는 물론이고 시도 때도 없이 워크맨의 리시버를 귀에 꼽고 추억의 팝송을 들으면서 청춘시절을 보냈던 기억이 지금도 새로울 수밖에 없다. 심지어는 제조라인의 작업자들, 직장인들까지도 하루 종일 워크맨에 빠져 있었다. 그렇지만 오늘날 아이들에게 소니라는 이름은 생소하고, 더구나 워크맨은 저 멀리 기억 속에도 존재하지 않는다.

언제까지나 승승장구할 줄로만 알았던 소니였지만 순간적인 시대 변화의 흐름을 읽지 못하고 MP3의 폭발적인 인기를 단순한 유행 정도로만 취급했다. 또한 MP3의 약점인 '음질' 부분을 파고들어 기존 오디오 제품들의 '음질' 개선에 최선의 노력을 다했으나, 그저 기존 제품이 개선된 정도의 제품을 내놓게 되면서 워크맨은 경쟁력을 잃어버리고 하루아침에 우리 기억에서 사라지고 말았다.

소니가 잘나가던 1980년대 후반에 필자는 일본에서 주재원으로 근무한 적이 있다. 소니는 아예 쳐다볼 대상이 되지 못할 정도의 기세라서 어쩌다 본사 출장자들이 소니 방문을 요청하면 그 방문허락을 얻어내기가 쉽지 않았다. 설령 방문을 하더라도 겨우 형식적으로 외부만을 견학하는 정도에 그쳤다.

당시 우리 세대에는 절대로 일본을 따라 잡을 수 없다는 절망감이 우리 사이에 퍼져 있었고, 일본 전자업체들은 그저 동경의 대상이었다. 일본에 여행 다녀온 사람들이 사오는 일제 전자제품이나 코끼리 전기밥통은 누구나 부러움의 대상이었다.

그러나 소니는 점차 고부가가치 제품의 개발이나 구조조정 등의 전략적 대응 없이 높은 브랜드 가치에만 의존한 결과 늦게 출발한 한국의 전자업체들에게 텔레비전 시장을 내주고 말았다. 그렇게 가전 1위 자리를 위협받고 있던 상황에서 소니 역사상 최초로 외국인을 CEO로 맞이하게 된다. CEO가 된 하워드 스트링거는 기업의 체질 개선을 위해 '수익성' 개선이라는 미명하에 연구개발센터를 축소하기에 이르렀는데, 이른바 '기술의 소니'라고 자부하던 소니의 일류 엔지니어들은 이런 CEO의 결정에 크게 낙담하고, 삼성이나 LG 같은 경쟁기업으로 건너가게 되는 불상사마저 일어난다.

소니의 외국인 CEO의 개혁적인 경영방향은 좋았으나, 너무 높은 비중의 전문성 없는 사외이사들은 사업 전반을 보는 안목이 부족했고 그로 인한 판단 실수의 누적과 책임 회피로 인해 2003년 시가총액에서 삼성전자에 추월당하는 수모를 겪었다.

전 삼성전자 부회장을 역임한 윤종용 국가지식재산위원회 위원장은 당시를 다음과 같이 회고하며 전환의 포인트를 들려주었다. "성공의 원점은 과거 일본에 처음 갔을 때 받았던 충격이다. 1966년 삼성에 입사한 나는 삼성전자가 설립된 1969년부터 4개월씩 세 번에 걸쳐 일본 산요전기와 마쓰시타전기 등에 가서 연수를 받았다. 당시 나는 '일본이 너무 앞서 있어서 우리 세대에는 절대로 일본을 따라잡지 못하겠구나' 하는 절망감을 느꼈다."

그는 1977~1979년 도쿄지점장과 1995~1996년 삼성전자 일본 본사 사장을 지내면서, 어떻게 하면 일본을 따라잡을 수 있을까 고민했다고 한다. 오랜 고민 끝에 그가 얻은 해답은 '디지털 시대가 곧 기회'라는 것이었다. "일본 기업들은 아날로그 시대에 누렸던 경쟁력의 우위가 디지털 시대에도 계속될 것이라는 믿음 때문에 방심했던 것 같습니다. 하지만 우리는 디지털로 바뀌는 이 기회를 놓치면 영원히 일본 기업을 따라잡을 수 없다고 판단했죠."

이처럼 일본 경제의 '블루칩'으로 승승장구하던 일본 가전 빅3가 '애물단지'로 전락한 원인은 무엇일까? 블룸버그통신은 일본 가전산업이 직면한 현실은 지난 2009년 미국 자동차산업이 몰락하던 직전 상황과 닮았다고 지적한다. 글로벌 금융위기 충격이 극에 달했던 2009년 미국에서는 제너럴모터스GM, 크라이슬러, 포드 등 자동차 '빅3' 가운데 GM과 크라이슬러가 파산보호를 신청했고, 미 정부는 두 회사를 되살리기 위해 수백억 달러의 구제금융을 투입했다. 아서 알렉산더 조지타운대 교수는 일본 가전업계가 몰락 직전의 미국 자동차업계와 공유하고 있는 패착으로 과도한 내수시장 의존을 꼽았다.

내수시장에 너무 의존한 나머지 혁신을 게을리 하고, 새로운 시장과 경쟁업체에 대응하지 못했다는 것이다. GM도 최고 전성기였던 1950년 대에는 세계 최대였던 미국시장의 절반 이상을 독차지했다. 국내 전문가들은 일본 전자업체들의 몰락 원인으로 갈라파고스 증후군과 기술에 대한 자만, 고집 등 세 가지를 꼽는다. 가장 큰 원인은 미국의 자동차업계처럼 내수시장에 안주했다는 점이다.

2013년 7월 ≪뉴욕타임스≫도 국내 기술로 전락한 일본의 휴대폰 산업에 대해 '갈라파고스 증후군'을 앓고 있다고 묘사했다. 물론 최근에 아베노믹스 정책과 엔저의 힘으로 회생을 하고 있다고 하지만 근본적으로 소니뿐만 아니라 일본의 대표적 전자업체들인 파나소닉과 샤프도 실적 부진에 '날개 없는 추락'으로 휘청거리고 있다.

갈라파고스 증후군

갈라파고스는 남아메리카 동태평양에 있는 자연사 박물관이라 불리는 16개의 섬을 말한다. 찰스 다윈의 진화론에 영향을 준 섬으로 유명하다. 이 섬들은 아메리카 대륙으로부터 1,000km 정도 떨어져 있어 고유한 생물들이 많다. 원래의 종과는 다르게 진화한 200kg이 넘는 코끼리거북을 비롯해, 길이가 1.5m에 달하는 바다 이구아나, 갈라파고스펭귄, 날개가 퇴화한 가마우지 등은 지구상 다른 곳에서 찾아 볼 수 없는 고유종들이 서식한다.

요즘 경영 분야에서는 '갈라파고스 증후군'이라는 말이 유행하고 있다. 아무리 멋지고 희귀한 상품이라도 지역적으로 고립되어 있으면 여러 사람들과 시장에 널리 알려질 수 없다는 이야기다.

2009년 7월 ≪뉴욕타임스≫에 '갈라파고스 증후군'을 묘사한 기사가 게재되었다. 소니, 파나소닉, 샤프 같은 일본의 휴대폰업체들이 최신 기능의 휴대폰을 내놓고 있지만 해외 시장에서는 고전을 면치 못하고 있는 현상을 '갈라파고스 증후군'이라고 표현했다. 일본 휴대폰업체들이 일본 내에서는 잘 팔리는 제품을 만들면서 세계시장에서는 고립되어 있다는 것이다.

결국 일본 기업들은 국내 소비자 취향에 맞춘 상품 개발에 매달린 나머지 급변하는 글로벌 환경과는 거리가 멀어졌다는 의미다.

GE, 도요타도 삼성에서 한 수 배운다

2013년 10월 24일 제프리 이멜트 미국 GE 회장은 "글로벌 시장에서 큰 도약을 이룬 한국 기업들은 존경과 두려움의 대상"이라고 말했다. 이멜트 회장은 이날 한국능률협회 주최로 서울 한남동 그랜드하얏트호텔에서 열린 최고경영자 조찬회에 연사로 나와 "지난 10년간 한국 기업의 경쟁력 향상을 지켜봐 왔다"며 이같이 평가한 것이다.

그는 "GE는 경쟁자이자 협력자인 삼성과 같은 기업으로부터 많은 것을 배우려고 한다"며 "항공모함 같은 큰 규모면서도 빠른 속도Speed가 공존하는 것이 삼성의 강점"이라고 분석했다. 또한 반드시 시장에서 승자가 되겠다는 한국 기업의 근성도 언급했다. 이멜트 회장은 "가령 중동에서 발전 사업을 할 때 한국 기업이 협력사로 참여하면 GE 직원들이 좋아한다"며 "경쟁해야 하는 상황에서 한국 기업은 강한 승부욕이 있기 때문"이라고 소개했다.

이멜트 회장은 정연주 삼성물산 대표를 비롯한 삼성그룹 계열사 사장단을 만나 사업 협력방향에 대해 논의한 바 있는데, 다음날 신라호텔에서 기자간담회를 갖고 "삼성을 비롯한 국내 조선해양 분야 기업과 비즈니스 접점을 이어가고 있으며 확대해 나갈 것"이라고 말했다.

반면 잘나가고 있는 한국 기업들에 대한 충고도 곁들였다. "기업은 언론 등 주위에서 칭찬을 많이 할 때를 가장 두려워해야 한다"며 항상 위기의식을 갖고 대비할 것을 주문했다.

일본 기업과 언론의 최대 관심사는 역시 삼성전자다. 신문과 잡지에는 거의 매일 삼성 관련 기사가 등장한다. 특히 나란히 순이익 1조 엔을 넘은 도요타자동차와 삼성전자는 곧잘 비교대상으로 화제에 오른다. 캐논Canon의 미타라이 후지오 사장 역시 인터뷰 도중 도요타와 삼성 얘기를 꺼내며 평소 '도요타 배우기'에 공을 들인다면서 캐논이 채택한 셀Cell 방식도 도요타 공장을 방문해 얻은 아이디어라고 소개했다. 그는 이어 삼성전자 등 한국 대기업의 발전 속도가 대단하다며 특히 이건희 삼성그룹 회장의 경영 능력을 높이 평가한다고 수차례 강조했다.

21세기 초 미국발 도요타자동차 발진사건 전까지 우리나라뿐만 아니라 동남아시아, 유럽 등 전 세계적으로 업종에 관계없이 도요타를 벤치마킹하기 위해 '도요타 배우기' 열풍이 불었다. 도요타의 생산 방식인 TPSToyota production system를 직접 배우기보다는 도요타라는 기업 속에 면면히 흐르고 있는 철학이나 의식 그리고 도요타의 시스템과 제도를 배우기 위한 것이다.

도요타자동차에게는 일본이 버블경제 붕괴 이후 잃어버린 십여 년간이 오히려 '개선과 개혁의 10년'이었기 때문에 계속해서 1조 엔 이상의 이익을 낼 수 있었고 그 기간 동안 포드자동차를 따라잡고 세계 최고의 GM을 능가하기도 했다.

도요타는 캐논과 같이 종신고용제 등 일본식 경영을 끝까지 포기하지 않고 이를 강점으로 삼아왔는데, 창업주의 4세인 도요타 아키오 전무를 부사장으로 승진시키면서 변화를 가져와 오너 경영체제를 서서히 부활시켰다. 일본의 한 교수는 "도요타가 그동안 '연공서열과 회사에 대한 충성심'을 신념으로 지켜왔지만 앞으로 4세 시대에는 성과급 등 미국식 경영을 도입할 것"이라고 분석했다. 이러한 성과급 등 미국식 경영의 도입을 위해 도요타자동차는 삼성전자의 임원 급여와 보너스 체계를 벤치마킹하고 있다.

과연 도요타에서 삼성식 경영을 배우려는 이유는 무엇일까? 도요타는 2000년 오쿠다 히로시 회장이 기본급을 동결하면서 "임원들도 고통 분담에 동참해야 한다"며 "임원 평균 연봉을 노조원 평균(약 900만 엔)의 4배 이내로 줄일 것"이라고 선언했다. 이후 도요타는 임원 평균 급여가 경쟁사인 닛산·혼다의 50~70% 수준까지 떨어졌다.

도요타 도쿄 본사의 한 간부는 "2000년 이후 매년 1조 엔 이상의 이익을 내고 있지만 5년째 기본급을 동결해 '회사만 부자고 직원은 가난하다'는 사내 불만이 커지고 있다"고 말했다. 또 다른 도요타 관계자는 "일본의 물가가 비싼데도 삼성전자의 임원 평균 급여보다 절대 액수가 적으며, 이사회 구성원만 따져보면 삼성전자의 7~10분의 1 수준"이라고 전했다.

도요타의 대외홍보 담당인 가나다 신 상무는 "삼성전자의 임원 급여를 수년 동안 분석해온 결과 동기 부여에 강점이 있어 도입을 적극 검토하고 있다. 이미 삼성전자의 인사 담당 임원도 만났다"라고 말했다. 삼성전자 관계자도 "2000년 이후 도요타와 최고경영층 간에 교류를 해왔다"며 "이미 도요타가 삼성의 인사 시스템과 성과급에 대해 상당부분 분석을 끝낸 것으로 알고 있다"고 말했다.

'Learn Samsung!'의 바람이 일고 있다

필자는 10년 전, 25년 이상 몸과 마음을 묻었던 삼성이라는 큰 울타리를 뛰쳐나온 이후 500여 차례의 특강과 수십 차례의 세미나를 개최할 기회가 있었다. 그중 가장 인기 있었던 강의 가운데 하나가 '삼성, 왜 강한가?'라는 제목이었다.

전경련이 주관한 어느 조찬회 호텔 강연장에서는 평소보다 두 배로 늘린 자리도 모자라 아침식사도 제대로 들지 못한 채 강연을 듣는 사람도 있었고, 2006년 여름에는 '삼성의 인사제도와 인재경영의 비밀'이라는 제목의 세미나를 개최했는데 당초 100명의 예상인원을 금세 초과하여 두 배인 200여 명이 몰리는 바람에 부랴부랴 세미나 장소를 두 번이나 옮기기도 했다.

이날 세미나에 참석한 한 대기업 임원은 "그동안 삼성의 인재경영이 독특하다는 말만 들었는데 삼성의 자세한 내용을 깊이 있게 알고 보니 그 치밀함에 놀랐다"며 "회사 규모의 차이는 있지만 삼성식 인재경영을 어떻게 우리 회사에 접목시킬 것인지 고민해보겠다"고 말하기도 했다. 이처럼 삼성에 대한 관심과 삼성 배우기의 바람이 예전 같지 않은 게 사실이다. 이러한 삼성 배우기 바람은 국내에 그치지 않고 해외에서 더욱 거세게 불고 있다.

그 단적인 예로 일본에서는 삼성을 집중 연구하는 '삼성연구회'가 생겨 삼성에서 고문으로 근무했던 일본 사람들은 물론 전직 삼성인들을 초청하여 세미나를 개최하는 일이 아주 많아졌다고 한다.

일본의 서점가도 확 변했다. 『삼성식 업무방법三星式 業務方法』은 최근 몇 년 새 일본 대형서점에서 꽤 많이 팔렸다는 책이다. 부제도 쇼킹하다. '삼성식 방식, 5년 만에 일류사원이 되다'. 일본의 자존심 소니와 파나소닉, 샤프 등을 제쳐버린 삼성의 일처리 방식을 따라 하기만 하면 일류사원이 될 수 있다고 홍보한다. 석 달 만에 팔린 부수가 무려 15만 부였다. 그 얼마 뒤 또 한 권의 책이 일본 서점가에 등장했다. 『철저해석, 삼성 성공의 비밀徹底解析! サムスン成功の秘密』이라는 책으로 이 역시 인기를 끌었다. 삼성에 근무했던 전직 고문들이 직접 쓴 책도 여러 권 나와 있다.

사실 삼성을 배우자는 책이 베스트셀러 코너를 차지하고 있는 것이 일본인들에게는 어쩐지 못마땅하다. 삼성을 눌러야만 일본 기업의 자존심이 회복된다고 믿는 모양이다. 어찌 보면 당연하다. 일본인 기술 고문들이 삼성을 가르치던 게 엊그저께 아닌가?

수년 전 하버드 대학도 삼성전자의 성공학 배우기에 발 벗고 나섰다. 당시 황창규 삼성전자 반도체 부문 사장은 오전에는 미국 보스턴 하버드 대학 경영대학원에서 삼성 성공 케이스 스터디 수업 강의를 했고, 오후에는 하버드 대학 초청 특별 강연을 했다. 이날 하버드 대학 특강은 오후 3시부터 시작하기로 예정되어 있었으나 500석 규모의 대형 강의실을 꽉 채우고도 계속 수강 희망 학생들이 몰려들어 10분 정도 지연된 후 시작되었다.

이에 따라 대학 측은 강의실 중간에 설치된 간이 칸막이를 없애고 옆

강의실까지 합쳐 강의실로 이용할 수 있게 했다. 특강은 옆 강의실과 복도 등을 가득 채워 모두 1,000여 명이 참가하는 대성황을 이루었다. 얼마 전 카알라일 그룹의 카알라일 회장이 특강할 때는 불과 40명이 모였던 것으로 대학 측은 밝혔다. 하버드 대학이 그동안 특강을 허용한 우리나라 인사들은 많지만 하버드 대학에서 케이스 스터디를 하기는 지난 1980년대 대우그룹 김우중 회장의 글로벌 경영에 이어 두 번째이고 전문경영인으로서는 처음이었다.

황창규 사장이 케이스 스터디 수업에서 시의적절하고 유연한 투자와 의사결정을 특히 기동성 있는 유목민 문화에 비유해 설명하자 우레 같은 박수갈채가 쏟아졌다. 황 사장은 인재를 최우선하는 이건희 회장의 리더십과 반도체 불모지에 사재를 출연하면서까지 반도체 사업을 출발시키고 위기의 순간을 시장 도약의 계기로 만든 정확한 의사결정이 반도체 사업 성공의 열쇠가 되었다고 설명했다.

이제 시작에 불과하지만 도요타 배우기처럼 국내 기업들은 물론 세계적인 기업들도 앞 다투어 삼성식 경영을 배우려고 한다. 과거엔 삼성이 GE와 도요타를 배웠다면 지금은 글로벌 기업들까지 삼성의 경영을 배우는 것이다.

일본 만화에서 삼성 배우기

일본 전자업체인 파나소닉을 모델로 삼은 연재만화의 주인공 '시마 사장'의 얘기다. 이 시리즈는 주인공을 둘러싼 일본 국내외 기업 동향을 현실적으로 담아내 독자들의 공감을 불러 일으켰고, 단행본만 4,000만 권 이상 팔려나간 인기 연재물이다. 1983년 첫 선을 보인 이후 일본 최고의 기업 만화로 평가받는 '시마 시리즈'

중 『시마 사장』의 한 장면. 하쓰시바(만화 속 파나소닉)에 신입사원으로 들어가 38년 만에 사장 자리에 오른 시마 고사쿠는 취임 후 첫 이사회에서 필사적인 '삼성 배우기'를 주문한다.

"섬상전자(만화 속 삼성전자)는 불과 20년 전엔 일개 로컬 전기메이커였습니다. 그런데 지금은 주식 시가총액이 하쓰시바의 두 배에 달하는 거대기업으로 성장했습니다. 어떻게 단기간에 세계 정상에 오른 것인지 섬상의 전략을 자세히 연구해 배워야 할 점은 배워야 하지 않겠습니까."

이어 시마 사장은 거대한 내수시장에 안주했던 일본 기업을 혹독하게 비판한다. 그는 "(일본은) 세계무대에서 싸우기를 피해온 대가를 치르고 있다"며 "우리의 경쟁자는 더 이상 국내(일본) 기업이 아니다. 한국의 섬상"이라고 선언한다.

과거 한 수 아래로 봤던 삼성이 치고 올라오자 당황하면서 원인 분석과 벤치마킹에 골몰하는 일본 기업들의 모습이 잘 드러난다. 만화에선 섬상이 고요(만화 속 산요)에 대한 적대적 인수합병(M&A)을 추진하자 하쓰시바가 '백기사(우호세력)'로 나서 간신히 방어하는 장면도 나온다. 일본 기업들이 삼성에 대해 느끼는 강한 경계심의 표현이다. 2013년 6월 발간된 11편에서 드디어 이 만화의 주인공 시마 사장이 입사 43년 만에 퇴임한다. 일본에서 가장 유명한 샐러리맨이 일선에서 물러난 것이다.

자료: 2010년 6월 29일 자 ≪세계일보≫ 일부 참조.

국내 기업들도 삼성 따라 하기에 분주

다른 기업으로 말을 옮겨 탄 삼성 출신의 CEO들은 취임하자마자 삼성 시스템을 도입하는 데 열성적이다. 그들 나름대로 그동안 쌓아온 인사원칙을 배제하고 시스템 인사로 바꾸는가 하면, 삼성그룹을 본뜬 조직과 운영방식을 만드는 데 열성적이다.

LG그룹도 2004년부터 '삼성 경영 배우기'를 적극적으로 추진하고 있다. 김승연 한화 회장, 김준기 동부 회장, 이웅열 코오롱 회장, 김홍국 하림 회장도 삼성의 시스템 경영, 전략경영, 보상경영 등을 배우기 위해 임직원들을 독려하고 있다.

그중에서도 LG의 움직임은 남다르다. 구본준 LG전자 부회장의 취임 첫 일성은 '삼성처럼 독해지겠다'는 것이었다. 글로벌 전자·IT산업이 치열한 무한경쟁에 돌입한 상황에서 이는 시사하는 바가 적지 않다. 우선 IT산업에서 삼성전자와 함께 한 축을 형성해온 LG전자가 시장에서 차지했던 위상을 회복하겠다는 강한 의지를 선언한 것으로 봐야 한다.

구본준 부회장이 LG전자에 독한 DNA를 심겠다고 하는 것은 무를 대로 물러진 조직구성원을 바싹 조여 삼성을 따라 다시 한 번 뛰어보겠다는 소리로 들린다. 국경과 영역이 허물어진 무한경쟁 시대에 아버지와 형이 중시한 '인화人和'라는 기업 문화는 이제 경쟁력이 떨어진다고 판단한 듯하다. 창업 이래 유지해왔던 인화를 기본으로 하는 문화로는 더 이상 안 된다는 선언인 것이다.

2006년 김승연 회장은 한화 창립 54주년 기념사에서 "글로벌 시대에는 둥지만 지키는 텃새는 필요 없다. 철새의 본능을 배워라"고 임직원들을 독려하면서 그 실천 방안으로 인재 확보와 육성을 강조했는데 삼성의 맥락과 다를 게 없다.

그중에서도 삼성 배우기에 가장 열정적인 그룹은 동부다. 김준기 회장은 1998년부터 삼성 배우기에 나섰다. 김 회장이 삼성 출신을 대거 영입하는 가장 큰 이유는 시스템 경영을 배우기 위해서다. 삼성이 세계적인 기업으로 성장할 수 있었던 배경에는 시스템이 존재하기 때문에 동부도 이를 철저히 벤치마킹하고 있는 것이다.

삼성그룹에 미래전략실(과거 구조조정본부)이 있다면 동부그룹엔 지주회사 격인 (주)동부가 있다. 이곳에서 계열사의 최고경영자를 만든다. 김준기 회장은 회사 경영에 직접 나서서 이래라 저래라 하지 않고 최고

경영자들이 최선을 다해 일하고 경영성과에 따라 평가받는 시스템을 구축하길 원한다. 지금은 일선에서 물러났지만 이명환 전 삼성SDS 사장을 부회장으로 스카우트하는 등 시스템 경영 구축에 적극적이었는데 이명환 부회장의 후임으로 삼성에서 인사통으로 불리던 조영철 사장을 선임하기도 했다. 이명환 전 부회장은 "목표관리와 경영평가에 대해선 삼성보다 더 체계적으로 시스템을 구축했다"고 들려준다.

동부는 특히 삼성의 미래전략실과 같은 조직에 대해 관심이 높다. 이런 차원에서 동부는 실적 위주로 최고경영자를 평가할 수 있는 전략기획실 기능을 강화했다. 일부에서는 황제경영으로의 회귀라고 비판하기도 하지만 미래전략실을 통해 회장과 계열사를 연결시키는 삼성의 '삼각편대 경영(회장−미래전략실−계열사)'을 벤치마킹한 것이다.

이처럼 기업들이 경력자를 채용할 때 삼성 출신을 가장 선호하는 핵심 이유 가운데 하나는 '체계적인 조직 시스템을 경험'했기 때문이다. 즉, 많은 기업들은 삼성의 체계적인 조직 시스템을 벤치마킹하고자 삼성 출신들을 영입하려는 것이다.

삼성의 경영을 배우려는 곳은 비단 기업뿐만이 아니다. 정부도 삼성의 경영을 배우고 있다. 통일부는 삼성그룹의 사내 인트라넷인 '마이 싱글'과 삼성경제연구소의 홈페이지를 집중적으로 벤치마킹했다. 통일부 내에 '통일포털'이라는 온라인 시스템을 구축하기 위해서였다.

보수적으로 유명한 감사원은 삼성의 경영 가운데 성과급제도와 연봉제에 관심이 많고, 세계적인 수준으로 평가 받는 삼성그룹의 정보수집 능력을 배우려고 했다. 외교통상부 외교안보연구원은 삼성의 경영 가운데 인재 양성 프로그램에 눈독을 들인다. 특히 해외 주재원 전문가 양성 프로그램을 벤치마킹하기 위해 삼성인력개발원에 손을 내밀었다.

국무총리실 고위 간부들은 '국무총리실이 망하는 길'이란 토론회를 벌인 적이 있다. 환율은 떨어지고, 국제유가는 치솟는 상황에서 경영계획을 어떻게 짜야 할 것인지를 놓고 다양한 의견이 오갔다. 과거에는 볼 수 없는 광경이었다. 이처럼 삼성이 즐겨 쓰는 시나리오 경영이 국무총리실에도 등장했고, 행정서비스의 효율 극대화 방안을 찾기 위해 머리를 맞댔다.

금융결제원도 삼성의 개혁을 벤치마킹하기 위해 강연회를 가졌다. 기획예산처는 글로벌 초일류 기업으로 발돋움한 삼성의 경영혁신 노하우를 직접 체험하기 위해 간부 70명가량이 경기도 용인의 삼성인력개발원에서 혁신연찬회를 갖기도 했다. 삼성경제연구소가 주관하는 연찬회는 삼성의 고객중심 경영, 윤리 경영, 성과관리 시스템 등 주요 혁신사례를 직접 습득할 수 있는 프로그램을 중심으로 구성되어 있다.

2. 최강 인재경영의 힘은 어디에서 나오는가?

이병철 회장과 마쓰시타 고노스케의 인재경영

고 이병철 회장은 생전에 '인재제일人材第一'을 그룹 경영이념으로 삼아 인재에 대한 대단한 관심을 가지고 평생을 인재경영에 매진했다. 특히 '아무리 회사가 어려워도 교육비는 절대 손대지 말라'는 경영철학을 가지고 있었는데 이에 대한 일화를 최근 한 선배로부터 들었다.

삼성그룹 최초의 연수원은 삼성생명의 전신인 동방생명의 이름을 붙여 1978년 용인자연농원 안에 지은 '동방생명 연수원'이었다. 지금은 작고했지만 당시 교육부장으로 연수원을 총괄하는 모 부장이 새로 부임하여 연수 시설은 물론 회사 내 교육비가 너무 많고 낭비가 심하다 싶어 이병철 회장에게 교육비 절감계획을 세워 보고한 일이 있었다. 모 부장은 내심 이러한 '교육비 절감방안'이라는 보고를 하면 경영에 밝은 이 회장으로부터 칭찬을 들을 줄로 잔뜩 기대했는데 이 회장은 뜻밖에 크게 진노하면서 "교육비는 절대 손대지 마라"라며 오히려 부장을 그 자리에서 파면시켜 버렸다고 한다. 그 이후 삼성에서는 회사가 아무리 어려워도 웬만해서는 교육비에 손대지 않는 것이 원칙으로 되었다.

사실 마쓰시타전기나 삼성도 초창기에는 몇 명의 직원으로 시작한 작은 중소기업에 불과했지만, 쓸 만한 사람을 제대로 뽑고 키우는 인재 중시의 경영철학과 사고가 원동력이 되어 세계적인 기업으로 성장해왔다. 중소기업은 기술, 마케팅 그리고 요즘 같으면 자금이 가장 큰 문젯거리다. 그러나 결국은 사람이 전부라고 해도 과언이 아니다. 요즘처럼 불황으로 회사가 어렵다고 해서 그나마 데리고 있던 우수한 인재들을 놓치고 나면 결국 회사는 다시는 회복할 수 없는 치명적 손실을 입을지도 모른다.

이병철 회장 생존 시 아주 가까이 했던 이창우 성균관대 명예교수는 이 회장이 가장 아끼던 자문교수 중의 한 사람이었고 삼성그룹에서 25년간 자문역을 했다. 그가 쓴 『기업 경영의 기본, 다시 이병철에게 배워라』는 삼성을 창업한 호암 이병철의 경영철학을 통해 경영자들이 반드시 알아야 할 경영 법칙을 소개하고 있다.

이병철 회장은 사람이 사업의 성패를 결정한다고 생각했다. 그래서 사람 뽑는 일에 노력을 기울였다. 채용을 위해 적성검사를 최초로 도입하고, 면접을 몇 단계로 나눠 진행하기도 했다. 아랫사람의 힘을 잘 빌릴 줄 알아야 한다는 게 그의 생각이었다. 모든 일을 사장이 처리할 수는 없으므로 적재적소에 적합한 사람을 배치하고, 그 사람의 단점을 보완할 수 있는 사람을 같이 발령하는 등 인재관리에 아주 철두철미했다고 술회하고 있다.

평생 이병철 회장과 친분을 나누었던 마쓰시타 고노스케는 불황기를 오히려 우수한 사람을 데려오는 기회로 삼아야 하고 이때 임직원들에게 교육을 강화해야만 새로운 기회가 왔을 때 확실하게 남보다 앞서 나갈 수 있다는 불황 극복의 지혜를 가르쳐 '불황 극복의 신'으로 불리기까지 했다. 특히 그는 생전에 "첫째도 사람이요, 둘째도 사람이다"라면서 우리 회사가 무얼 하는 회사인가 물으면 "우리 회사는 사람 키우는 회사다"라고 대답하며 인재 양성에 온 관심을 기울였다.

일본에서 '경영의 신'으로 불린 마쓰시타 고노스케 회장이 1917년에 설립해 95년의 역사를 자랑하는 파나소닉의 위기는 일본 버블경제의 붕괴라는 큰 파고 속에서 과감한 결단력을 행사할 수 있는 오너십의 부재였다는 게 일본 내부의 평가다. 과거 마쓰시타 고노스케 회장은 "100년 후를 고민하고 있다"는 말로 유명세를 타기도 했지만 현재의 파나소닉 대주주들은 당장의 안정만을 고민하고 있는 게 현실이다.

변함없던 인재 제일주의를 제창했던 이병철 회장과 마쓰시타 고노스케 회장. 한 시대를 풍미했던 한국과 일본의 대표적 기업가였던 두 고인故人의 사후, 후대에서 혁신과 변화를 바라보는 시각이 다른 경영자의 차이로 한 세대도 안 되어 규모가 역전된 것은 아이러니하기도 한 일이다.

삼성을 움직이는 세 바퀴의 축, 사람·조직·조직력

삼성의 시스템이 놀라운 것은 세계 유수 기업들의 경영 시스템을 한국적 상황에 맞는 새로운 시스템으로 만들어냈다는 사실이다. 도요타,

GE 같은 세계적 기업들의 시스템이 훌륭했던 것은 그들만의 독특한 시스템을 만들어냈기 때문이다. 삼성의 이러한 시스템의 중심에는 바로 사람이 있다. 즉, 좋은 인재를 찾아내고 교육시켜서 조직과 시스템을 가동시키고 이를 통해 조직의 막강한 힘을 발휘하도록 하는 것이다.

이병철 회장은 작고하기 며칠 전까지도 강력한 리더십을 통해 빈틈없는 조직과 시스템으로 삼성그룹 전체 경영을 장악하고 있었을 뿐만 아니라, 일생 동안 기업 경영 외에 다른 사회활동에는 거의 관계하지 않았을 정도로 경영에만 전념했기 때문에 오늘날의 삼성이 만들어졌고 사후에도 존경받는 경영자로 남아 있다.

결국 삼성의 강점은 보는 관점에 따라 다양한 평가가 있을 수 있겠지만 인사 차원에서 본다면 우수한 인재 확보와 육성제도, 시스템 경영, 그리고 강한 조직력이라고 할 수 있는데 이 모든 것의 기반은 우수인재를 뽑아 철저한 교육을 시키는 것에서 비롯된다. '삼성은 무엇이 다른가?'를 묻기 전에 '삼성의 인재경영은 무엇이 특별한가?'를 먼저 주목해야 하는 이유이기도 하다.

필자가 강의나 세미나에 참석할 때마다 삼성의 강점을 세 가지로 요약하면 무엇이냐고 단도직입적으로 물어오는 경우가 있다. 여기서 삼성 인재경영의 특징과 차이를 세 가지로 요약하여 정리해보자.

첫째는 우수한 인재를 많이 보유하고 있고, 철저히 교육시키고 있다는 사실이다. 삼성에 입사한 사람이라면 IQ가 100이 되었든 150이 되었든 누구나 엄청난 교육의 기회를 준다. 직원들은 이러한 그룹 교육, 각 사 교육, 현장교육, 그리고 자기계발을 통해 성장하고 육성된다. 삼성은 과거부터 우수한 인재는 '머리가 좋다거나 학벌이 좋은 게 아니다'라고 생각했다. 물론 핵심인재급 석·박사도 많이 뽑지만 지방의 비명문 학교

37

제1장 _ 1등의 위기와 싸워라

를 나와도 육성을 통해 우수한 사람이 될 수 있다고 믿는다. 그래서 '삼성은 평범한 사람들을 뽑아 우수한 사람으로 만든다'라고 이야기한다.

지금은 면접절차가 완전히 달라졌지만, 과거 삼성에서는 면접을 볼 때 유명한 관상가인 백운학 씨가 배석을 했고, 이후에는 이병철 회장이 직접 관상을 공부하여 면접을 봤다. 관상이 나쁘면 토익점수 만점을 받았다고 해도 뽑히지 않았다. 그것은 될성부른 사람을 뽑아서 육성하겠다는 이 회장의 강력한 의지였다. 이러한 면접 방식은 이건희 회장이 취임하면서 끼 있는 인재와 핵심인재를 뽑는 개념으로 변화되면서 없어졌다. 관상으로 인재를 뽑는 것은 시대에 맞지 않았기 때문이다.

이렇게 될성부른 사람을 뽑아 끊임없는 교육과 자기계발을 시키고 외부에서 우수인재나 핵심인재를 많이 영입하다 보니 회사에 인재가 많아질 수밖에 없다.

둘째는 제도와 시스템에 의한 경영으로 강한 조직역량을 발휘한다는 점이다. 생전에 이병철 회장은 '기업은 곧 사람이다'라고 강조했지만 우수한 개인역량의 합이 결코 우수한 조직역량은 아니다. 아무리 우수한 사람들이 모여 있다고 해도 우수한 조직역량으로 발전하려면 조건이 필요하다. 조직역량을 '한 조직이 다른 경쟁조직에 비해서 특별히 잘 수행하는 능력 혹은 조직의 원하는 목적을 달성하기 위해 조직과정을 통해 자원을 개발, 축적하고 다른 자원과 결합하여 활용하는 기업의 능력'으로 볼 때 특별한 노력이 없이는 오합지졸로 끝날 수도 있다.

삼성은 이러한 면에서 남다른 특징이 있었다. 이 회장은 1960년대 말경부터 삼성이 작은 중소기업 규모에서 어느 정도 재벌그룹으로 커지자 비서실(지금의 미래전략실)이라는 조직을 만들고, 계열사에도 이에 상응하는 관리부서 조직을 강화하여 본격적으로 제도와 시스템에 의한 경영을 하기 시작했다. 이때부터는 회장 자신이 모든 현장을 직접 챙기기보다는 제도와 시스템에 의해서 서로 경쟁하고 견제하면서 자율적으로 경영되도록 하고 회장 자신은 중요한 경영핵심만 관리했다.

따라서 삼성은 회장은 물론 각사나 사업부에서 사장 또는 임원들이 출장, 해외순방 등으로 장기간 자리를 비우거나 심지어는 부장, 과장이 공석일 때에도 회사는 관계없이 잘 돌아간다. 제도와 시스템이 작동하기 때문이다. 다만 결과에 대해서는 냉혹할 만큼 차갑게 관리한다.

특히 원칙과 상식이 통하고 모든 인사 시스템을 운영하는 인사제도가 투명하다는 것도 삼성의 강점이다. 예를 들어 삼성 산하 어떤 회사에 '임원 승진 T/O가 열 명이다'라고 할 때 누가 이번에 임원이 될 것인지 사원들에게 물어보면 90%는 맞힌다. 그리고 입사동기가 50명이라면 그 가운데 내가 지금 어느 정도 위치에 있는지 스스로 알 수 있는 시스템이다. 즉, 내가 지금 차장 2년차인데 몇 년 뒤에 부장이 될 수 있는지도 시스템을 통해 알 수 있다. 자신의 내년 연봉이 삭감될지 올라갈지도 알 수 있다. 이 모든 게 제도와 시스템의 효과다.

이런 것들은 제도에 의한 투명한 인사의 결과인 것이다. 보통 회사들은 사람들이 입사하는 입구만 관리하고 출구는 관리하지 않는다. 출구 관리제도가 '보이지 않는 손'에 의해 작동되는 인사관리제도가 바로 삼성의 강점이다.

세 번째로 한 방향의 강한 실행력을 가진 문화가 있다는 점이다. 삼성에서 한 번 결정된 사안은 강한 추진력과 실행력을 갖는다. 비서실 조직이 정점에서 작전을 지시하면 일사불란하게 각사가 움직인다. 이러한 조직력은 핵심가치Core-value에 대한 교육을 통해 이뤄진다. 여러 가지 다른 성격, 외모를 가진 각사에서 뽑은 신입사원들을 한 방향으로 일치

시키는 교육과정과 이벤트를 통해 신입사원을 철저하게 삼성인으로 만들어간다.

이러한 교육은 신입사원에 그치지 않고 대리부터 사장에 이르기까지 계층별로 이루어지는데 삼성인력개발원은 이러한 정신교육을 총괄하는 역할을 하고 있다. 삼성의 조직력이 막강하다보니 외부에서는 종교집단이라는 비아냥거림이 있을 정도다.

이건희 회장의 취임 이후 삼성이 더욱 발전하게 된 데는 회장 자신의 미래를 보는 통찰력, 큰 그림을 그리는 능력, 강력한 카리스마와 추진력도 큰 작용을 했지만, 앞에서 언급한 바와 같이 이병철 회장이 구축해놓은 '제도와 시스템에 의한 경영' 체제 및 이런 체제를 지탱하는 충성심 높은 유능한 인재, 그리고 그런 인재들 간의 치열한 선의의 경쟁과 견제 시스템도 이에 못지않은 작용을 했다.

어쩌면 이러한 무형의 유산을 고스란히 물려받았기 때문에 이건희 회장의 트레이드마크인 신경영이라는 개혁에 성공할 수 있었던 것이며 오늘날과 같은 일류 기업으로 발전할 수 있었던 것이 아닌가 한다.

적은 인원으로 수많은 인원을 가진 군대를 이긴 많은 전쟁의 사례에서도 보듯이 강한 군대는 병력의 숫자도 중요하지만 전투력과 함께 사기가 무엇보다도 중요하다.

기업에서도 아무리 우수한 인재가 모이고 좋은 조직을 가지고 있더라도 이러한 조직을 활기 있게 움직이게 하기 위해서는 CEO를 중심으로 모든 구성원들이 똘똘 힘을 합쳐 한 방향으로 움직이는 조직의 힘, 즉 조직력이 필요하다. 모두가 한 방향으로 전진하는 힘은 크게 보면 경영자의 리더십과 가치관, 그리고 인재들을 이끄는 매니지먼트 스타일에 의해서 완전히 다르게 차이가 난다.

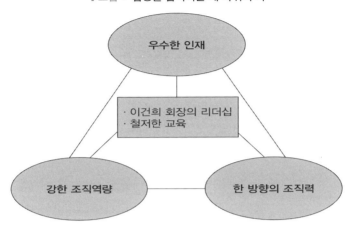

┃그림 1 삼성을 움직이는 세 바퀴의 축

우수한 인재

· 이건희 회장의 리더십
· 철저한 교육

강한 조직역량　　　한 방향의 조직력

결국 삼성의 강점은 인사 차원에서 본다면 우수한 인재의 채용과 육성, 제도와 시스템 경영을 통한 강한 조직역량, 그리고 강한 실행력을 가진 조직력이라고 할 수 있는데 이 모든 것의 기반은 이건희 회장의 리더십과 철저한 교육에서 비롯된다.

삼성의 인사원칙, Samsung HR Way

2006년 9월 13일 이건희 회장이 밴플리트상을 수상하기 위해 미국으로 출발할 즈음 국내여론은 해외 도피성 출국이라며 매우 부정적으로 보도했다. 해외에서 최고의 경영자로 찬사나 극빈 대접을 받는 것과는 천양지차이다. 심지어는 국내에서 '삼성공화국'이니 '삼성 독주론'이니 하는 반(反)삼성 여론도 만만치 않은 아이러니가 일어나고 있다.

그러나 한국에서 '안티 삼성' 여론으로 수세에 몰리고 있는 삼성을 지켜보는 GE, 도요타, 소니 등은 삼성의 폭발적 위력을 높이 평가하고 'Samsung Way'에 대한 연구를 계속하고 있다.

'Samsung Way'란 무엇인가? 때마침 2013년 신경영 선언 20주년을 맞이하여 출간된 『SAMSUNG WAY』는 삼성식 경영을 이론적으로 잘 정리했고, 경영학자의 관점에서 면밀히 분석한 학술적 연구 성과물이다. 이 책의 저자인 서울대학교 경영대학의 송재용·이경묵 교수는 연구, 자문교수, 임원교육 등을 통해 누구보다도 깊숙이 삼성을 관찰·분석해왔으며, 지난 2011년에는 한국 대학교수 최초로 세계 최고 권위의 경영 저널인 《하버드 비즈니스 리뷰Harvard Business Review》에 삼성의 성공요인을 분석한 "The Paradox of Samsung's Rise"라는 제목의 논문을 함께 게재했다. 삼성의 경영을 GE의 성과주의와 도요타의 관리경영을 혼합하여 미국의 능력주의와 일본의 연공서열의 장점을 우리 문화에 잘 접목한 것으로 평가한 논문이다.

'글로벌 일류 기업 삼성을 만든 이건희 경영학'이라는 부제가 붙은 이 책에서는 지난 20년 동안의 삼성식 경영을 '삼성 웨이Samsung Way'라고 명명했다. 그리고 그 핵심을 ① 대규모 조직의 신속한 의사결정, ② 다각화와 전문화의 조화, ③ 치밀한 일본식 경영과 효율적인 미국식 경영의 결합이라고 설명했다. 양립 불가능해 보이는 요소들을 창조적으로 결합한 '삼성식 경영의 3대 패러독스'가 이건희 회장의 비전 리더십, 통찰 리더십과 만나서 큰 성공을 거두었다는 게 이 저서의 주요 골자다.

단적으로 말하면 '삼성식 경영'은 잭 웰치를 중심으로 한 미국의 GE 방식과 가족 및 오너 체제를 중심으로 한 일본의 도요타자동차 방식을 합친 경영방식이라고 할 수 있다. 실적이나 성과 면에서는 GE 방식을 따르고, 조직에 대한 충성도와 철저한 관리경영은 도요타 방식을 따른다. 이 두 기업문화의 합산과 이건희 회장만의 독특한 경영 스타일이 합쳐진 것이 바로 삼성식 경영이요, 'Samsung Way'다.

≪비즈니스 위크≫도 'Samsung Way'에 대한 기사를 보도한 일이 있는데 결국 삼성의 강점은 인재를 바탕으로 한 시스템 경영이라고 해외 언론들은 보고 있다. 그러나 앞에서 언급한대로 이병철 회장의 인재 중심 경영원칙이 그대로 승계되기도 했지만, '신경영 선언' 이후 인사제도도 대대적인 변화와 혁신을 통해 많이 바뀌었다.

결국은 '사람과 조직'이 혁신되어야 한다는 틀 안에서 인사제도도 혁신되어 변화하는 환경에 부합되면서 글로벌 일류 기업으로 성장하고 발전하는 데 결정적인 역할을 해왔다고 볼 수 있다. 사람을 어떻게 보느냐 하는 것은 경영자들마다 상당한 차이가 있으며 특유의 인사철학을 바탕으로 인사제도를 구축하고 끊임없이 경영을 해나간다는 것은 쉬운 일이 결코 아니다.

그렇다면 해외 기업들과 국내 기업들이 관심을 갖는 삼성 특유의 인사 원칙과 룰은 무엇일까? 삼성에서는 이러한 용어를 공식적으로 쓰고 있지는 않지만 필자는 이를 'Samsung Human Resources Way^{Samsung HR Way}'라고 명명하여 삼성 인사의 기본원칙들을 요약해보고자 한다.

◆ 의인불용 용인불의^{疑人不用 用人不疑}

이병철 회장의 인사철학인 '의인불용 용인불의'는 이건희 회장에게도 고스란히 전해졌다. 이 한자성어는 중국의 사서 중 하나인 「송사(宋史)」에 나오는 것으로 "믿지 못할 사람은 쓰지 말 것이며, 일단 쓴 사람은 의심하지 말라"는 뜻이다.

이병철 회장은 일단 쓰기로 마음먹고 과제를 주면 '믿고 맡기는 스타일'로 유명하다. 그래서 웬만해서는 중간에 사장이나 임원들을 교체하지 않고 되도록 정기인사 시에 책임을 묻고 인사발령도 낸다. 하지만 동

┃ 표 1 삼성의 인사철학과 원칙(HR WAY)

구분	핵심 키워드	주요 원칙 비유
인사철학	신상필상(信賞必賞)	의인불용 용인불의 (疑人不用 用人不疑)
조직문화	건전한 경쟁원리	메기이론에 따른 내부경쟁
평가제도	철저한 목표관리와 평가	인재와 조직을 ABC로 관리
보상제도	능위공록(能位功錄)	아우토반(Auto-bann)식 차등보상
인력관리	입구와 출구(出口) 관리	버스 운전사식 인력관리
조직관리	자율과 책임경영(사업부제)	장기와 바둑, 주인과 머슴 이야기

일한 실패를 반복하거나 노력을 하지 않는 자에 대해서는 냉정하다 할
만큼 엄격하다. 문제점을 지적했는데 시정이 안 되는 임원에 대해서는
인사 조치에도 거리낌이 없다. 즉, 신상필벌信賞必罰 제도이다.

그러나 이건희 회장은 좀 달랐다. 아무리 능력 있는 사람이라도 모든
사업에서 성공한다는 보장은 없다. 이 회장은 실패했다고 무조건 사람
을 버리면 인재를 잃는다고 생각했다. 차라리 다른 사업부로 옮기면 더
큰 성공으로 지난번의 실패를 만회하는 경우가 종종 있다. 과감하게 새
로운 것에 도전하는 과정에서 생기는 실수나 실패는 소중한 경험이자
자산이 될 수 있으므로 격려 받아야 한다는 게 그의 견해다.

이건희 회장은 인센티브 신봉자다. 경영진에 대한 파격적인 연봉, 과
감한 스톡옵션 등 인센티브는 조직 활성화와 개인의 창의력 발휘의 바탕
이 된다는 신념을 가지고 있다. 그는 회사에 도움이 되는 인력에게는 비
용을 아끼지 말라고 늘 주문한다. 심지어 노력했다면 비록 성과가 부진
해도 인센티브를 줘야 한다는 게 그의 생각이다. 그래서 삼성에는 이병
철 회장의 신상필벌에서 벌을 상으로 대체한 신상필상信賞必賞이 통한다.

'계란을 한 바구니에 담지 마라'라는 말은 금융시장에서 모르는 이가 없을 정도로 유명한 격언이다. '포트폴리오Portfolio'는 주식투자의 위험성을 줄이고 수익을 극대화하기 위해 여러 종목에 분산투자하는 자금운용 방식의 하나다. 이와 마찬가지로 구성원 각각의 특성에 맞도록 다양하게 인재관리 계획을 세우는 '인재 포트폴리오'는 성과주의 인사제도를 도입하는 데에 매우 효과적인 방안이 될 수 있다. 스포츠에 비유하자면 아무리 유명한 명문구단도 초특급 선수들만으로 이루어져 있지는 않은 것과 같다. 구단이 좋은 성적을 내기 위해서는 다양한 계층의 선수들이 서로 경쟁하며 성장할 수 있도록 해야 한다.

삼성의 가장 대표적인 인재관리 방법은 조직 내 전체 인재들을 성과와 역량에 따라 A급 인재, B급 인재, 그리고 C급 인재로 분류하는 방법이다. 그 비율은 대개 20 : 60 : 20이다. 이렇게 인재들을 분류하고서 A급 인재들의 역량은 계속 유지시키고, B급 인재와 C급 인재들은 육성하여 A급 인재로 키우는 방안을 고민하는 것이다. 이때 그들의 성과가 낮은 원인을 파악하여 근본적인 해결책을 마련해야 한다. 이를 위해 조직은 인재관리 시스템을 끊임없이 개선해 나가는 데에 많은 노력을 기울일 수밖에 없다.

C급 인재들에게 온정주의를 베풀어 그들을 그대로 품고 가는 조직은 더 이상의 발전을 꿈꿀 수 없다. 조직이 온정주의적 태도를 계속 유지한다면 발전하기는커녕 경쟁에서 도태되어 사라져버리고 말 것이다. 따라서 조직은 C급 인재가 왜 낮은 성과를 내는지 관찰하고 평가하여 근본적인 원인을 치유해주어야 한다. 그렇게 C급 인재의 능력을 끌어올려 조직과 구성원 모두가 성장하는 윈윈 전략이 21세기의 치열한 경쟁 속

에서 살아남는 방법일 것이다.

삼성은 이러한 ABC 방식의 관리를 단지 인재관리뿐 아니라 조직관리에도 동일한 방식으로 적용한다. 그룹에서 계열사별로 회사를 평가할 때나 회사 내에서 사업부나 팀조직 같은 조직평가 시에도 항시 ABC로 서열을 메긴다. 그리고 ABC등급에 따라 확실하게 차등을 두어 결과에 대한 보상 시스템을 갖추고 있다.

예를 들어 상하반기에 지급되는 인센티브의 경우 목표 인센티브로 불리는 TAI^{Target Achievement Incentive}가 있다. 지급률은 회사평가로 ABC가 나오면 100%, 75%, 50%로 자동적으로 결정되어 지급된다. 회사평가 결과나 조직평가 결과에 따라 개인에게 지급되는 연봉이나 인센티브도 차이가 많으며 심지어는 회사나 조직평가 ABC등급에 따라 승격률까지도 차등을 둔다.

즉, 자신이 A급으로 평가받더라도 회사나 조직 전체가 A급으로 모두 평가받지 못하면 인센티브나 연봉이 B나 C등급으로 떨어질 수도 있다.

꿀벌이야기

소설가 이순원 씨의 글에 다음과 같은 벌에 대한 우화가 있다. 한 마을에 벌을 치는 두 사람이 살았다. 같은 일을 하다 보니 알게 모르게 경쟁할 수밖에 없었는데, 두 사람 다 벌통을 한 통씩만 가지고 있었다. 한 사람은 조금 욕심이 많았고, 한 사람은 그나마 너그러운 사람이었다. 두 사람이 가지고 있는 벌통엔 각각 1,000마리의 벌이 들어 있었다. 1,000마리의 벌 중 200마리는 아침부터 저녁까지 열심히 꿀을 따오지만, 600마리는 대충대충 꿀을 따오고, 나머지 200마리는 제대로 꿀 한 번 따오는 적 없이 없이 빈둥빈둥 놀고먹고만 있었다.

욕심 많은 주인은 마치 자기의 꿀을 놀고먹는 벌들이 도둑질해가는 것처럼 생각되어 놀고먹는 벌 200마리를 벌통 밖으로 쫓아버렸다. 쫓겨난 벌들은 갈 데가 없자 모두 옆집 벌통으로 들어왔다. 그래서 이쪽 집 벌통엔 800마리의 벌이 있고, 저쪽 집 벌통엔 1,200마리의 벌이 있게 되었다.

가을이 되어 참 이상한 일이 벌어졌다. 욕심 많은 집 사람의 벌통엔 겨우 800마리의 벌이 먹을 꿀이 들어 있었고 다른 집 벌통엔 1,200마리의 벌이 먹을 꿀이 가득 들어 있는 것이었다. 욕심 많은 사람이 벌통 안을 자세히 살펴봤더니 800마리의 벌 가운데 160마리만 열심히 꿀을 따오고, 480마리는 대충대충 꿀을 따오고, 다시 160마리는 놀고먹고 있었다. 욕심 많은 사람이 다른 집 벌통에도 몰래 가보았더니 거기엔 1,200마리의 벌 가운데 240마리가 열심히 꿀을 따오고, 720마리는 대충대충 따오고, 240마리는 놀고먹는 것이었다. 전체에서 놀고먹는 20%는 변화가 없었던 것이다. 회사조직에서도 이와 유사한 2 : 6 : 2 비율의 법칙이 있다.

◆ 아우토반Auto-bann식 보상제도

삼성을 움직이는 인사 시스템의 원리는 '경쟁'과 '보상'이다. 삼성은 모든 것을 경쟁시킨다. 경쟁에 따른 결과에 대해서는 파격적인 보상을 제시한다. 이것을 뒷받침하기 위해서 그 어느 기업보다 평가 시스템이 발달되어 있고 또한 인재 육성을 위한 교육 시스템이 잘 만들어져 있다.

삼성에서는 차의 성능에 따라 무한질주가 가능하다는 독일의 아우토반처럼 능력과 성과에 따라 승진 속도가 다르고 처우도 다르다. 이러한 차별화를 통해 평범한 기업을 우수한 기업으로 변모시켰을 뿐만 아니라 윤리적으로도 차별화만큼 건전한 관리 시스템은 없다. 그 정도로 차별화 전략의 효과는 탁월하다.

개인의 노력과 성취도에 따라 생기는 '이유 있는 차별'에 대해서 삼성 사람들은 불평하지 않는다. 이유 있는 차별은 의욕을 부추기고, 경쟁심을 불러일으키며, 새로운 도전의식을 키운다는 생각을 가지고 차이를 인정한다는 조직문화가 그들 내에 면면히 흐르고 있는 것이다.

원래 차별이란 '키, 인종, 성별, 종교, 출신지역' 등 자신이 통제할 수 없는 선천적先天的 특성을 기준으로 기회 자체를 제한하는 것이다. 이러한 차별은 선진국일수록 제도나 법으로 엄격하게 제한하고 있다. 반면 차이Difference란 '노력, 실력, 성과, 성실도, 적성' 등 후천적後天的 특성에 따른 다름을 인정하며, 그에 따른 프리미엄을 인정하되 기회 자체는 제한하지 않는 것이다. 이것이 삼성 인사의 기본적인 사상이다.

초일류 기업들도 마찬가지다. GE, IBM, HP 등 잘나가는 글로벌 일류 기업이라는 회사들에서는 차별에는 도전하되 차이는 인정하는 문화가 필수적이다.

개인적인 능력 차이는 당연한 것인데 이를 인정하지 않고서는 회사가 정상적으로 발전할 수 없다. 잘되는 회사에서는 모두 열심히 일하고, 능력과 성과에 따라 보상을 받는다. 당장은 능력이 모자라는 사람이라도 노력해서 훗날 능력이 향상된다면 더 많은 보상을 받을 기회가 있다. 기회 자체는 모두에게 주어지지만, 보상은 성과와 능력에 따라서 이루어지고, 또한 이를 인정한다.

삼성에서 승진하려면 오로지 실력을 키우는 길밖에 답이 없다. 기회는 누구에게나 똑같이 열려 있다. 능력만 있다면, 또한 노력만 한다면 학벌이 조금 떨어지더라도 최고의 자리까지 오를 수 있는 것이다. 중요한 것은 성과를 얼마나 내느냐이다.

삼성이 강한 진짜 이유

아우토반과 시골길

독일에 가면 세계 최초의 현대식 고속도로로 유명한 아우토반(Auto-bann)이 있다. 1929년 쾰른과 본 간의 도로 착공 이후 1932년 개통된 아우토반은 1만 5,000km에 달하는데 이 고속도로의 시속은 평균 200km가 넘는다. 아우토반에서는 속도제한이 없다. 그럼에도 무질서 상태가 아닌 지극히 질서 정연한 상태로 유지되고 있다.

예를 들어 뒤에서 벤츠가 가까이 다가오면 폭스바겐은 속도를 줄이면서 차선을 양보한다. 마찬가지로 벤츠는 BMW에게 BMW는 포르쉐에게 자연스럽게 차선을 양보한다.

IMF 전까지만 하더라도 우리나라에서는 연공서열과 같은 이름의 추월금지 편도 1차선 도로, 심지어는 경운기가 겨우 지나갈 수 있는 시골길이나 골목형 임금제도를 그대로 실시하고 있는 기업들이 많았다. 따라서 덤프차나 경운기 같은 성능이 떨어지는 차가 앞을 가로 막고 있어도 그 뒤를 따라갈 수밖에 없고, 차종이나 성능에 관계없이 똑같은 속도를 낼 수밖에 없기 때문에 추월은 거의 불가능하거나 엄청난 시간이 걸린다.

◆ 버스 운전사식 인력관리

미꾸라지를 키우는 논 두 곳 중 한쪽에는 포식자인 메기를 같이 넣고 다른 한쪽은 미꾸라지만 넣어두면 어느 쪽 미꾸라지가 잘 자랄까? 결론은 메기를 넣은 논의 미꾸라지들이 더 통통하게 살찐다. 이 미꾸라지들은 메기에게 잡아먹히지 않기 위해 더 많이 먹고 더 많이 운동하기 때문이다.

이러한 메기이론은 삼성 조직문화의 핵심이다. 이건희 회장은 취임 직후부터 이러한 원리를 조직에 적용할 것을 강조했고, '삼성 신경영' 추진 시 강의 때마다 늘 빼놓지 않은 대목의 하나였다.

보통 회사들은 채용하는 입구만 관리하고 퇴직하는 출구는 제대로 관리하지 않는다. 삼성은 출구관리가 보이지 않는 손에 의해 작동되는 인사관리제도를 갖추고 있다. 『삼성 인재사관학교』라는 책을 펴낸 신현만 대표는 이러한 제도를 시내버스 운전사에 비유했다. 버스 운전사가 정거장마다 차를 세우면 손님들은 알아서 버스에 타고 또 일정한 사람들이 알아서 내리는 것에 비유한 것이다.

만약 1년에 5,000명씩 뽑는다면 최소한 몇 년 안에 4,000명이 나가야 한다. 5,000명씩 10년이면 5만 명이고, 1만 명씩 10년이면 10만 명이 늘어나기 때문이다. 삼성이 무슨 수로 그 많은 인원을 데리고 있을 수 있겠는가? 그만큼 내보내고 있는 것이다. 상대적으로 다른 기업들은 못 내보내기 때문에 뽑지 못하고 있다는 말이 된다.

삼성의 그만한 사람들은 능력이 없어서 나가는 것이 아니다. 치열한 경쟁 시스템을 통해서 내보내기도 하지만 스스로 나가기도 하면서 버스가 가고 있는 것이다. 회사는 자각증세를 알려준다. 이러한 출구관리는 GE가 유명하다. GE는 계층에 관계없이 사원부터 임원까지 매년 10% 정도를 보내고 새로운 사람으로 채우고 있다.

짐 콜린스는 『Good To Great』라는 책에서 "대부분의 회사들은 버스에 잘못 태운 소수의 부적합한 사람들을 관리하기 위해서 관료제적 규칙을 더 만들고, 그것이 다시 버스에 탄 적합한 사람들을 몰아내며, 그 결과 부적합한 사람들의 비율이 늘어 적합한 사람들이 결국 더 빠져나가는 악순환의 과정을 밟게 된다"고 말한다.

◆ 자율과 책임경영
조직의 규모가 커지고 경영환경이 복잡해짐에 따라 업무를 맡은 개

개인이 책임지고 업무를 수행할 수 있도록 하는 책임경영의 필요성은 점차 증대된다. 그리고 이런 책임경영을 잘 수행하기 위해서는 자신이 맡은 업무에 대한 자율적인 의사결정을 보장해주는 자율경영 또한 필요하다. 이런 자율경영은 현장을 경영하는 역할을 맡은 담당 부서장과 구성원들에게 권한을 위양해줄 때 비로소 가능하다. 이를 독려하기 위해 필요한 것이 바로 성과주의 인사제도. 특히, 한국식으로 체질화된 성과주의 인사제도는 성과에 따른 합당한 보상을 보장하고 구성원들의 정서도 만족시킨다는 점에서 개개인의 업무에 대한 주인의식을 높여줄 수 있다.

삼성 조직력의 원천은 바로 이러한 자율경영에서 나온다. 따라서 자율경영은 선택이 아니라 필수다. 모든 상사들이 부하들에게 원하는 바람직한 모습은 '자율적'으로 알아서 해주는 것이다.

이러한 자율경영의 핵심은 현장에 권한을 주고 책임을 지도록 하는 것인데 삼성만큼 현장의 담당자나 간부들이 책임감을 가지고 일하는 조직은 거의 없다. 가뜩이나 바쁜데, 일일이 간섭하며 조직을 끌고 나가는 것은 참 불편하고 비효율적이다. 간섭받는 당사자들도 힘들다. 자율경영은 사업부제를 통해 책임경영을 하기 때문에 관리비용을 절감하면서 고성과를 내는 이상적인 경영모델이다. 자율경영이 필요한 중요한 이유는 여러 가지가 있겠지만 한마디로 이제는 한 사람의 오너나 경영자에 의한 경영통제 자체가 불가능하기 때문이다.

고객들의 입맛은 다양해졌고 빠른 서비스를 원한다. 현장에서의 자율적인 판단과 결정 없이는 다양한 고객들을 만족시킬 수 없다. 사업 자체도 글로벌화되어 국경 없이 세계 도처에서 전개되는 사업에 일일이 중앙이 통제를 하는 것도 어렵다. 자율경영이 가능하기 위해서는 조직이 추구하는 비전과 궁극적 핵심가치에 대한 구성원의 공감대 형성과 공유가 필요하며 이를 전제로 구성원들과 단위조직의 장들이 책임감을 가지고 '자기완결형'으로 움직이는 프로세스와 의사결정과정의 구축이 필요하다.

스스로 조직에 몰입하고 일에 만족하는 직원은 자율적으로 최선을 다하고 신바람도 나며 그 성과도 좋다. 차별화된 고객가치 창출의 원동력으로 구성원들의 창의와 자율이 중요한 시대가 되었다. 또한 구성원 모두가 창의성을 마음껏 발현하고 스스로 일에 대한 주인의식을 가지게 되는 것이 인간존중의 참모습이 될 수 있다.

이건희 회장은 취임하면서 주인과 머슴 사례를 들며 책임경영을 강조했다. 머슴은 시키는 일만 열심히 하기 때문에 자발적으로 아이디어를 내거나 더 큰 발상으로 새로운 것을 생각하지 못하고 늘 피동적일 수밖에 없다는 것이다.

주인과 머슴 이야기

매년 연말이 가까워지면 새해 달력이 나온다. 그러나 새 달력을 받아보는 회사의 사장과 샐러리맨의 입장은 전혀 다르다. 회사의 업종이나 규모에 관계없이 오너나 사장은 새해 달력을 펴자마자 파란 글씨로 된 일할 수 있는 날짜가 전년보다 얼마나 많은가에 먼저 눈이 가고, 샐러리맨들은 빨간 글씨의 휴일이나 국경일 숫자가 먼저 눈에 띈다고 한다.
주 5일 근무제가 되면서 추석의 경우에는 10월 연휴와 겹쳐 온통 빨간 글씨가 계속되고, 파란 글씨로 된 하루나 이틀만 연차휴가를 내면 열흘 정도를 쉴 수가 있으니 이 파란 글씨를 보는 사장과 샐러리맨들의 마음은 크게 다를 수밖에 없다.

- 주인은 스스로 일하고, 머슴은 누가 봐야 일한다.
- 주인은 미래를 보고, 머슴은 오늘 하루를 본다.
- 주인은 힘든 일을 즐겁게 하고, 머슴은 즐거운 일도 힘들게 한다.
- 주인은 내일을 위해 오늘의 고통을 참고, 머슴은 내일을 위해 오늘의 고통을 피한다.
- 주인은 소신 있게 일을 하고, 머슴은 남의 눈치만 본다.
- 주인은 스스로 움직이고, 머슴은 주인에 의해 움직인다.
- 주인은 자신이 책임을 지고, 머슴은 주인이 책임을 진다.
- 주인은 알고 행동을 하고, 머슴은 모르고 행동한다.
- 주인은 일할 시간을 따지고, 머슴은 쉬는 시간을 따진다.
- 주인은 되는 방법을 찾고, 머슴은 안 되는 핑계를 찾는다.

제2장

이건희 회장의 인재 경영철학과 리더십

이 건희 회장이 몇 년 전 아들인 이재용에게 두 개의 휘호를 건넸다고 한다. 하나는 이병철 창업주로부터 이어져 온 '경청敬聽'이었고, 또 하나는 '삼고초려三顧草廬(인재를 맞아들이기 위해 참을성 있게 마음을 씀을 이르는 말)'였다. 삼성그룹 후계자의 경영수업 과제로 '삼고초려'가 추가된 것이다. 이 회장은 2003년 ≪동아일보≫와의 인터뷰에서 그 의미에 대해 언급한 적이 있다.

"최고경영자CEO는 본능적으로 사람에 대한 욕심이 있어야 한다. 인재에 대한 욕심을 갖고 회사의 미래를 위해 필요하다면 삼고초려, 아니 그 이상을 해서라도 반드시 그 인재를 확보해야 한다." 즉, 삼고초려는 삼성 특유의 인재경영에 대한 강한 의지가 담긴 휘호였다.

삼성 신경영 20년의 회고

2013년 6월 7일 이건희 삼성그룹 회장은 신경영 선언 20주년을 맞아 임직원들에게 감사의 메시지를 전했다. 이건희 회장은 "오늘은 신경영을 선언한 지 20년이 되는 뜻 깊은 날입니다"라며 입을 열었다. 그리고 "그동안 우리는 초일류 기업이 되겠다는 원대한 꿈을 품고 오직 한 길로 달려왔다"며 "임직원 여러분의 열정과 헌신으로 이제 삼성은 세계 위에 우뚝 섰다"고 강조했다. 이어 오늘이 있기까지 삼성을 사랑하고 격려해 준 국민 여러분께 진심으로 감사드린다고 덧붙였다.

이 회장은 그러면서 20년 전 삼성의 현실은 매우 위태로웠다고 회고했다. 21세기가 열리는 거대한 변화의 물결 속에서 나부터 변하자, 처자식만 빼고 다 바꾸자고 결심하지 않을 수 없었다며 신경영 선언의 취지를 다시 한 번 밝혔다. 낡은 의식과 제도, 시대 흐름에 맞지 않는 관행을 과감하게 떨쳐버리고, 양量 위주의 생각과 행동을 질質 중심으로 바꾸어 경쟁력을 키워야 했다는 것이다.

삼성의 신경영 선언 20주년이었던 2013년 6월 7일. 이 날은 필자에게는 정말 남다른 날이었다. 필자는 신경영 선언 당시 초기 신경영 사무국을 비서실에 설치했을 때 운 좋게도 실무를 총괄하게 되었는데 그때 직접 경험했던 기억들이 주마등처럼 다가왔기 때문이다. 1993년 6월 삼성의 '신경영 선언'은 이건희 회장이 21세기 글로벌 초일류 기업 실현을 위해 경영의 패러다임을 바꾸자는 경영혁신 운동이었고, 신경영 선언으로부터 시작된 경영혁신은 오늘의 삼성을 만들어낸 원동력이 되었다는 것은 분명하다.

이건희 회장은 "위기를 생각하면 등에서 식은땀이 난다", "마누라와 자식 빼고 다 바꿔라!"라고 목소리를 높였는데 이 말은 그 당시 절박했던 이 회장의 의지를 가장 잘 표현한 말 중의 하나다.

그러나 "삼성이 정말 위기다!"라고 했을 때 누구하나 믿는 사람이 없었다. 심지어 비서실 직원들까지도 그랬다. 위기라고 느낀 것은 상당한 시간이 지나고서였다. 이러한 위기의식은 1993년 5월 'LA 사장단 회의'에서 발단이 되었는데, 이 회장이 삼성그룹 사장단들을 불러 모아 LA 근처의 전자제품 양판점인 'BEST BUY' 상가에 가서 삼성 제품이 어디에 놓여 있는가를 확인하면서부터였다.

삼성 제품은 상가의 맨 앞에 있거나 맨 뒤에 있었는데, 일반적으로 맨 앞에 있는 것은 잘 팔리는 물건이거나 아니면 싸구려 떨이 제품이며, 맨 뒤에 있는 것은 비싼 물건이거나 아니면 재고였다.

삼성전자 제품은 싸구려 물건들을 진열하는 쪽에 있었고 잘 안 팔린 물건은 먼지가 쌓인 채 재고로 가게 뒤쪽에 쌓여 있었다. 수북하게 쌓인 먼지를 손가락에 직접 묻혀 보면서 삼성의 현실을 눈으로 확인하는 현장체험을 통해 당면한 심각한 상황을 인지하고 사장들부터 '삼성이 위기다'라는 의식을 갖도록 한 것이다.

이건희 회장은 그 당시 표현하기를 "삼성전자는 곧 망할 회사다. 암 2기다. 암 1기는 치료하면 낫지만 2기는 수술을 하지 않으면 회생이 불가능하다"고 했다. 이 회장은 삼성건설도 "당뇨병 환자에다 영양실조까지 걸린 회사다"라고 말해 전 관계사에 위기의식을 상기시켜 임직원이 인지하도록 설파했다. 이렇게 시작한 것이 '삼성의 신경영'이다.

이 회장이 미꾸라지를 키울 때 천적인 메기를 넣어 키운다는 '메기론'을 역설하며 조직에 긴장을 요구한 것은 나름대로 이유가 있었다. 삼성은 1991년 이후 한국 재계 1위로 뛰어오르며 순항을 하고 있었지만 내부적으로는 문제가 많았다.

삼성이 강한 진짜 이유

'이 정도면 되었겠지' 하는 생각이 그것이었다. 발단은 1993년 삼성전자 제품의 디자인 문제를 제기한 「후쿠다 보고서」였다. 후쿠다 고문은 삼성 제품 디자인의 문제점을 수없이 지적했지만, 내부에서 의견이 받아들여지지 않았다. 급기야 후쿠다 고문은 사표와 함께 한 장의 보고서를 이 회장에게 제출했다. 이 보고서가 삼성 신경영의 결정적 계기가 된 것이다.

변화와 개혁의 상징 프랑크푸르트 선언

그리고 또 하나의 사건이 터졌다. 1993년 6월 초, 독일 프랑크푸르트행 비행기에 몸을 싣고 있던 이건희 회장에게 비디오테이프 하나가 전달되었다. 비서실에서 보낸 이 테이프에는 세탁기 생산라인 근로자들이 결함이 있는 세탁기 뚜껑을 칼로 깎아내 본체에 붙이는 장면이 담겨 있었다. '불량 세탁기 조립 사건'으로 불리는 이 장면이 사내 방송에 보도되면서 파장이 일자 해외 출장길에 오른 이 회장에게 보고된 것이다. 이 회장은 그해 2월 미국 전자제품 양판점 'BEST BUY'를 둘러보고 충격을 받은 터였다.

기내에서 테이프를 본 이 회장은 바로 삼성전자 사장단과 핵심간부를 프랑크푸르트로 불러 모았다. 그리고 1993년 6월 7일 "마누라와 자식 빼고 모두 바꾸라"는 말로 유명한 '프랑크푸르트 선언'을 한다. 당시 이 회장은 "삼성전자는 암 2기, 삼성중공업은 영양실조, 삼성건설은 영양실조에 당뇨병, 삼성종합화학은 애초부터 설립해서는 안 되는 선천성 불구 회사였다"며 "삼성물산은 삼성전자와 삼성종합화학의 중간쯤 되는 증상"이라고 진단했다.

신경영 강행군은 6월 7일 프랑크푸르트 켐핀스키 호텔에서 시작되었

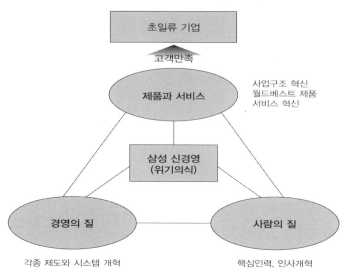

▌그림 2 삼성 신경영 당시의 추진전략

초일류 기업

고객만족

제품과 서비스

사업구조 혁신
월드베스트 제품
서비스 혁신

삼성 신경영
(위기의식)

경영의 질

사람의 질

각종 제도와 시스템 개혁

핵심인력, 인사개혁

는데 그룹의 핵심임원과 간부들을 모아놓고 '질質, Quality 경영'을 선언했다. 6월 런던, 7월 도쿄와 오사카, 후쿠오카로 이어지는 신경영 대장정에는 임직원 1,800여 명이 참여했다. 그 후 6개월 간 8개 도시에서 350시간에 달하는 토의가 진행되었다. 회장의 특강 자료들은 종합정리하고 그룹 사원들에게까지 전달할 필요가 생기자 부랴부랴 비서실에 '신경영 추진 사무국'을 설치하게 이르렀다.

그 당시 사무국이 먼저 할 일은 두 달여 동안 계속된 강연의 비디오와 오디오테이프를 녹취하여 정리하는 것이었다. 녹음이나 녹화된 특강 자료는 분량이 많아 어쩔 수 없이 결국 내로라하는 국내의 속기사 40명을 데리고 호텔신라에 모여 한 달여 정리한 것이 A4 용지로 8,500장의 원고가 되었고 이를 체계적으로 정리하여 발간한 것이 바로 『삼성신경영』이었다.

이 책자는 임직원들이 이해하기 쉽도록 만화가 이원복 씨를 통해 만화책으로까지 만들어졌다. 이후 사무국에서는 이를 교재로 하는 각종 교육 자료를 만들어 임직원 20만 명을 계층별로 나누어 '나부터 변화'할 것을 기본으로 하는 신경영 교육을 시작한다. 이 교육이야말로 그룹 임직원 전체가 한 방향으로 힘을 모아 변화하는 결정적 역할을 했다.

신경영은 교육으로만 진행된 게 아니라 강력한 실천도 함께 시작했다. 개혁의 첫 신호탄인 출퇴근의 혁신 7·4제를 시작으로 라인 스톱제 Line stop를 실시하고, 심지어는 500억 원어치의 불량 휴대폰을 과감히 소각하여 타성으로부터 탈피하는 등 행동으로 실천하는 대개혁을 계속해 나갔다.

삼성 신경영 20년 후, 어떻게 변했을까?

삼성은 1993년 '신경영 선언' 이후 20년 동안 양적으로나 질적으로 눈부신 성장과 발전을 이뤘다. 업계에선 삼성그룹의 핵심 성장 동력으로 단연 '신경영 선언'을 꼽는다. "마누라와 자식 빼고 다 바꾸자"는 정신이 그룹 내 변화와 혁신을 일으키며 성장을 이끌었다는 분석이다. 20년 전까지만 하더라도 삼성그룹의 세계 1위 제품은 삼성전자의 D램과 메모리반도체에 불과했다. 그러나 신경영 선언 이후 전자뿐만 아니라 디스플레이, 중공업 등 다양한 분야에서 세계 1위를 거머쥐기 시작했다.

2012년 기준 시장조사업체 아이서플라이와 디스플레이서치 등에 따르면 삼성그룹의 세계 1위 제품은 20개에 달한다. 삼성전자의 CTV와 모니터, 휴대폰, D램, 낸드플래시, 모바일AP, 냉장고부터 삼성 SDI의 리튬이온 2차전지, 삼성전기의 반도체용 기판 등 20개 제품의 점유율이 세계에서 가장 높다.

그룹 전체 연계매출도 1993년 29조 원에서 2012년 380조 원으로 13배나 껑충 뛰었다. 세전이익은 8,000억 원에서 38조 원으로 47배 증가했다. 수출규모 역시 107억 달러에서 1,572억 달러로 15배 늘었다. 시가총액도 338조 원으로 1993년 7조 6,000억 원의 44배를 기록했다. 총 자산은 41조 원에서 13.2배 증가한 543조 원 수준이다. 그중 금융을 제외하더라도 20조 원에서 285조 원으로 14.2배 성장했다.

이 같은 성장에 따라 대접도 달라졌다. 이 회장이 20년 전 한 미국 매장에서 겪은 굴욕도 말끔하게 씻었다. 이제 미국의 BEST BUY 매장에서 삼성 제품의 위치는 최고 수준이다. 1993년 매장 구석에 처박혀 소니의 영광만을 바라보고 있던 삼성전자 텔레비전은 2006년 난공불락의 소니 등을 꺾고 세계 1위에 올라선 뒤 7년 연속 세계 1위를 달리고 있다. 최근에는 BEST BUY 1,400여 개 매장에 삼성전자 스마트폰 체험 공간을 마련하기로 했다. 특히 삼성전자가 전 세계 휴대폰 시장에서 14년간 1위를 지켜온 노키아를 꺾고 시장점유율 1위에 오른 것은 기념할 만한 일이다.

1994년 삼성전자가 휴대폰 시장에 뛰어들었을 때 불량률은 11.8%에 달했다. 이를 극복하기 위해 이 회장이 구미사업장에서 불량 휴대폰 15만 대를 소각한 일은 아직도 회자된다. 뼛속까지 '혁신 DNA'를 고집한 덕분에 삼성의 변화와 성장은 지금도 계속되고 있다.

삼성은 또 다른 변화를 예고하고 다짐한다. 이 회장은 2013년 4월 해외에서 미래경영 구상을 마친 뒤 귀국하며 "(신경영 선언) 20주년이 되었다고 안심해선 안 되고 항상 1등이라는 위기의식을 가져야 한다"고 강조한 바 있다. 세계 1등 제품에 '삼성표'가 얼마나 더 생길지 두고 볼 일이다.

변화의 신호탄 7·4 제도의 진실

1993년 7월 7일 오후 4시. 서울 중구 태평로에 위치한 삼성그룹 본사에서는 직원들을 쫓아내느라 소란스러웠다. 한참 일할 때인 오후 4시에 쫓겨난 직원들은 건물 밖을 서성이고 있었다. 일부는 밖에서 저녁을 먹고 다시 들어오기도 했다. 삼성 신경영의 대표적 제도인 7·4제 실시 첫날의 모습이었다. 7·4제는 잘 알려졌다시피 7시에 출근하여 4시에 퇴근하는 근무형태이다.

하지만 직원들 사이에서는 7시에 출근해서 퇴근 시간 없이 늦게까지 근무할 수밖에 없다는 의미에서 '죽을 사死'라고 비아냥거리기도 했다. 그런데 이것은 어디까지나 변화를 위한 쇼크요법이었다. 7·4제의 진정한 의미는 변화하지 않으면 안 된다는 것을 모든 직원이 매일 매일 획기적인 방법으로 깨닫게 하기 위한 것이었다.

7·4제 자체가 일종의 조직 내 '메기'와 같은 것으로, 이를 통해 직원들이 변화에 대한 회사의 의지를 체감하도록 하는 쇼크요법을 써야만 했다. 당시 삼성직원들의 업무 개시 시간은 8시 30분이었다. 1시간 30분의 변화는 '잠에서 덜 깬' 삼성 직원들이 '개혁'을 몸으로 느끼게 만든 조치였다. 물리적인 쇼크를 가해 정신적인 각성을 촉구한 7·4제에는 이 회장의 '1석 5조一石五鳥'라는 특유의 경영철학이 깔려 있는 다목적 포석이었다.

아침잠을 깨워가며 '변해야 산다'라는 위기의식을 던져주었고, 퇴근 후 오후 시간을 임직원 개인 시간으로 돌려 삶의 질을 높였다. 더불어 20만여 명의 직원이 남들보다 한 시간 이상 일찍 출근함으로써 교통체증을 해소하는 데에도 기여했다. 또한 러시아워를 피함으로써 물류비용을 줄이고 이것은 다시 업무 효율로 이어졌다. 퇴근 후에는 여가 활동과 공부를 할 수 있었으며 술을 마실 때 2차까지 하더라도 거우 9시밖에 안 되어 가정에도 평화가 싹텄다. 필자는 당시 신경영 추진 사무국을 담당하고 있었는데 7·4제 덕분에 부장직급인데도 항상 4시에 퇴근해서 중국어도 공부하고 자기 시간이나 가족들과의 시간을 가질 수 있었다.

인재경영 혁신의 계기도 삼성 신경영

"혁신이라고 하면 흔히 기술이나 프로세스를 혁신하는 것으로 알고 있지만 기술에 약한 삼성은 사람에 대한 혁신을 추진한 것이 독특한 전략이었다." 이건희 회장의 특명을 받고 고문으로 재직했던 요시가와 료조 전 삼성전자 상무의 술회다.

이건희 회장은 인사부문과 인재 육성에 대해서도 채용제도부터 강도 높은 변화와 개혁을 요구했다. 삼성의 인사제도는 기본적으로 연공서열 제도였고 공기관이나 금융기관처럼 상대적으로 보수적이었다. 이때부터 서열 철폐라는 인사 파괴가 시작되어 상무가 전무를 건너뛰어 부사장이 되는 등 발탁인사가 과감히 시행되었고 능력중심, 성과중심의 인사제도가 강화되는 등 인사에 대한 패러다임의 변화가 있었다.

능력급제 확대, 연봉제 도입 등의 새로운 제도를 통해 성과주의 인사가 시작되었고 성 차별이나 학력 차별 문제도 이때 대부분 검토되고 과감히 변화되었다. 여성 전문인력도 확대하여 많이 늘어났고 여성 임원도 처음으로 탄생하게 되었다.

가장 큰 변화 중의 하나는 지역전문가 제도다. 이건희 회장은 취임하자마자 지역전문가 제도의 강화를 추진하려 했으나 많은 반대에 부딪쳤다. 1인당 봉급 외에 많게는 추가로 1억 원씩 들어가는 문제가 발생하는데, 연봉 포함 총 2억 원으로 계산할 때 10명이면 20억 원이 든다. 그러나 삼성은 신경영을 추진하면서 이 부분에 과감히 선투자를 시작했다.

특히 삼성은 기술경영의 실천을 위해 기술계통의 사람들에게 경영을 가르치는 'Techno MBA' 과정을 카이스트에 설치했는데 지금은 성균관대에도 추가로 설치했다. 이는 "경영자는 기술을 모르고 기술자는 경영을 잘 모른다"라는 이건희 회장의 질타에 따른 조치였다. 사실 기술자들은 경영에 대해 무지하고 지원부서 사람들은 기술에 대해 잘 모르다 보니 조직 내에 항상 문제가 발생했는데 이를 보완하기 위한 제도가 '기술경영'이었다. 경영과 기술을 통합하자는 의도로 카이스트에 제안해서 과정을 만들었는데 삼성에서 학생 절반에 대한 지원을 약속함으로써 'Techno MBA' 과정이 설치되었다.

MOT^{Management of technology}로 불리는 이 기술경영은 몇 년 전부터 기술융복합 시대의 필수과목으로 각광받았고, 지금은 많은 대학들이 전문과정으로 학과를 신설하여 가르치고 있다.

미래 경영자를 위한 21세기 리더 과정들도 생겼다. 미래 경영자들인 부장, 차장급 중에서 60명가량을 뽑아 계속 공부를 시키는 것이다.

인사부서 역시 혁신적으로 바뀌었다. 이건희 회장은 그 당시 아예 인사규정을 없애라고까지 지시한 일이 있다. 인사를 오래 하던 사람들은 자기도 모르게 '인사쟁이'라는 함정에서 벗어나지 못하고 "인사는 보수적이어야만 한다"는 고정관념에 빠지게 마련이다. 그러나 향후의 인사는 관리가 아니라 전략으로 가야 한다. 지금까지의 인사는 행정 전문가들이 했다. 그러나 인사도 변화하지 않으면 안 된다. 즉, 단순한 행정을 하는 게 아니라 전략적 파트너로서의 역할을 해야만 한다. 현업 부서장들이 채용, 평가, 연봉결정을 다 하고 인사부서는 도와주는 역할을 해야한다. 이를 위해서는 인사부서나 인사쟁이들도 전문성이 필요하다.

일반 회사는 인사를 혁신한다는 것 자체가 어렵다. 삼성은 신경영을 통해 '사람과 조직'이 혁신되어야 한다는 틀 안에서 인사가 혁신되었다.

전략과 프로세스의 혁신도 중요하지만 사람, 조직, 문화 이 자체를 같이 혁신했기 때문에 변화와 혁신의 힘을 받았고 신인사제도의 적극적인 도입과 인재경영의 꽃을 피울 수 있었던 것이다.

경영의 화두 '창조경영'의 시작은 핵심인재 확보

어느 기자가 삼성전자의 어느 사장에게 전화를 했더니 미국 현지에서 받았다고 한다. 그는 점찍어둔 해외 핵심인재 A와 만나기 위해 연말의 바쁜 스케줄을 다 제치고 미국에 가 있었다. A와의 만남은 두 번째로 다음번엔 스카우트 제의를 받아들일 것으로 기대하고 있다. 삼성 사장들은 이처럼 1년 내내 핵심인재 영입에 바쁘다. 10여 년 전부터 사장평가에 월별 핵심인재 확보 실적이 반영되고 있어서다.

이 회장은 2001년 "앞으로 나 자신의 업무에서 절반 이상을 핵심인력 확보에 둘 것"이라고 선언한 뒤 인재 확보가 부진한 사장을 직접 독려하기도 했다. 2003년 6월 이 회장이 "한 명의 천재가 10만 명, 20만 명을 먹여 살린다"는 천재경영론을 제기한 뒤 삼성은 세계를 상대로 인재 스카우트에 나섰다.

그 후 2006년 "삼성만의 고유한 독자성과 차별성을 구현하라"며 창조경영론을 펼치자 인재 확보는 더욱 치열해졌다. 창조경영은 글로벌 1위에 올라 벤치마킹할 만한 기업이 없는 상황에서 미래를 독자적으로 만들어가자는 게 핵심이다.

이때부터 출퇴근과 근무시간이 자유로운 '워크 스마트'가 시작되었고 삼성전자 수원사업장을 구글 캠퍼스처럼 개조하는 프로젝트에도 시동

1. 글로벌 인력의 발탁, 양성
- 지역전문가 제도 강화
- 21세기 CEO 과정, 21세기 리더 과정, 해외 석·박사 과정
- 테크노 MBA 과정(카이스트, 성균관대)
- 미래 전략그룹(다국적 두뇌집단)
- 글로벌 인재 채용

2. 인사·교육제도 개혁
- 7·4제 도입
- 인사규정 철폐
- 여성 전문인력 채용
- 인사고과 제도 개선
- 능력급제 확대, 연봉제 도입
- 학력 차별, 성 차별, 연공서열 철폐

3. 핵심인재 채용 및 유지관리
- 핵심인재 확보는 경영자 평가의 주요 항목
- 핵심인력 확보가 10년 후 경쟁력

이 걸렸다. 인재들이 창의성을 발휘할 수 있는 일터를 만들겠다는 구상이었다. 창조경영은 이미 많은 결실을 맺었다. 2006년 삼성 텔레비전을 글로벌 1위로 만든 보르도TV와 2009년 금융위기 속에서 초격차를 만든 LED(발광다이오드) TV, 2012년 패블릿(스마트폰+태블릿)이란 새 카테고리를 만들어낸 갤럭시노트 등이 그 예다.

인재 확보는 절체절명의 과제이다. 이것은 비단 삼성그룹뿐만 아니라 글로벌 대기업들에 공통된 현상이다. 인재 확보, 아니 더 나아가 천재 확보는 이제 대기업들의 사활을 판가름하는 최대 현안인 것이다.

빌 게이츠가 인재가 있는 곳이라면 국적을 가리지 않고 자가용 비행

기로 직접 날아가거나, 타이완이 신주공업단지를 육성하면서 베벌리 힐스 수준의 주택가와 외국인 학교 등을 조성해놓고 해외의 최고급 인재를 스카우트하는 것 등이 다 인재 확보를 위한 노력의 일환이다. 그만큼 첨단산업에서 새로운 창조를 할 수 있는 천재 모서오기에 세계 기업들의 경쟁은 날로 치열해지고 있다.

현재 국가지식재산위원회 위원장인 윤종용 전 삼성전자 부회장은 '지속 가능한 미래'를 위해 부단히 노력하는 경영자였다. 그는 단순히 미래를 예측하기보다는 끊임없는 변화와 혁신을 통해 '일류 삼성'을 창조하는 데 힘썼다. 그는 "일류 조직이 되기 위해서는 기존의 가치관, 사고방식, 일하는 방법의 혁신이 필요하다"며 "미래는 예측하는 것이 아니라 창조하는 것"이라고 강조했다.

그는 더불어 "꿈과 비전을 갖고 변화와 혁신을 한다면 일류가 될 수 있다"며 "성공한 국내외 대기업들도 창업 당시에는 대부분 구멍가게에서 출발했으나 실패를 두려워하지 않는 열정과 자신감을 통해 미래에 대한 눈을 갖게 되었다"고 부연했다. 윤 전 부회장은 재임 시 삼성전자의 지속적인 성공도 인재 확보에 달려 있다는 지론을 누차 밝혔는데 이는 이건희 회장의 '핵심인재 육성론'과도 일맥상통한다.

이건희 회장은 "아날로그 시대에서는 기술의 축적과 경험이 중요했다면 디지털 시대에는 빠르고 우수한 두뇌와 창의력, 도전, 스피드가 관건이며 미래를 이끌 수 있는 우수인력 확보에 최대의 역점을 두겠다"고 말했다. 즉, 아날로그 시대의 인재는 성실하고 말 잘 듣고 부지런한 사람이었다면 디지털 시대의 인재는 창의력과 스피드를 갖춘 천재성을 가진 사람이라는 것이다.

삼성의 디자인 경영혁명 10년

삼성전자는 디자인 혁명 선언 10년째인 2006년, 이탈리아 밀라노에서 있었던 그룹 차원의 디자인 4대 전략 선포를 계기로 '제2 디자인 혁명'을 시작했다. '디자인 혁명의 해' 선언 이후 강력한 디자인 혁신을 감행해 수많은 세계 일류 제품들을 만들었지만, 초일류 브랜드로 올라서기 위해서는 새로운 도약과 의식전환이 필요하다는 판단 때문이었다.

주요 계열사 최고경영자들이 참석한 자리에서 이건희 회장은 "최고경영진부터 현장 사원까지 디자인의 의미와 중요성을 새롭게 재인식해 세계 일류에 진입한 삼성 제품을 품격 높은 명품으로 만들 것"을 강조했고, 이로써 △ 독창적 디자인과 유저 인터페이스 체계 구축, △ 디자인 우수인력 확보, △ 창조적이고 자유로운 조직문화 조성, △ 금형기술 인프라 강화를 골자로 하는 4대 디자인 전략이 선포되었다.

'제2 디자인 혁명'을 위해 삼성전자는 '아이콘 디자인'을 추구해 나간다는 전략이다. '아이콘 디자인'을 확보하기 위해 각 분야의 상징적인 위상을 지니고 있는 유명 디자이너들과도 협력관계를 맺고 있으며, 기본 역량을 강화하기 위해 생활가전총괄 금형팀과 생활가전총괄 가전연구소 금형디자인그룹을 신설하기도 했다.

이와 더불어 삼성전자는 디자인경영센터와 5개국 6개 거점의 해외디자인 연구소의 시너지 창출, SADI Samsung Art & Design Institute 출신들의 디자인 거장으로의 약진, 마케팅과 브랜드력을 함께 확보할 수 있는 프리미엄 디자인 등 그동안 추진해온 디자인 혁신 정책을 더 강력히 추진해가기로 했다.

디자인 경영 10년의 성과는 가히 놀라울 정도였다. 삼성전자는 그동안 추진해온 일련의 디자인 경영활동의 결과로 세계 최고 권위의 디자인 공모전인 IDEA^{Industrial Design Excellence Awards}에서 1997년 이후 10년간 35건을 수상하여 31건의 애플사와 22건의 HP·IBM, 21건의 필립스사를 제치고 기업부문 세계 1위를 차지했고, 또한 세계적 권위의 iF 디자인 어워드에서는 전년도의 12개보다 2배 이상 많은 25개 제품을 수상하며 2006년 최다 수상업체이자 iF 수상기록 중 역대 최다 수상의 신기록을 수립하기도 했다.

이에 인터브랜드^{Interbrand}와 ≪비즈니스 위크≫가 삼성전자 브랜드 가치 급상승의 주요 요인으로 삼성전자 제품의 '획기적인 디자인^{Cutting Edge Design}'을 꼽을 정도로 삼성전자는 글로벌 디자인 리더십을 인정받고 있다.

삼성전자는 디자인 혁신을 위해 2000년부터 디자인전문 교육기관인 SADI를 본격적으로 운영·지원하고 있으며, 2001년부터는 CEO 직속의 디자인경영센터를 조직하고 CEO 주재의 디자인위원회를 통해 주요 디자인 전략을 전사적으로 공유하고 있다. 21세기 경쟁력의 핵심은 디자인이며 유능한 인재는 국가의 큰 재산임을 강조해온 이건희 회장의 경영철학에 따라 1995년 설립된 디자인 전문교육기관 SADI는 미국 뉴욕의 디자인 명문인 파슨스^{Parsons}와의 제휴로 세계 최고 수준의 선진화된 커리큘럼을 도입하고 과감한 실무 위주의 교육을 실시하는 등 디자인 교육의 패러다임을 바꾸었다.

'명품을 만드는 디자이너는 그 자체로 명품이어야 한다'는 취지에 따라 운영되고 있는 SADI는 한국의 디자인 경쟁력 제고에 기여할 창조적 디자이너들을 배출했다. 2006년 허리우드 최대 블록버스터였던 〈슈퍼맨 리턴즈〉의 영화 타이틀 그래픽 제작팀을 이끈 이희복 씨는 SADI의 2회 졸업생이며, SADI 출신 그래픽 디자이너인 이기호 씨의 경우 세계 최대의 디자인 전문지 발행사인 커뮤니케이션 아트Communication Arts에서 선정한 'Graphics Design Annual 2007'에 등재되기도 했다.

패션업계에서도 SADI 출신 인재들의 활약이 단연 돋보이는데, 국내 최대의 패션 행사인 서울컬렉션에서 두각을 나타내고 있는 디자이너 김은희와 김민지 씨도 SADI 출신이며, 정정민 씨는 국내 최고 권위의 패션디자이너 등용문인 한국패션대전에서 대상을 수상했다.

또한 미국, 영국, 이탈리아, 일본, 중국 등 5개국에 해외디자인연구소를 설치하여 글로벌 디자인 네트워크를 마련하는 등 미래 지향적이고 폭넓은 디자인 경영활동을 전개하고 있다.

10년 후 무엇을 먹고 살 것인가?

이건희 회장은 1990년대 중반 사장들에게 '5~10년 후 뭘 먹고 살 것인지' 보고서를 내도록 했다. 보고서를 읽은 이 회장은 "원하는 답을 쓴 사장은 아무도 없다. 1년 앞을 내다보기 힘들 정도로 빠르게 변하는 현실에서 5~10년 뒤를 예측하는 건 불가능하다. 해답은 이런 변화에 대처할 수 있는 인재를 구하고 키우는 것"이라고 했다. 2~3세기 전에는 10만~20만 명이 군주와 왕족을 먹여 살렸지만 현대 사회에서는 한 명의 천재가 1만 명 아니 10만 명을 먹여 살릴 수 있다.

한 명의 천재가 소프트웨어 하나를 개발하면 1년에 몇 십억 달러를 간단히 벌어들이고 수십만 명에게 일자리를 제공할 수 있다는 것이다. 사장들에게 인재의 중요성을 강조한 일화다. 2003년 6월 신경영 10주년을 맞은 이건희 회장은 '제2의 신경영'을 선포했다. 이 회장은 그 자리에서 그간의 경영성과에 만족하지 말고 지속적인 성장을 위해 "10년 후 무엇을 먹고 살 것인가?"를 사장들에게 주문하면서 핵심인재를 뽑고 키우는 인재경영을 강조했다.

앞으로 미래를 확실하게 책임질 수 있는 것은 기술이나 마케팅이 아니라 바로 이를 수행할 수 있는 핵심인재를 필두로 하는 '인재경영'이요, '천재경영론'이 그 답이라는 결론이다. 이 회장이 '창조경영'이라는 새로운 경영의 화두를 지속적으로 던지면서 2007년에 삼성의 경영방침이 창조와 도전으로 정해진 것도 같은 맥락이다. 그 당시 주요 내용은 앞으로 10년 후 미래를 대비하기 위해 천재 키우기에 주력한다는 것이다.

"앞으로 우리는 1등의 위기, 자만의 위기와 힘겨운 싸움을 해야 한다." 2013년 6월 7일 이건희 회장이 신경영 20주년을 맞아 전 세계 임직원에게 전자메일을 보냈다. 수신인은 삼성그룹 국내외 임직원 35만 7,000여 명이다. 이 회장이 임직원에게 직접 메일을 보낸 것은 처음 있는 일이었다. 이 날은 1993년 6월 7일 독일 프랑크푸르트에서 그룹 임원을 모아놓고 "마누라와 자식 빼고 다 바꾸라"며 '신경영'을 선언한 지 딱 20주년 되는 날이었다. '다 바꾸라'던 이 회장의 메시지는 20년 만에 '1등의 위기와 싸워라'로 변했다. 추격자 삼성이 1등 삼성이 된 성장의 역사가 그 속에 있었다. 100년 기업을 향한 미래 과제 역시 메일에 담겼다. 이 회장은 지난날에 대한 소회로 전자메일을 시작했다. 그는 "낡은 의식과 제도, 시대 흐름에 맞지 않는 관행을 과감하게 떨쳐버리고 양量 위주의 생각과 행동을 질質 위주로 바꾸어 경쟁력을 키웠다"고 기억을 되짚었다. 과거의 영화를 경계라도 하듯 그의 시선은 다시 미래로 향했다. 그러면서 '창조경영'이라는 키워드를 꺼내 들었다. 이 회장은 "지금 우리는 개인과 조직·기업을 둘러싼 모든 벽이 사라지고 경쟁과 협력이 자유로운 사회, 발상 하나로 세상이 바뀌는 시대에 살고 있다"며 "실패가 두렵지 않은 도전과 혁신, 자율과 창의가 살아 숨 쉬는 창조경영을 완성해야 한다"고 강조했다.

이 회장은 마지막으로 "우리의 이웃, 지역사회와 상생하면서 다 함께 따뜻한 사회, 행복한 미래를 만들어가자"며 "이것이 신경영의 새로운 출발"이라고 규정했다. 임직원에게 새로운 목표를 심어주는 '신경영 2.0'의 시작을 알리는 힘찬 호각소리기도 하다.

제3장

삼성의 인재관리 무엇이 다른가?

이병철 회장은 "기업은 곧 사람이다"라는 말을 생전에 즐겨 썼다. 이 회장은 한 번 뽑은 사람은 전폭적인 신뢰와 믿음으로 지원을 아끼지 않았고 교육을 통해 사람을 키우는 인재제일人材第一의 경영철학을 실천했다. 이건희 회장도 이러한 정신을 그대로 계승함은 물론 시대의 변화에 맞는 인재경영을 공격적으로 전개하여 핵심인재, 지역전문가, 여성인력 육성 같은 삼성만의 독특한 방식으로 사람 키우는 데 심혈을 기울여 오늘날의 삼성을 일구어냈다.

1. 될성부른 사람을 뽑는다

이건희 회장의 '비단잉어' 인재론

20여 년 전 이건희 회장은 〈비단잉어사〉라는 일본 NHK 특집방송 테이프를 비서실에 건네주며 이 프로그램에서 우리가 배울 수 있는 교훈이 무엇인지 알아보라고 지시한 바 있다. 주홍색과 흰색, 또는 검은색이 어우러져 화려함과 신비감을 더해주는 비단잉어, 이 비단잉어가 어린 치어 때부터 선별작업을 거쳐 마지막으로 선택되기까지 비단잉어사의 집념어린 과정을 소개한 프로그램이었다.

이 테이프를 사장단과 임원들은 물론 전 간부들이 보고 소감을 이야기하거나 토의하도록 했다. 한 마리의 비단잉어를 위해 나머지 99만 9,999마리는 버려진다. "좋은 잉어를 만들기 위해서는 불쌍하다거나 아깝다는 생각을 버려야 한다"는 내용의 이 테이프를 통해 비단잉어사의 집념과 끈기를 보여주면서 한 마리의 비단잉어가 창조되는 것도 이럴진대 한 사람의 훌륭한 인재를 만들어내는 것은 얼마나 어려운 일인지 계열사 사장은 물론 간부들에게 강조한 것이다.

경영자로서 세계적인 명성과 함께 찬사를 받아왔던 GE의 전 회장 잭 웰치의 자서전에는 한 사람의 후계자를 뽑기 위한 '비단잉어 만들기' 과정이 소상히 소개되어 있다. 그는 이 과정이 그 어떤 결정보다도 힘들고 곤혹스러웠다고 술회하고 있다. 적어도 일 년 동안 아침에 눈을 뜨면 제일 먼저 그 일에 대해 고민하기 시작했고, 밤이 되어 잠자리에 들 때까지도 그 생각에서 벗어나지 못했다고 한다.

웰치 회장은 임기 7년을 남겨 놓고 그의 후계자를 고르기 시작했는데 당시 GE의 임직원 30만 명 중 뽑힌 예비후보자는 23명이었다. 7년 후인

2000년 '이멜트'라는 한 사람으로 압축될 때까지의 과정은 앞서 '비단잉어 감별'보다도 훨씬 더 힘들고 어려운 과정이었다. 경영권을 승계할 후임자를 선정하는 과정에서 웰치 회장이 가장 중요시 여기면서도 단호한 결단을 내린 것은 바로 회사 내부의 어떠한 정치적인 요소도 개입되지 않도록 차단하는 일이었다고 술회하고 있다.

이건희 회장이 그룹의 최고경영자 한 사람 한 사람을 키우고 선별해 나가는 과정에서 아마도 GE의 잭 웰치 회장과 비슷한 고민을 했으리라는 생각이 든다. 흔히 경영자들은 "사람은 많은데 쓸 만한 인재는 없다"는 말을 많이 한다. 참으로 쓸 만한 인재 찾기가 비단잉어 감별만큼 어렵다는 것이다.

더구나 인재를 중시하는 삼성의 경영방식은 창업 이래 이병철 회장의 가장 고집스러운 경영철학이었고 이건희 회장이 취임하고서 오히려 이는 더욱 강화되었다고 볼 수 있다. 이병철 전 회장 시절의 경영이념이 '인재제일, 사업보국, 합리추구'였는데, 이건희 회장 취임 후 5년이 지난 1992년도에 경영이념을 대대적으로 바꾸었지만 '인재人材와 기술을 바탕으로' 시작하는 신경영 이념은 인재를 그대로 살린 채 시대의 변화와 글로벌 시대에 맞도록 바꾼 것이었다.

비단잉어사

일본 비단잉어의 역사는 200여 년 전으로 거슬러 올라간다. 일본의 연못에는 관상용 잉어를 키웠는데 원래는 흰색과 검정색 잉어뿐이었다. 그런데 흰색 잉어 중에 머리 부분이 주홍색을 띤 돌연변이가 한 마리 나타났다.
일본인들은 이 돌연변이를 다른 잉어와 계속 교배시켜 홍·백·흑 3색이 조화된 화려한 잉어를 탄생시켰다.

몸길이 75cm, 무게 5kg가량의 아름다운 비단잉어가 만들어지기까지는 대략 4년의 세월이 소요된다. 야마코 시의 비단잉어사 마노 씨는 처음 13마리의 어미 잉어로부터 500만 마리의 치어를 산란시켜 비단잉어 키우기에 들어간다.

치어가 커가는 과정에서 감별 작업은 계속된다. 1차 500만 마리 중 1/10인 50만 마리가 선별되고 나머지 450만 마리는 모두 버려진다. 선별된 50만 마리도 계속 감별 작업에 들어가 3차에는 6,000마리만 남는다. 비단잉어는 몸의 형태, 색의 선명성, 무늬의 밸런스 등이 모두 갖추어져야 비로소 훌륭한 '작품'이 된다. 500만 마리의 치어 중 4~5년 후 품평회에 나가는 잉어는 고작 4~5마리뿐이다. 대략 100만 마리 중 한마리가 선택되는 것이다.

그 한 마리를 위해 나머지 99만 9,999마리는 버려진다. 비단잉어사의 이러한 집념과 끈기를 보면서 한 마리의 비단잉어가 창조되는 데도 이럴진대 한 사람의 훌륭한 인재가 태어나는 것도 이와 같지 않을까 생각해본다.

국내 최초의 인재 공개채용 제도

삼성그룹은 1957년 국내 기업 가운데 최초로 공개시험을 통해 인재를 모집했으며 지금도 이 원칙을 고수하고 있다. 이병철 회장은 아무리 바빠도 신입사원 면접 때는 당대 최고의 관상가였던 백운학 씨를 대동하고 꼭 참석해 인재를 골랐다는 것은 널리 알려진 얘기다. 물론 지금은 채용인원이 늘다보니 거의 불가능하다. 매년 채용되는 인원이 신입만 많게는 2만여 명에 경력사원도 수천 명 수준인 데다가 채용 시기도 잦아서 매번 관상가를 동원하기는 어렵다.

삼성의 채용은 오래전부터 정립되어 있어 공정한 선발 기준에 입각해 직원을 선발하기 때문에 연고에 의한 인사 청탁은 거의 없다. 보통 채용은 주관하는 형태와 대상에 따라 그룹 채용과 각사 채용으로 구분된다.

그룹 채용은 4년제 대학 졸업 사원이나 전문대 졸업 및 실업계 고등학교 졸업 사원, 해외 인력·고급 인력·경력사원 등 다수의 관계사가 동시에 공동으로 추진할 필요가 있을 때 실시된다. 각사 채용은 말 그대로 각 계열사가 필요한 인재를 자체 충원하는 것으로, 주로 경력사원을 뽑을 때 이용된다.

생산 현장에서 근무할 기능직 사원이나 각사 특성에 따른 전문인력, 공동 채용의 경제적 단위가 못 되는 소수 인력, 기타 삼성 인력관리위원회가 위임한 채용 등이 여기에 해당된다. 채용 방식은 공개채용과 개별채용으로 나뉜다. 개별채용은 특별 채용과 연고 채용, 기타 채용 등으로 나뉜다. 연고 채용은 경우가 아주 드물고 대상 인원도 극소수다. 회사 발전에 큰 공로가 있는 연고자에 한해 까다로운 심사를 거쳐 선발되기도 하지만 그 인원은 거의 없다고 보면 된다. 현지 채용은 과거엔 외국 법인의 현지 공장 직원을 채용할 때 해당 지역의 노동력을 채용해 활용하는 제도다.

경력사원은 대부분 특별 채용이다. 즉, 계열사가 필요한 전문인력을 정규 모집이 아닌, 필요한 때 채용하는 방법이다. 지금은 예전과 달리 일 년에 몇 번씩 주기적으로 실시하는 그룹 전체 공개시험 방식을 지양하고 해당 계열사의 특성에 맞게 수시로 인재를 뽑는다. 게다가 정부의 권고사항이기도 하지만 각사별로 인턴사원을 사전에 선발하여 일정기간 교육이나 근무를 시킨 뒤에 정규직으로 전환하는 방식도 취하고 있는데 사전에 인턴 채용조건을 정규직 채용조건과 거의 유사하게 하여 인턴을 마친 후의 정규직 전환율이 회사에 따라 다르지만 50% 이상 되고 있다.

면접이 당락을 좌우한다

인재 제일주의를 표방하는 삼성그룹은 이를 실천하기 위한 첫걸음으로 신입사원 선발에 심혈을 기울인다. 삼성은 조직문화에 부합하는 우수한 인재는 물론이고, 최근에는 다양한 끼와 소질을 가진 개성 있는 인재에 이르기까지 여러 방면에서 실력을 갖춘 인재들을 선발하고 있다.

삼성의 채용방식으로는 크게 공개채용과 수시채용 두 가지가 있다. 신입사원의 경우는 대부분 공개채용으로 선발하며, 경력사원의 경우는 언제라도 문을 두드릴 수 있도록 수시채용을 하고 있다. 이와 더불어 각 분야별로 재능 있는 인재들을 선발하는 '특채방식'도 활용되고 있다.

최근에는 다양한 끼와 재능을 갖춘 '특이 인재'를 뽑기 위해 클럽의 멤버십 등을 활용하기도 한다. 삼성전자의 경우에는 다양한 인력풀을 확보하기 위해 소프트웨어 멤버십, 디자인 멤버십, 휴먼테크 멤버십 등 다양한 클럽을 운영하고 있다. 이 클럽에는 대학생이나 대학원생을 중심으로 다양한 사람들이 많이 포진해 있다.

각종 취업 전문 회사의 설문 결과를 보면, 대학 졸업자 등 취업을 준비하는 사람이 가장 선호하는 기업 1위가 삼성이다. 이제 초일류 기업에 당당히 이름이 오른 만큼 큰물에서 일하고 싶은 취업 준비생들이 점차 늘어나고 있기 때문이다.

삼성의 입사전형은 고시시험에 가까울 정도로 어렵고 경쟁률도 점차 더 늘어나고 있다. 삼성의 시험절차는 서류전형 → 삼성직무적성검사 SSAT → 4단계 면접 → 건강 검진 등을 거쳐 최종 선발된다. 삼성의 SSAT는 당초에 학력철폐를 위해 도입한 제도였는데, 최근 이 시험에 10만여 명이 대거 몰리면서 문제가 되기도 했다. 시험을 대비하는 학원까지 난립하고, 시험당일 시험장 수배나 교통정체 등이 문제가 야기되면

┃ 표 3 삼성의 면접절차와 내용

구분	인성 평가	능력 평가	
		개인능력 평가	조직적응력 평가
평가 중점	'삼성인'으로서 적합한 '인격체': 인간미, 도덕성, 가치관, 기업관·조직관, 주인의식	창의적 전문가로서 '지적 능력': 창의적 사고력, 문제해결력, 목표의식, 전문지식·기술, 직무동기, 직무열정	조직목적 달성을 촉진하는 '조직원으로서의 적합성': 리더십, 협조심, 포용력, 팀워크 의식, 추진력, 책임감
평가 도구	구조화된 면접질문 및 관찰: 성장배경, 과거행동, 미래상황, 행동관찰	과제해결 + 질의응답: 사례분석, 모의상황, 면접질문	집단토론: 집단해결 과제, 행동관찰
평가 방법	정성평가(定性評價, Pass or Fail): '삼성인'이 갖추어야 할 기본요건	정량평가(定量評價): 개인 역량의 수량화, '개인 능력'과 '조직적응력' 합산	
면접 시간	개별면접 20분	개별면접 20분 + 과제해결 시간 60분	집단면접(6인 1조) 45분 + 과제검토 15분
면접 위원	임원 4인	해당직군(직무) 실무 과·부장 4인	

서 구설수에 오르는 등 사회적 문제로 떠오른 것이다.

지원자는 우선 삼성그룹 홈페이지에 들어가 희망 계열사를 기재한 지원서를 작성해야 한다. 각 계열사는 지원서를 심사한 후 일정 기준을 통과한 지원자들에게 ID와 패스워드를 준다. 이것을 받은 사람만이 전형 절차에 따라 입사 시험에 응할 수 있다. 서류전형의 경우 출신 학교는 따지지 않지만, 전공 분야와 학점은 반드시 살핀다. 대학 생활의 성실성과 전문성을 평가하기 위해서다.

외국어는 일정 수준 이상의 등급이 있어야 한다. 영어의 경우 보통 삼성 사내 1급 수준인 토익 830점 이상은 되어야 안심할 수 있다. 회사에 따라서는 수험생들이 가장 두려워하는 영어 면접을 실시하는데 주제를 주고 팀원들끼리 그 주제에 대해 토론을 한 뒤 각 개인마다 질문을 하는 방식으로 진행된다.

어학연수나 동아리 활동, 업무 관련 자격증 등은 전형 기준에 반영하지 않는다. 하지만 면접할 때 참고 자료로 활용되기 때문에 자기소개서에 기재하는 것이 좋다. 특히 한자능력시험 자격증은 내부 기준에 따라 우대받을 수 있다.

삼성은 2002년 채용부터 면접시간과 방법을 늘리는 등 면접제도를 더욱 강화하고 있다. 지원한 서류와 삼성의 직무적성검사인 SSAT만으로는 판단할 수 없는 열정, 창의성, 도전정신, 문제해결능력 같은 이른바 역량Competency을 심층적으로 면밀하게 관찰하기 위해서이다. 기존의 2단계 평가에서 인성 평가, 개인능력 평가, 조직적응력 평가를 중시하는 3단계 평가로 늘렸다.

뽑은 뒤에는 확실하게 교육시킨다

삼성의 교육 프로그램은 국내 최고 수준일 뿐 아니라, 해외에서도 인정받을 정도다. 2002년 일본 기업인 산요의 이우에 사토시 회장도 삼성인력개발원을 방문해 체계적이고 방대한 교육 프로그램을 접하며 감탄했다.

산요그룹은 삼성의 교육 프로그램을 배우기 위해 그 당시 삼성인력개발원에서 분사한 인터넷 교육전문기관 크레듀credu로부터 삼성의 경영교육 콘텐츠를 사갔다. 일본의 마쓰시타 역시 삼성의 콘텐츠를 돈을 주고 구입했다. 그뿐만 아니라 윌리엄 오벌린 보잉코리아 사장도 삼성의 인재교육을 벤치마킹하기 위해 삼성인력개발원을 방문하여, 연수 프로그램을 검토하고 원장과 직접 면담을 나누기도 했다.

삼성의 교육을 총괄하는 삼성인력개발원은 교육 프로그램에서뿐 아니라 시설 면에서도 세계 최대 규모를 자랑한다. 삼성인력개발원은 호암관과 창조관이라는 2개의 연수원으로 되어 있는데, 호암관은 외국어 생활관으로, 창조관은 인재 양성을 위한 교육관으로 각각 활용하고 있다. 호암관은 이병철 회장 대에 인재 양성을 위해서 지은 건물이고, 창조관은 이건희 회장 취임 직후 지은 것이다.

이 두 시설은 3,700여 명이 동시에 교육 받을 수 있을 만큼 엄청난 규모다. 경기도 용인의 에버랜드 뒷산 중턱에 위치해 공기와 경치가 좋고, 특히 창조관은 내부 시설이 웬만한 호텔을 뺨칠 정도다.

호암관은 지은 지 오래되어서 낡긴 했지만 보수에 특히 신경 쓰기 때문에 내부 시설은 창조관 못지않다. 삼성인력개발원을 방문한 세계적인 기업의 CEO들은 한결같이 "삼성이 세계적인 기업이 된 이유를 알겠다"라며 부러움을 금치 못했다. 공정위 등 공공기관들이 삼성인력개발원에 와서 교육을 받는 데는 다 그만한 이유가 있다. 교육 프로그램이나 시설, 운영 노하우 등이 세계 최고 수준이니 민간 기업뿐 아니라 공공기관에서조차 이를 배우지 않을 수 없는 것이다.

최종 합격한 신입사원들은 누구나 예외 없이 그룹 공통의 입문교육을 받는다. 신입사원 교육프로그램은 4주간 그룹 합숙으로 진행된다. 국내기업 가운데 한 달씩이나 그룹 전체가 합숙하면서 교육을 받은 곳은 오직 삼성뿐이다. 삼성전자는 2012년 하반기에만 5,000명을 채용했는데, 세계 최대 규모의 시설을 갖추고 있는 삼성인력개발원도 모자라 2013년 자체 연수원을 마련하기도 했다.

32만 명의 국내외 임직원을 가진 삼성전자 연수시설로 용인시 기흥에 연면적 2만 5,000평 규모로 하루 최대 2,600명의 교육생을 수용할 수 있는 초대형 교육시설이다. 이 연수원은 갤럭시탭과 노트 10.1, 스마트폰 등을 활용해 펜과 종이가 필요 없는 최첨단 시설로 꾸며졌다.

연수원에서의 첫날은 통일된 연수복장을 입고 입소하는 것으로 시작된다. 뒤이어 연수 과정이 소개되고 연수원에서의 생활에 대한 안내가 있다. 연수원에 있는 동안에는 외부와 일절 접촉할 수 없다. 외출은 2주차 교육이 끝나고 현장 실습을 나가기 전에 한 번 있는데 그 전엔 전화도 할 수 없으며 신문이나 잡지도 볼 수 없다.

유일한 연락 방법은 편지다. 교육을 받는 동안 교육에만 전념하라는 뜻에서다. 일과 중엔 절대로 호주머니에 손을 집어넣어서는 안 되며 건물 내에서는 정숙한 언행과 바른 예절이 요구된다. 지도사원을 만나면 인사를 해야 한다. 그렇지 않으면 벌점을 받는다. 흡연도 지정된 장소에서만 가능하며 음주나 도박은 절대 불가능하다. 1주 차 교육은 사회인으로서의 기본 다지기에 초점이 맞춰진다. 적당한 색의 와이셔츠, 넥타이 매는 법부터 술 마시는 법까지 기본적인 비즈니스 에티켓도 가르친다. 삼성인으로서 지켜야 할 품성이나 규칙이 완전히 몸에 배도록 하기 위한 것이다.

2주 차에는 삼성식 경영관에 대한 교육이 이뤄진다. 삼성이 한국 경제에 미치는 영향 및 대기업의 역할, 삼성이 갖는 경쟁력의 원천 등에 대한 교육이 집중적으로 이뤄진다. 교육은 일방적인 강의가 아니라 철저한 찬반양론 형태로 진행된다. 자원봉사 및 도전, 테마 활동 등으로 구성된 3주 차 프로그램이 끝나면 마지막 한 주는 정리 및 평가 기간이다. 해외 주재원 등의 경험을 지닌 선배들과의 대화 시간을 통해 스스로 비전을 키워 나가도록 한다. 4주간의 일정이 끝나면 사람이 달라진다. 얼굴에 긴장감이 생기는 것이다. '삼성인'으로 변화하는 순간이다.

한 차수는 대략 150~200명으로 운영되며 8개 팀으로 나뉜다. 이들은 용인 인력개발원 본사나 전주 삼성생명연수원 등 전국 각지에서 26일 동안 함께 지낸다. 신입사원 교육의 특징은 각 팀마다 지도 선배가 팀장으로 나서 동고동락한다는 것이다. 팀장은 교육전문가가 아니라 현업에서 3년가량 일한 선배들로, 이들은 평생 단 한 번 팀장으로 참여할 기회가 주어진다. 그만큼 영광으로 알고 성심성의껏 교육에 임한다. 팀장 역할을 맡은 선배는 대략 신입사원 입소 2주 전에 들어갔다가 교육이 끝나고 1주일 후에 나온다. 2개월 가까이를 신입사원 교육에 바치는 셈이다.

교육과정은 그때그때 다르며 업무상 기밀로 분류된다. 대부분 최고경영자, 스포츠선수, 예술가, 교수 등 사내외 유명 강사의 강의가 중심이 된다. 팀별로 주어진 과제에 대해 아이디어를 발휘하고 문제를 해결해 나가는 다채로운 프로그램도 많다.

이러한 교육과정에서 모든 것은 철저하다. '삼성 기지개'라는 것이 있다. 기지개 한 번에 삼성을 한 번 외치는 것이다. 박수를 치는 중간에 삼성을 외치는 삼성 박수라는 것도 있다. 자기 입으로 삼성을 수시로 외치도록 함으로써 애사심을 키우는 것이다.

자기 동기 외의 모든 사람에게는 90도로 인사하라고 가르친다. 지금은 사라졌지만 벌점카드 제도도 있었다. 요즘 젊은 사람은 90도로 인사하지 않는다. 인력개발원 내에는 과장 이상급과 신입사원뿐이다. 과장급 이상도 유능한 사람만 들어온다. 그 사람이 지나가는데 신입사원이 인사를 하지 않으면 불러서 혼낸 후에 카드를 받아서 체크한다. 벌점이 어느 정도 이상이 되면 퇴사 처리된다. 삼성전자에서 필요해서 뽑았는데 인력개발원에서 안 되겠다고 하여 통보하면 삼성전자에서 퇴사를 시키는 것이다. 이런 시스템 때문에 철저하게 처신을 할 수밖에 없다.

삼성에서는 일반적으로 교육을 간다고 하면 부서장이 "가서 고생을 많이 하니 현업에서 쉬었다 가라"라고 말한다. 교육을 간다 하면 "가서 쉬고 와라" 하는 다른 회사와는 다르다. 교육을 가면 3시간 이상 잠자기 힘들다. 철저하게 공부해야 한다. 자기만 똑똑하면 안 된다. 함께 똑똑해야 한다.

매일 강의와 교육 프로그램을 소화한 후 방에 들어오면 마지막 과정이 하나 더 남아 있다. 바로 수련기를 써야 하는 것이다. 매일매일 일기를 적듯이 그날 배운 것과 느낀 점, 고쳐야 할 사항 등을 적어놓는다. 팀장으로 참여했던 삼성전자 직원은 "팀장들은 하루에 3시간 정도 잘 겁니다. 신입사원들은 4~5시간 정도 잘 수 있고요. 하지만 힘들었던 26일이 지나면 자신감이 충만한 삼성인으로 태어났다는 걸 새삼 느낄 수 있게 됩니다"라고 설명했다.

2. 강한 삼성인으로 키운다

삼성그룹 '인재교육' 확 바꾸다

삼성의 교육 프로그램은 신입사원부터 직급별로 다양한데, 백미는 역시 신입사원 교육에 있다. 신입사원은 삼성인으로서 기본자질을 익히고 다양한 프로그램을 통해 삼성의 역사와 경영철학을 교육받는다. 기본적으로 기업의 가치관을 심는 것이 핵심이다.

1957년 국내 기업 최초로 신입사원 공채를 시작한 삼성그룹은 2009년 입사한 공채 50기를 기점으로 인재교육의 패러다임을 확 바꿨다. '삼성인'의 새로운 유전자DNA를 키우기 위해 전사적인 교육 시스템도 처음

가동했다. 인재경영으로 재계 정상에 오른 삼성의 이러한 패러다임 변화가 재계와 채용시장에 어떤 변화를 가져올지 주목된다.

2009년 1월 초에 시작된 삼성 공채 50기 신입사원 교육의 공식 키워드는 '창의, 소통, 열정'이었다. '창의적 지능 캠퍼스Creative Intelligence Campus: CIC'라는 교육 시스템도 가동하고 있는 것으로 확인되었다. 신입사원이 회사에서 지급받은 넷북을 통해 사내 인트라넷처럼 접속할 수 있는 시스템이다. 삼성그룹이 교육을 위해 모든 계열사를 한데 아우르는 시스템을 구축한 것은 이번이 처음이다.

삼성 관계자는 "CIC 시스템은 임직원 교육에도 이용될 예정"이라고 말했다. 신입사원 연수 현장 풍경은 확 달라졌다. 아무도 손을 들고 질문하지 않는다. CIC 시스템을 이용해 강의 중에도 온라인에서 실시간으로 질문을 올린다.

신입사원들은 강의 내용의 오류를 지적하기도 한다. 인터넷을 통해 강의 내용과 관련된 정보를 검색할 수 있기 때문이다. 삼성 관계자는 "강의를 맡았던 사람들이 '신입사원 분위기가 더 창의적이고 참여적으로 바뀌었다'며 놀라는 분위기"라고 전했다. 이 시스템은 삼성그룹의 핵심인 인재 양성의 기본인 만큼 주요 계열사들이 역량을 모아 개발했다. 전자칠판, 전자책 등은 삼성전자가, 시스템 구축은 삼성SDS가, 콘텐츠 개발은 삼성경제연구소가 맡았다.

오프라인에서도 교육 전반의 틀을 뜯어 고쳤다. 특히 단체생활을 중시하는 획일적 문화를 없애는 움직임이 돋보인다. 연수원에서는 오전마다 다함께 참여해야 하는 '달리기'가 없어졌다. 삼성그룹 연수의 상징적인 프로그램으로 꼽혔던 현장에서 물건팔기LAMAD와 등산도 사라졌다. 오전 일정이 시작될 때 강사가 연수생 앞에서 '군기'를 잡는 모습도 볼 수 없게 되었다. 또 고등학교처럼 시간을 알리는 벨 소리 대신 음악을 틀기 시작했다. 그룹 내 각 계열사의 교육도 이 같은 패러다임에 맞춰 180도로 변했다.

삼성그룹의 간판 계열사인 삼성전자는 그룹 입문교육을 마친 뒤 실시하는 자체 교육기간을 14일에서 5일로 대폭 줄였다. 그 대신 현장 업무를 제대로 접하도록 사업부별 교육 기간을 늘리고 내용도 사업부의 자율에 맡겼다. 삼성전기는 배낭여행을 통해 창의성을 키우는 '크레파스' 프로그램을 시작했다. 다른 문화를 연구하고 다양한 사업 사례를 직접 체험하는 교육이다. 최종 결과는 웹진 형태로 사내 인트라넷 블로그에 올린다.

삼성에버랜드의 신입사원은 강의실을 나가 레스토랑에서 교육을 받기 시작했다. '쿡딜라잇'이란 이 프로그램에서는 레스토랑을 직접 경영하며 창의적인 사업 아이디어를 짜낸다. 삼성 관계자는 "이건희 회장이 3년 전 '창조경영'을 화두로 던졌고, 이 화두를 업무에서 구체화하는 것이 우리의 과제"라며 "그룹의 창조성을 고민하고 있고, 이번 교육에서 여러 변화를 꾀하고 있다"고 설명했다.

충성심(Loyalty)의 진화

과거 회사에서 필요했던 충성심의 핵심은 회사에 대한 애사심(愛社心)이었다. 이러한 애사심을 바탕으로 자신을 희생하면서 이른 아침부터 밤늦게까지 일을 열심히 하고, 자기 자신보다는 회사와 오너와 같은 주인 만족이 요구되었다. 그러나 과거의 무조건적인 충성심은 환경 변화에 따라서 진화의 과정을 거치면서 달라질 수밖에 없는 과제가 되었다. 과거의 충성심은 지금의 변화된 경영환경이나 개인들의 사고방식에서 더 이상 작동하기 어렵다. 설령 작동하더라고 맹목적 애사심이나 충성심은 오히려 회사에 해가 되기도 하고 효과적인 방법이 아닌 경우가 비일비재하게 발생한다.

즉, 오늘날에는 자기가 하고 있는 일이나 업무에 몰입하여 성과를 만들어내어 회사에 공헌하는 일이 무엇보다도 중요한 시대가 되었다. 다시 말하면 회사나 주인에 대한 애사심 발휘보다는 일에 대한 몰입을 통해서 고객에게 헌신하는 것이 더욱 중요한 충성심이 된 것이다. 직원들이 일에 대한 주인정신을 가지고 일에 몰입함으로써 행복을 느껴 최적의 성과를 내는 것은 물론 자신의 잠재력을 끌어 올릴 수 있는 것이 새로운 시대, 새로운 세대에 걸맞은 충성심이다.

싱글 삼성을 만드는 하계 수련대회

신입사원이 창의적인 '끼'와 '개성'을 마음껏 발휘할 수 있도록 도와주는 신입사원 입문교육의 대미는 매년 2박 3일간 펼쳐지는 하계 수련대회다. 한때 동영상이 유포되면서 항간에 북한식의 행사와 다를 게 없다는 여론이 돌았던 신입사원 하계 수련대회는 신입사원 때부터 싱글 삼성인으로 담금질되는 삼성인화의 일환이다.

여기서 신입사원들은 삼성의 정신과 가치를 익히고 자긍심과 성취감의 포만감을 만끽하면서 삼성인으로서 일체감을 갖게 됨으로써 삼성의 일원이 되기 시작한다. 이 수련대회는 누가 뭐라고 하든지 어디에서도 볼 수 없는 규모와 지극히 창의적인 프로그램으로 채워져 있다. 한 번이라도 삼성의 교육 프로그램에 참가해본 사람이라면 빠져들지 않을 수 없는 다양한 환상적인 경험과 학습효과를 제공하는 점에서 최고 수준임에는 틀림없다. 2013년도에는 6월 7일부터 3일간 강원도 평창 보광 휘닉스 파크에서 하계 수련대회가 열렸다. 27회째를 맞은 이 행사에는 7,000명의 공채 53기 신입사원, 4,000여 명의 최고경영자와 임직원, 600

명의 해외법인 직원 등 약 1만 1,000명이 참가했다. 모토는 '프라이드 인 삼성Pride in SAMSUNG'이었다.

삼성의 하계 수련대회는 교육에 관한 한 세계 최고라는 GE의 크로톤 빌Crotonville 연수원 관계자들도 놀랄 정도다. 삼성의 신입사원 교육은 삼성 전통과 문화를 이해하고 계승함은 물론 미래에 대한 새로운 출발을 다짐한다는 차원에서 중요한 의미를 지닌다. 특히 미래비전을 설계하고 자기혁신, 역량강화 등을 중심으로 기본과 원칙을 강조한 '공정한 업무처리Fair Process' 문화 체득에 중점을 두고 있다. 이러한 교육의 최종 완성판이 매스게임과 퍼포먼스 등으로 화려하게 진행되는 하계 수련대회다.

이 과정을 통해 '진정한 삼성인'으로 탈바꿈시킨다는 게 신입사원 교육의 최종목표다. 삼성의 지도 선배 제도Mentoring system도 독특하다. 이 제도는 입사 3년 차 사원 중 우수사원을 선발해 교육 진행자로 활용하는 제도이다. 삼성 관계자는 "신입사원 교육이 힘은 들지만 국내 최고인 삼성그룹 일원이 되었다는 자부심을 심어주고, 삼성의 미래를 책임진다는 의식을 심어주는 과정이므로 그룹 전체가 가장 신경을 쓴다"고 말한다. 그러한 측면에서 하계 수련대회는 싱글 삼성을 공고하게 다지는 삼성 내 최대 행사로 인식되고 있다.

삼성의 인재상과 삼성인 만들기

삼성의 인재상은 그동안 많은 변화과정을 거쳤다. 이건희 회장이 삼성의 신경영을 추진하는 과정에서도 많은 변화가 있었고, 특히 외환위기 이전과 이후를 통해 큰 변화가 있었다. 그 전에는 모범생, 순혈주의, 일본파, 국내 관리, 재무, 하드웨어 쪽의 인재가 집중되어왔다.

외환위기 이전의 삼성은 제조 중심이었다. 이러한 과거의 인재상은 이병철 회장이 가졌던 인재상이다. 저녁 7시쯤 되면 겨울철 두툼한 외투를 입고 독일 병사와 같은 표정의 삼성직원들이 빠져나온다. 얼굴표정, 옷차림 등이 거의 모두 똑같다. 삼성인은 끼리끼리 모여서 식사를 한다. 삼성전자 인사부장은 제일기획 인사부장, 삼성SDS 인사부장과 모여서 식사를 하지 다른 쪽과는 연관하지 않는다. 골프를 쳐도 계열사끼리 모여서 간다.

이병철 회장은 직원을 뽑을 때 아주 반듯한 사람만 뽑는다고 소문이 나 있었다. 눈을 깜빡거리거나 다리를 떨거나 하는 사람들은 절대 뽑지 않았다. 아주 똑바르고 정자세이며 선비 같은 사람들을 뽑았다. 될성부른 사람이 기준이 된 것이다. 당연히 공동체 중심적으로 뽑았고 외부영입은 거의 없었다. 이런 순혈주위라는 인재 양성방식은 이병철 회장이 작고할 때까지 지속되었다.

이런 식의 공채 중심 인재상은 일본의 도요타자동차 방식에서 가져온 것이다. 어느 날 갑자기 해외에서 근무하던 사람이 오는 것이 아니라 순전히 공채를 통해 밑에서부터 올라온 토종들을 중용하는 것이다. 말하자면 국내에서 훈련을 받아야만 올라올 수 있는 구조인데 이 구조의 핵심은 '관리'에 있다. 과거 '관리의 삼성'이라고 불렀듯이 관리 중심의 인재가 훈련되어 올라오는 것이다.

그러나 외환위기 이후로 인재상이 바뀌었다. 이제는 모범생이 아니라 다양한 재주를 가진 천재형이 더 대우를 받는다. 외부영입 비중도 30~40%로 늘어나서 많은 외부 인사들이 경력사원으로 들어오고 있다. 해외 출신들도 끊임없이 들어오고 관리, 재무 중심이 아니라 엔지니어, 디자인, 마케팅 쪽 인재들이 들어오고 있다.

삼성은 불가피하게 변할 수밖에 없었다. 삼성은 제조 중심의 회사였다. 이 시절에는 오너 중심의 체제를 구축하여 회장이 말하면 말한 그대로 100% 수행하는 조직, 비서실 같은 조직이 필요했다. 대우나 LG 등 대다수 기업들도 모두 그랬다. 회장의 의견이 나오면 모든 방법을 다 동원하여 관철시키는 조직, 아주 성공적인 조직, 최강의 조직, 송곳 같은 조직이 필요했다. 그러나 삼성은 삼성자동차라는 뜨거운 경험을 했다. 그 이후로 그래서는 안 되겠다는 생각을 갖기 시작했다.

내부에 다양한 의견들이 존재해야 하고 그 의견들이 좌충우돌하면서 합리적인 결정을 도출해야 한다는 판단에 의해 인재 구성방식이나 조직 운영방식이 바뀌게 된다. 오너의 한마디를 100% 수용하는 조직이 아니라 때로는 시비도 걸고 아니라고도 이야기할 수 있는, 의사결정이 합리적으로 흐르는 조직으로 인재상이 바뀌어 나갔다. 이렇게 변화된 삼성의 인재상을 시스템적으로 뒷받침하는 것이 삼성의 인사 시스템이다.

오늘날 삼성의 인재상을 요약하면 인간미와 도덕성 그리고 조직에 대한 강한 충성심을 바탕으로 해당 분야에 대한 세계적 수준의 전문 능력과 글로벌 종합경영 역량을 갖춘 21세기 글로벌 초일류 삼성을 주도할 인재이다.

인재교육의 핵심 삼성인력개발원

삼성그룹의 사원이나 간부를 교육시키는 곳은 삼성인력개발원이다. 삼성인력개발원은 삼성의 사관학교로 통한다.

"우리가 진 이유를 알겠다." 2002년 5월 용인에 위치한 삼성인력개발원을 둘러본 일본 산요의 최고경영자 이우에 사토시 회장이 깜짝 놀라며 이렇게 말했다. 이우에 회장과 같이 있던 4~5명의 산요직원들의 표

정도 심상치 않았다.

이들은 고인수 당시 삼성인력개발원 부원장(현 성균관대학교 상임이사 부사장)으로부터 삼성의 인재 양성체계에 대한 소개를 듣고 연수원 건물인 '창조관'을 둘러봤다. 26박 27일 동안 강도 높게 펼쳐지는 삼성의 신입사원 입문교육, 600여 개의 콘텐츠가 구비된 온라인 교육 등 삼성이 성공을 이룬 기틀이 사원들의 교육을 통한 인재개발에 있었음을 알고 이런 반응을 보인 것이다. 아마 이우에 회장은 격세지감을 느꼈을 것이다. 불과 30여 년 전, 삼성은 오늘날 삼성전자의 전신이 되었던 산요와의 합작법인(삼성산요파츠)을 통해 전자사업을 시작했기 때문이다.

그는 작은 회사에 불과했던 삼성이 체계적인 인재 양성으로 세계적인 기업이 되었다는 확신을 얻었다. 결국 산요그룹의 인력개발기관인 산요HRS는 크레듀로부터 삼성의 관리능력 프로그램 등 경영교육 콘텐츠를 사갔다. 크레듀는 삼성인력개발원에서 지난 2000년 분사되었다가 지금은 다시 삼성SDS로 통합된, 사이버 공간을 통해 삼성의 교육 콘텐츠를 판매하는 회사다.

이건희 회장은 취임 이후 인재 양성을 위해 원래 있던 건물(호암관) 외에 제2연수원(창조관)을 지으라고 지시했다. 그리고 이병철 전 회장의 49제가 끝나자마자 제2연수원 건립에 대한 첫 보고가 이뤄졌다. 이 건물이 완공된 후 호암관은 외국어 생활관으로, 창조관은 그룹 핵심인재 양성 교육관으로 이용되고 있다. 삼성은 전체 13개 연수원에서 하루에 3,700명이 동시에 교육 받을 수 있는 세계 최대의 시설을 갖추게 되었다.

이 회장은 늘 기업이 인재를 양성하지 않는 것은 일종의 죄악이라고 생각했다. 또한 삼성이 인재들의 창조적 능력이 맘껏 발휘되는 두뇌 천국이 되기를 바랐다. 최근엔 GE의 크로톤빌 연수원 프로그램을 벤치마킹해 고참 부장급을 대상으로 한 핵심인력 과정을 신설했다. 경영층을 대상으로 이론과 현실을 접목시키는 교육과정도 만들어가고 있다.

국내 기업 중 임직원의 충성심이 가장 높은 삼성의 뿌리에는 1982년 설립된 삼성인력개발원이 자리 잡고 있다고 해도 과언이 아니다. 뉴욕 시 오시닝에 자리 잡은 크로톤빌 연수원이 세계 최대 기업 GE의 메카 역할을 하듯 경기도 용인의 삼성인력개발원은 일류 기업 삼성을 만들어 가는 삼성인의 산실이다.

삼성의 교육 시스템은 삼성인력개발원이 주도하여 그룹 차원의 체계적인 인재교육을 진행하고 있다. 삼성의 교육 프로그램은 크게 세 가지로 나눠진다. 신입사원 입문교육 및 과장·차장·부장·신임임원에 대한 교육인 SVP^{Samsung Shared Value Program}, 교육 강사 및 임원·고위경영자 양성프로그램인 SLP^{Samsung Business Leader Program}, 글로벌 인재 양성 프로그램인 SGP^{Samsung Global Expert Program}의 체계로 이루어져 있다.

삼성에는 삼성전자인, 삼성물산인, 삼성중공업인은 없다. 현재 30만 명 정도의 국내에 근무하는 삼성인은 어느 회사에 근무하든지 '삼성인'이라고 한다. 한 회사에서 관계사의 다른 회사로 가는 것을 퇴사라고 하지 않고 부서를 옮기는 정도로 생각한다. '삼성인'이라는 의식이 강하기 때문이고, 또한 그것을 철저하게 교육시키기 때문이다.

인력개발원에는 개원 이래 원장 직함이 없다. 사장급이 부임을 해도 직함은 부원장이다. 이병철 전 회장은 워낙 인재 육성에 관심이 많다보니 원장의 역할을 사실상 해오면서 인력개발원을 수시로 방문했다. 그러다보니 지금도 원장은 상징적으로 이건희 회장이다.

각사에도 별도의 인재교육 열풍

그룹 공통과정 외에도 각사가 자율적으로 여러 과정을 만들어 인재 양성을 위한 교육을 하고 있다. 예를 들어 국제화가 가장 절실한 삼성물산의 경우 해외 마케팅이나 국제협상 과정, 이문화異文化 과정 등을 별도로 운영하며, 삼성SDS에서는 전산 전문과정을 별도로 개설하여 운영한다. 여기에서는 그룹교육을 마친 신입사원 배치와 동시에 교육센터에서 약 3개월간 집중 교육을 시킨다.

이 밖에 전문과정으로는 어학연수, 포스트 DC제도, 한국 경영자 석사 과정, 마케팅 리더 과정 등이 개설되어 운영되고 있다. 직원들 개개인이 어떤 교육과정이 있는지 미처 모르는 때도 있으며 기획도 많아 본인의 관심 여하에 따라 얼마든지 교육을 받을 수 있다. 삼성SDS의 경우 매년 초 전 교육과정을 직원들에게 전자메일로 알려주고 미리 수강신청을 받아 교육 계획을 수립하고 있다.

삼성에서 인력개발원에 들어갈 수 있는 계층은 30%밖에 안 된다. 그 조건은 고과 점수, 어학 수준, 조직 내의 추천 등이다. 30%가 들어가서 교육을 받고 그중에 승진자를 고르게 되는 것이다. 예를 들어 부장 교육을 받은 사람만이 임원이 될 수 있는 식이다. 그리고 각 코스마다 교육과정 자체가 2박 3일, 3박 4일 정도로 결코 짧지 않다.

그렇기 때문에 직원들은 죽자 살자 교육에 참가하기 위해 노력한다. 비록 못 들어가는 사람이 있더라도 그들에게는 갈 수 있다는 꿈을 준다. 조건이 되는 사람은 철저히 교육시키는 것이 삼성의 리더십 모델이며 원칙이다. 삼성전자에는 리더십 센터가 있어서 삼성전자의 리더를 어떻게 육성할 것인지 철저히 고민하고 분석한다.

삼성의 인재 육성 측면에서 다른 회사들과의 차이가 있다면 임원 간

┃ 그림 3 삼성전자 교육체계 사례

	가치 공유	차세대 리더	글로벌 역량	직능 전문가
인력개발원	□ 삼성정신, 신경영, 올바른 기업관 등	핵심인력양성(SLP) · 최고경영자/중견임원 · 부장	법인장 양성 (사전 5개월, 파견 전 1주)	
	입문 교육 · 신입/경력/영입임원		외국어생활관 (영/일/중, 10주/5주)	
	승격 교육 · 임원/부장/차장/과장		삼성MBA (해외/KAIST/성대, 2년)	
삼성전자	□ 전략공유, MDC, 위기경영, Digital Convergence 등	부장 후보양성 (SMA, 1개월)	주재원 양성 (GEC) (8주: e-Learning4주/집합4주)	사내 전문가 대학 · 핵심기술 (첨기연) · 마케팅 (글마연) · 제조기술 · 구매 · 품질 · 6시그마 · 재무 · 디자인
	변화교육 【국내】 · 임원(BLC) · 부장(TLC) · 과장(SLC) · 여성리더(WLC) 【해외】 · 현채인 임원급	R&D 리더 양성 (PLC, 1주)	재무MBA (해외, 2년)	
			지역전문가 (1년)	
		※BLC:Business Leader Course, TLC:Team Leader Course SLC:Self Leaders Course, WLC:Women Leader course SLP:Samsung Business Leader Program SMA:Samsung Manager Academy PLC:Project Leader Course, GEC:Global Expert Course		R&D 석·박사 과정 · 학술연수 · 산학협동(1+1, 2+2)
	입문 교육 · 신입/경력/영입임원			

부들의 평가 시 각사는 현재 매출, 이익, 고객만족 등을 평가하는 경영성과 평가항목 이외에, 반드시 부하 육성과 같은 조직관리 능력 등을 포함시켜 10%에서 많게는 30%까지 평가에 반영하고 있다는 것이다. 개개인들이 매년 초 자기계발 계획서를 만들어 도전 목표를 정하고 스스로 노력하도록 하는 목표관리 방식과 함께 상사들의 목표관리 양식에도 반드시 10~30%의 부하 육성 항목이 들어가도록 하고 있다.

자기주도형 학습과 사이버 교육 확산

삼성 인재 양성의 메카는 인력개발원이지만, 정보화 시대에 또 하나의 산실로 떠오른 곳이 멀티캠퍼스다. 정보화 시대의 새로운 교육 흐름은 사이버 교육이다. 인력개발원이 현장 수강형 교육 중심이라면, 멀티캠퍼스는 사이버 교육이 중심이다. 인성 교육, 직능 교육, 정보화 교육을 인터넷을 통해 하는 이 교육은 삼성그룹은 물론 타 그룹에서도 많이 활용되고 있다. 일종의 지식 산업화인 것이다.

멀티캠퍼스는 삼성그룹의 정보 인프라 교육연수원이다. 당시 사장이었던 남궁석 의원이 마이크로소프트사를 방문한 후 삼성도 정보화 교육의 장을 마련해야 한다는 건의를 하고 이를 이건희 회장이 받아들여 만들었다. 삼성SDS의 자본금은 280억 원인데 멀티캠퍼스 건설에만 700억원이 넘게 투자되었다. 삼성건설이 소유하고 있는 부지를 삼성SDS가 매입한 것도 정보 인프라 구축 계획에 따른 것이었다.

여기서는 주로 정보화 강의를 하지만 국제회의를 유치하기도 한다. 자체적으로 온라인 교육과 위성 교육도 가능하다. 김대중 정부 시절에는 정부 고급 간부의 정보화 교육을 했고, 1,000여 명이 넘는 주부들이 인터넷 경시를 한 곳도 바로 여기다.

한편 최근 사이버 교육 프로그램도 신설되었다. 인터넷 비즈니스 성공전략, 글로벌 경영, 비즈니스 매너, 알기 쉬운 시사경제, 퍼포먼스 영어 등 사원들이 각자 필요하다고 생각하는 교육 프로그램을 선택해서 들을 수 있는 사이버 교육 프로그램도 약 40여 가지가 실시되고 있다. 2012년 말 현재 삼성 임직원 가운데 9만 5,000명이 각종 정보화 관련 자격증을 보유하고 있다.

3. 글로벌 인재를 사전에 육성한다

막강한 글로벌 인재 육성의 장

삼성은 인재라면 국적을 가리지 않고 채용하기 때문에 '삼성인'이라는 이름은 또 다른 국적이다. 30여 년 전 '일본인 고문'에서 시작된 글로벌 인재 영입으로 삼성전자가 채용한 외국인 직원 가운데 국내에서 근무하는 직원 수는 지난 2008년 600여 명에서 2012년 말 현재 1,200명 수준으로 급증했다. 한편 2013년 10월 말 기준으로 전 세계의 삼성전자 임직원은 총 32만여 명이며 해외 근무자는 20만여 명으로 집계되었다.

매년 100명 이상의 외국인 인재들이 서울 서초동 본사와 수원, 화성 등의 사업장으로 유입되고 있다. 이는 삼성전자의 글로벌 인지도가 높아지면서 입사를 희망하는 인재들이 늘고 있기 때문이기도 하다.

이와 함께 삼성전자는 외국인 직원들의 국내 적응을 돕기 위한 다양한 지원책도 실시하고 있다. 해외 현지에서 비자발급을 도와주는 것은 물론 국내로 들어온 뒤 장보기 서비스까지 제공하는 '글로벌 헬프 데스크'가 그 대표적인 지원 제도다. 아울러 외국인 임직원 가족들을 위한 다양한 문화체험 프로그램을 운영하고 있으며 관광, 교육, 쇼핑 등 국내에서 필요한 다양한 정보를 제공하고 있다. 또 외국인 직원들을 대상으로 한 한국어 강좌도 열고 있다. 임직원들이 볼 수 있는 대부분의 게시물은 한국어와 영어를 병행 표기해 외국인 직원들을 배려하고 있다.

최초의 글로벌 인력인 일본인 고문 영입을 위한 헤드헌터는 바로 이건희 회장이었다. 이 회장은 소련 붕괴 직후인 1990년대 초반 "일본, 미국의 1급 기술자는 연봉이 20만~50만 달러지만 인공위성을 쏘아올린 소련 기술자는 1,000달러만 주면 데려올 수 있다"며 기초과학 기술이 뛰

99

어난 소련의 기술자들을 영입하라고 지시했다.

삼성전자는 즉각 '기술사업위원회'를 구성하여 러시아 기술자 확보에 열을 올렸다. 이후 삼성의 외국인 핵심인력 확보는 IT의 대국 인도와 이공계 인재의 보고인 중국 등 세계 각국으로 퍼졌다. 1995년 무렵부터는 중국, 러시아, 인도 등에 있는 일류 대학 상위 5%의 이공계 인력을 대상으로 아무런 조건 없이 학비를 주면서 국적 불문의 글로벌 인재 확보에 공을 들이고 있다.

전 세계의 시장이 하나로 통합하면서 경쟁은 가혹하리만큼 치열해졌다. 과거에는 국내 기업들끼리 손바닥만 한 시장을 두고 다투었지만, 지금은 세계적 기업들과 변화무쌍한 국제시장에서 무한경쟁을 해야 한다. 더구나 IT기술의 발달로 기업의 제품과 비즈니스 모델이 시시각각으로 달라지면서 CEO들은 시장과 기술의 변화에 즉각 대처할 수 있어야 한다. 이런 조건을 만족시키려면 당연히 젊은 CEO가 최적임자이다. 젊은 CEO들은 경험과 지식이 부족할 수 있다. 그러나 CEO의 연령이 낮아진다고 해서 최고경영자의 자질이나 능력까지 저하되는 것은 용납하지 않는다.

오히려 이들은 모든 문제에 대한 해답을 제공할 수 있는 '만능 해결사'여야 한다. CEO는 오케스트라의 지휘자이며 항공모함의 함장이다. 지휘자와 함장이 수십, 수백 명의 단원이나 선원들을 적절한 곳에 배치하여 조직이 효율적으로 운영되도록 지시를 내리고 조정해야 한다는 면에서 CEO와 그들의 역할은 매우 흡사하다고 할 수 있다.

국제화 교육의 시작 어학생활관

삼성은 어학에 대한 전략이 분명하다. 시험을 보게 한 후 일정 점수가 되는 사람들을 외국어 생활관에 보내고, 그중에서 점수가 높은 사람을 뽑아 다시 지역전문가 과정을 거치게 하고 그다음에 주재원 과정이 끝나면 주재원 생활이 도움이 될 수 있는 부서에 배치한다. 그 사람이 다시 주재원으로 나갈 수 있는 부서에 배치하여 일관성 있게 장기적 안목에서 지역전문가 육성 시스템을 가동하는 것이다.

삼성의 국제화 교육을 담당하는 어학생활관은 국내에서 가장 큰 규모를 자랑하는 연수원이다. 장소는 용인의 호암관 옆에 있는 창조관 안에 있다. 삼성의 국제화 교육 전략으로 신입사원들에게 삼성에서 개발한 어학 테스트를 보게 한다. 여러 가지 어학 중에서 일정 점수가 넘는 사람을 외국어 생활관의 3개월 과정에 입관시킨다.

한국어는 들어가는 첫날 3시간만 할 수 있다. 그 후로 한국어를 하면 동료, 선생님, 진행자들이 적발하고 세 번 적발되면 퇴교시킨다. 3개월 동안 3시간 이상 잠자기는 쉽지 않다. 외국인과 대화를 계속해야 한다. 이렇게 타이트한 교육 과정 중에 성적 좋은 사람을 1년간 지역전문가로 보낸다. 1년 동안 신나게 논 다음에 국내에 들어오는데 그중 똑똑한 사람을 주재원으로 보내고 해외 주재원을 평균 5년까지 하게 한다.

필자도 이러한 제도의 수혜자 중의 한 명이다. 벌써 20년 이상 지난 이야기지만 1993년 5월 당시 삼성이 반도체 사업을 본격화하기 위한 일환으로 인텔과 샤프 같은 선두기업에 연수를 시키기 위해 100여 명을 영어와 일본어로 나누어 어학생활관에 보냈다. 이때 들어온 100여 명이 사실상 삼성의 반도체 신화를 일구어낸 주역들이 되었다.

필자도 회사에서 2년간 아침 사내 어학과정으로 간단한 일본어를 구사할 정도는 되었지만 실제 일본사람과 직접 대화는 불가능했다. 그러다 3개월의 과정을 마치면서 어느 정도 일본어는 물론 일본의 문화에 대해 이해할 수 있는 수준에 올라갔다. 그리고 일본법인 주재원으로 발령을 받아 바로 현지 적응할 수 있었고 얼마 지나지 않아 업무가 가능했던 기억이 있다.

글로벌 경영력을 높이는 교육제도

"이공계 인력 육성을 그렇게도 강조했는데 아직 시행하지 않고 있습니까? 과학기술원^{KAIST}과 협의하세요. 중국이 몰려오고 있어요. 중국 지도부의 70%는 이공계 출신입니다." 1995년 이건희 회장은 현명관 당시 비서실장에게 전화를 걸어 '테크노 MBA' 도입을 지시하면서 이렇게 말했다. 인재 육성에도 이 회장의 복합화 철학이 녹아 있다.

이 회장은 국내에서 이공계 기피 현상이 심화되면서 산업별 인력 수급의 구조적 불균형이 생기고, 수도권 집중 심화로 지방 과학기술의 인력난까지 겹치면서, 그것이 우리 경제의 성장에 발목을 잡고 있다고 생각했다. 또한 이공계 인력들이 미래 최고경영자가 되기 위해서는 기술뿐 아니라 경영도 알아야 한다고 판단했다.

그래서 기술밖에 모르는 인재가 아니라 두루두루 많은 것을 섭렵한 최고관리자를 만들기 위한 인재 복합화 과정을 생각해낸 것이다. 하지만 이 제도의 도입은 생각만큼 쉽지 않았다. 이 회장이 1990년대 초부터 이 제도를 서둘러 도입하라고 지시했지만 당시 최고경영자들은 일시를 미뤘다. 막대한 예산을 들여 일 잘하는 전문인력을 2년 동안 해외에 보내는 것은 그리 쉬운 일이 아니었기 때문이다. 20년이 지난 지금은 MOT$^{Management\ of\ technology}$ 과정이라 하여 웬만한 대학에는 모두 융복합 대학원 같은 과정이 개설되어 있다.

이 회장은 여기에 선발된 사람들의 인사 자료를 직접 챙겨 면면을 살

퍼볼 정도로 관심을 쏟았다. 2012년 말까지 700여 명이 이 과정을 수료했으며 2013년 추가로 30여 명이 수료했다. 국내에서는 카이스트 내에 테크노 MBA 과정을 신설해 직원을 파견하고 있으며, 해외에는 상위 20위권 이내의 대학에 유학을 보내고 있다.

그렇게 해서 한국과학기술원에 테크노 경영대학원이 설립되었다. 이우희 사장은 심상철 원장과의 약속대로 1995년 3월에 설립된 테크노 경영대학원에 100명의 과장급 간부를 보내 차세대 리더 육성을 시작했다.

당시 테크노 경영대학원에서는 기술과 경영 모두를 이해하는 산업현장의 지도자 육성 프로그램으로 전일제 석사학위 과정을 만들었다. 거기서 그들은 일반 MBA로서 갖추어야 할 경영 분야의 주요 과목들을 이수한 후, 기술경영, 마케팅, 벤처, 재무, 정보통신, e-비즈니스 등의 6개 세부 과목을 이수했다.

또 반면에 상경 계통의 과장들은 기술, 생산 분야의 교육을 집중적으로 받았다. 과목은 국제생산경영론, 기술경영 및 전략, 기술 혁신 관리, 신기술 동향, 하이테크 경영, 신상품 경영, 서비스 운영 전략 등이다. 이렇게 해서 테크노 MBA 프로그램을 통해 기술자들은 경영을 잘 알고, 경영자들은 기술을 잘 아는 시스템이 구축된 것이다.

이제 테크노 MBA 제도는 21세기 초일류 기업의 초석이 될 차세대 핵심인력을 발굴하고 키워가기 위해 삼성이 새롭게 도입한 전문인력 육성 제도로 발전하고 있다. 삼성은 테크노 MBA 과정 외에도 다양한 핵심인재 육성 프로그램을 가지고 있다. 이를테면 지역전문가 과정이나 21세기 리더과정, 21세기 CEO 과정, 해외 석·박사 과정 등이다.

세계가 부러워하는 지역전문가 제도

삼성이 다른 기업과 달리 독특하게 갖고 있는 글로벌 인재 양성제도 가운데 하나가 바로 '지역전문가' 제도이다. 수년 전 GE의 클로톤빌 연수원장이 삼성그룹 구조조정본부(지금의 미래전략실)를 찾았다.

불과 몇 년 전만 해도 GE의 시스템을 따라하던 삼성이 어떻게 비약적인 발전을 했는지, 그 성공비결을 탐색하기 위함이었다. 브리핑을 받은 클로톤빌 연수원장의 결론은 삼성 성공비결의 핵심은 10년 후를 내다보고 직원 1명당 수억 원을 투자하는 지역전문가 제도였다.

이건희 회장은 후계자로 지명된 뒤 부회장으로 재직하던 1970년대에 이 제도의 실시에 대해 얘기했지만 그리 큰 반향은 없었다. 1987년 회장이 된 이후에도 계속 강조했지만 사장들의 여기에 대한 이해와 적극적인 실시가 여의치 않았다.

1989년 다시 소리 높여 주장했고 비로소 이때부터 소극적으로 시작되었다. 사실 지역전문가 제도의 본격적인 실행은 1993년 '삼성 신경영'을 적극 실현하는 계기가 되었다. 이 회장은 삼성이 이러한 지역전문가 제도를 빨리 시행했더라면, 그 효과가 더 컸었을 텐데 늦게 시작하는 바람에 기회비용 손실이 10조 원은 되었을 거라고 생각하고 있다.

'세계화를 위한 현지화.' 삼성의 21세기 목표 가운데 하나이다. 그러한 현지화 전략의 하나로 해외 지역전문가 육성 제도가 힘을 발휘하고 있다. 과연 지역전문가 제도가 무엇이기에 글로벌 초일류인 삼성의 성공비결로 지목되었을까? 이는 문화적인 차이를 뛰어넘어 현지 사람처럼 생각하고 행동할 수 있는 완전히 현지화된 삼성인을 양성하는 제도이다. 해당 국가의 파견자로 선발된 사원은 모든 업무로부터 해방되어 아무런 조건 없이 6개월 내지 1년간 자신이 선택한 나라에서 자유롭게 활동하면서 현지인과 생활하게 된다. 또 본인이 선택한 어학연수와 체험연수를 통해 현지 국가의 사회, 정치, 경제, 문화 전반에 대해 여러 가지 경험을 쌓도록 배려하고 있다.

삼성 측은 지역전문가 제도의 대표적 성공사례로 동남아 시장을 꼽는다. 삼성인력개발원 신영민 차장은 "소니와 파나소닉 등 일본 가전업체의 '안방'이던 동남아 가전시장에서 이제 삼성이 텔레비전, 양문형 냉장고, 스마트폰 등에서 일본을 넘어 애플의 아이폰을 따돌리고 1위"라며 "능숙한 현지어 구사능력에다 지방도시의 골목골목까지 꿰뚫고 있는 320여 명의 동남아 지역전문가가 있어 가능한 일"이라고 말했다. 지역전문가들의 정보는 지난 2000년부터 삼성 내부 사이트에 공개되어 전 직원들이 마음대로 찾아볼 수 있다. 요즘은 한 달에 페이지뷰(열람건수)만 100만 건이 넘는다.

그 외에 해외 지역전문가를 양성하기 위한 국제화 프로그램이 별도로 마련되어 있다. 국제화 프로그램은 국제화 교육부문과 외국어 교육부문으로 나뉜다. 국제화 교육부문은 해외사업을 운영하고 있는 관리자나 현지에 나갈 주재원 등을 위해 지역 연구 과정 등 6개 과정이 운영되고 있다.

또 영어, 중국어, 일어, 독어, 러시아어, 인도네시아어, 스페인어, 포르투갈어 등 8개국의 언어 및 문화를 이해할 수 있도록 12주 과정도 운영하고 있다.

최근에는 해외 채용 인력을 국내에서 교육해 다시 현지에 파견하는 역 지역전문가 제도도 실시하고 있다. 삼성SDI의 경우 2003년부터 한국전문가과정KEC을 실시하고 있다. 이 프로그램은 해외 법인을 현지화시키기 위해 5년 이상 근무한 간부급 현지 직원들을 국내로 데려와 10

개월 동안 생산·인사·개발·혁신 등 업무 지식과 함께 한국어와 전통문화를 교육하는 과정이다.

주로 헝가리를 비롯한 유럽 지역, 중국, 멕시코, 브라질 법인에서 선발된 직원들이 강도 높은 교육을 받아왔다. 중장기적으로는 중국, 말레이시아, 독일, 헝가리, 멕시코, 브라질 등 6개국 12개 해외 법인에서 일하는 우수인력 대부분을 이 프로그램에 참가하도록 할 계획이다.

20여 년 동안 60여 개국 파견

지난 1990년부터 시작된 삼성의 지역전문가 제도로 직원들이 1년씩 상당한 '회삿돈'을 써가며 해외에 나갔다 돌아와도 회사는 직원들에게 당장의 결과물을 요구하지 않는다. 현지에서 철저히 놀고, 먹고, 구경하도록 한다. 학교나 연구소에 등록할 필요도 없고, 현지 지사에 출근할 의무도 없다. 그저 그 나라의 구석구석을 맘대로 돌아다니게 한다. 회사는 다만 해외체류 중간 중간에 직접 몸으로 부대끼며 체득한 내용을 자유로운 형식으로 회사가 지급한 디지털카메라에 담아 노트북 PC로 사내 인터넷에 띄우게 한다.

삼성은 이 제도를 통해 지난 20년 동안 60여 개국, 700여 개 도시에 4,000여 명의 직원을 내보냈다. 지역전문가 1인당 평균비용이 급여 이외에 1억 원 안팎이므로, 그동안 4,000여억 원을 '놀고먹는' 데 쓴 셈이다. 하지만 지역전문가 제도에 대한 투자효과는 20년이 지난 지금 막강한 위력을 발휘하고 있다. 우선 삼성은 돈 주고도 구하기 어려운 방대하고 촘촘한 지역정보를 갖게 되었다.

60여 개국 700여 개 도시의 생생한 정보를 담은 리포트만 8만 건, A4 용지로 4만 장 분량이다. 사진도 10만 7,000여 건이 쌓였다. 파라과이에서 술 마시기 좋은 곳, 미국에서 주택 싸게 얻는 법 등은 물론 현지 국가에서 사귄 인맥, 외국 정부 부처의 승진 시스템 같은 정보도 망라되었다. 삼성 주재원들이 경쟁사보다 한 발 앞선 위치에서 출발하는 것도 바로 이런 정보 때문이다.

특히 중국과 인도 등 신흥 시장에 대한 정보는 막강하다. 파견지를 국가별로 살펴보면, 지난 20년간 중국이 650명으로 가장 많았고, 일본(510명), 미국(450명), 영국(142명), 러시아(100명) 등의 순이다. 최근엔 신흥 시장인 인도와 러시아에 더욱 집중하는 추세다. 초기에는 과장급 이하의 젊은 직원을 중심으로 한 400여 명 규모였지만, 단순 언어 습득과 문화 기행 수준에 그쳐 150명으로 줄였다. 대신에 글로벌 경영 시대의 예비 경영층 양성을 위해 기존의 '주니어 지역전문가' 제도 외에 '시니어 지역전문가' 제도를 시작했다. 25명의 임원과 70명의 부장급 등 총 95명 규모다.

기존에 실시했던 21세기 리더 과정(부장 대상), 21세기 CEO 과정(임원 대상)을 통합 및 확대한 것이다. 주니어 지역전문가 제도가 대리나 과장들을 대상으로 어학연수와 자유로운 지역연구 활동에 주안점으로 두고 있다면 시니어 제도는 이 밖에 국제경영 감각, 해당 지역의 적응 능력, 테마 연구, 글로벌 인적 네트워크 구축 등에 중점을 두고 있다.

삼성의 지역전문가 양성원칙과 파견절차

[삼성 지역전문가 파견 근무 원칙]

• 6개월에 한 번 귀국

- 일당은 주재수당의 50%
- 가족 방문 금지
- 방학 한 달간 체재 국가 전국여행 지원
- 업무 절대 안 함
- 지역연구에 매진해야 함
- 어학에 매진하여 현지어 능력시험 봐야 함

[지역전문가 파견 절차]

- 원칙 1: 지역전문가 양성 중장기 계획

각사 업종별로 국제화 추진의 완급을 감안해 A, B, C급으로 나눠 중장기 계획을 세운다. 신입사원 가운데 A급은 15%, B급은 10%, C급은 5%이다.

- 원칙 2: 파견 지역 선정

국제화 및 현지화 추진 계획에 따라 국가별 파견 계획을 수립

- 원칙 3: 양성 대상자 사정 선별

신입사원으로 입사 후 1년이 지난 사람들을 대상으로 어학, 근무태도 등을 평가하여 양성 대상자를 가려내고, 입사 2년 차가 되면 자격 기준을 재심사해 개인에게 통보해 기본적인 어학, 지역정보 연구, 여권 및 비자, 운전면허 등을 미리 준비하도록 한다. 이후 입사 3년 차가 되면 독신 파견 지역전문가 양성 대상임을 알려준다.

• 원칙 4: 파견 전 확정

미리 양성된 대상자 가운데 입사 3년 차가 되면 파견하는 게 원칙이다. 지역전문가 준비 교육과정(인력개발원 주관)을 수료한 뒤 파견한다.

• 원칙 5: 현지 연수 활동

하숙이나 자취 등 숙소를 정하도록 하고 월 1회 해당 지역 책임자에게 연수 활동 현황을 보고한다. 연수 중 지점에서의 업무 보조는 최소화해 지역연구에 전념하도록 한다.

• 원칙 6: 귀임 후 양성

임무가 끝나면, 파견자들은 체험한 현지 경험을 정리해 보고서를 작성하고 귀국 보고회를 갖는다. 지속적인 어학 교육과 학력 관리 등으로 나중에 해당 지역 주재원으로 파견되거나, 국내에서 현지와 비즈니스를 담당할 때 유능한 지역전문가가 될 수 있도록 제도적으로 육성한다.

이를 위해 간부로 승진할 때까지 상사가 매 분기 1회 양성 보고서를 작성해 인사부에 제출하고 인사부는 매 반기 1회 정기면담을 실시해 해당 지역에 주재원으로 파견되면 언제든지 본인의 능력을 최대한 발휘할 수 있도록 꾸준히 관리한다.

4. 여성인력을 적극 활용한다

여성인력 활용은 제2 신경영의 축

"장래를 볼 때 여성인력을 안 쓰면 망하게 된다." 20년 전 여성인력의 활용을 강조한 이건희 회장의 말이다. 이 회장은 특히 여성의 모성애에서 나오는 용기와 끈기는 상상을 초월한다고 믿고 있다. 또 21세기가 창의성과 감성의 시대인 만큼 여성의 감성이나 꼼꼼함 등이 사회를 지배하게 될 거라고 생각하고 여성인력의 중요성을 늘 강조한다.

삼성은 1992년 처음으로 여성 대졸 공채 1기를 뽑았다. 물론 이건희 회장의 지시에 따른 것이었다. 비서, 디자이너 등 여성 전문직 공채, 여성 대졸 공채를 실시하자 취업의 기회를 잡기 어려웠던 여성들이 구름처럼 몰려들었고 반응도 꽤 좋았다.

그 당시 비서실 인사팀에서는 이 정도면 회장의 의중을 어느 정도는 반영했다고 생각해 회의석상에서 회장에게 채용 열기를 보고했다. 그러나 이 회장은 칭찬은커녕 도리어 질책을 했다. "더 파격적인 안을 만들어라. 좀 손해를 보더라도 우리가 먼저 나서야 한다"는 지적이었다. 이후 여성인력에 대해 이 회장의 관심과 철학이 구체화하기 시작한 것은 신경영 선언 무렵 강력한 여성인력 활용 드라이브를 건 때였다.

삼성은 1994년 학력, 성별 철폐를 골자로 하는 '열린 인사개혁안'을 내놓았다. 이 개혁안은 채용 때 성 차별을 완전히 없앴을 뿐만 아니라 월급체계도 남녀 똑같이 만드는 것을 골자로 하는데 그 당시로서는 획기적인 제도였다. 같은 직급에서 남자의 70~80%를 받던 여자들의 임금수준이 한꺼번에 올라가면서 인건비 상승률이 수십 %에 이르렀다.

이 회장은 여성인력을 남자보다 강하게 키우고, 출장부터 당직까지 똑같이 하고 결혼이나 출산을 해도 계속 근무하는 것을 당연히 여기는 분위기로 만들자고 강조했다. 이에 따라 여직원들은 유니폼을 입지 않게 되었다.

하지만 계열사마다 '쓸 데 없는' 여성인력을 뽑는다며 부서 배치를 꺼렸다. 결국 남자 신입사원을 받겠다는 곳에 여성을 한 사람씩 끼워 보내는 일까지 벌어졌다. 이 회장은 여성인력의 활용을 단순히 생색내기나 배려의 차원이 아니라 제품 개발, 기획, 마케팅, 구매 등의 부서에 전진 배치하고, 입사나 승진 때 불이익을 없애며, 전문분야에서 능력을 발휘하는 여성들은 과감하게 임원으로 발탁하고 있다. 또한 여성인력 활용을 위해 회사 내 탁아소 운영이나 산전, 산후 휴가도 충분히 주고 있다.

여성 채용비율 30%를 넘겨라!

삼성 내에서 여성인력 문제가 이슈화된 것은 사실 이 회장이 취임한 1980년대 말부터였다. 이 회장은 취임 초기부터 이병철 전 회장 때와는 달리 여성인력을 뽑으라고 채근했다. 그러나 현업에서는 아무도 대졸 여자사원을 받으려고 하지 않았다. 비서실 인사팀은 완전히 샌드위치가 되어버린 꼴이었다. 1990년 이 회장은 자신이 지시한 사항에 진척이 없다는 걸 알고는 비서실 인사팀장을 불러 여성인력을 뽑아야 하는 세 가지 이유를 조목조목 설명했다.

첫째, 남성에게는 없는 여성의 감수성이 보완되어야 세계 경쟁에 뛰어들 수 있다는 점, 둘째, 사회적인 편견을 무릅쓰고 활용할 우수 여성인력이 많다는 점, 셋째, 여성 노동력이 참여해야만 국가가 경쟁력을 가진다는 점이었다.

이 회장의 특별지시가 있은 뒤 실무진은 여성인력의 수급 현황을 파악하여 신규 채용 인력 가운데 20% 이상을 여성으로 뽑고 육아시설도 더 늘리는 등 서둘러 제도적인 지원책을 마련했다. 그러나 20%로는 성에 차지 않았던 이 회장은 비서팀을 통해 여성인력을 30% 뽑으라는 강력한 메시지를 전달했다. 구조조정본부(지금의 미래전략실)와 각 계열사

인사팀은 적잖이 당황했다. 대졸 신규 채용 인력 가운데 매년 15% 안팎 수준에 머물던 여성인력 비중을 30% 수준으로 급격히 올릴 수 있을 만큼 여성 자원이 있을지부터가 의문이었다.

조선 분야 같은 이른바 강한 분야에까지 여성인력을 과감히 뽑으라는 이 회장의 지시에 따라 계열사 자체적으로 관리하던 여성인력 비중을 구조조정본부 인사팀에서 실시간으로 체크해 들어갔다.

구조조정본부와 경제연구소에서는 여성인력 활용 실행안을 만들기 위해 태스크포스를 조직해 IBM, GE, 코닝, HP 등 선진기업을 벤치마킹, 「그룹 여성인력 현황 및 활용도 향상 방안」이란 보고서를 작성해 보고하기도 했다.

이 인사 개혁안은 수백억 원의 인건비가 한 순간에 날아가는 제도다 보니 계열사의 볼멘소리가 만만찮았지만 일단 실행에 옮겼다. 뽑아 놓기는 했지만 여성인력의 배치 등 안착은 힘들었다. 1996년에 그룹 차원에서 '여성인력 활용 태스크포스'가 구성된 것도 이 때문이다. 태스크포스는 초기 정착 단계에서 여성을 구매, 인사, 감사 등 이른바 '갑'의 위치에 있는 직무 쪽 배치나 성과가 숫자로 평가될 수 있는 직무에 투입할 것을 권고했다. 당시 성희롱, 드레스코드 문제를 제기하여 국내에서 이슈가 되기도 했다.

이러한 여성인력 채용과 적극적 활용은 윤종용 전 삼성전자 부회장의 이야기를 들으면 이제는 어느 정도 확실히 자리 잡아가고 있다는 것을 알 수 있다. "삼성전자의 대졸 여성인력 채용비율을 30%까지 끌어올리겠습니다." 윤종용 삼성전자 부회장은 2006년 9월 27일 서울 역삼동 한국기술센터에서 공학한림원이 뽑은 차세대 리더 대학생 70명과 간담회를 하면서 이같이 밝혔다. 공학한림원 회장인 윤 전 부회장은 "1993

년 이후 평균 10% 이상의 비율로 대졸 여성인력을 지속적으로 채용해왔다. 현재 여성임원 수는 3명이지만 점차 많아질 것"이라고 덧붙였다. 윤 전 부회장은 "지식과 정보를 잘 활용할 수 있는 '지혜로운 사람', 유창한 외국어 실력과 넓은 시야를 갖춘 '국제화된 사람'이 될 것"을 대학생들에게 당부했다.

디자인부터 R&D 분야까지 맹활약

국내에 현대적 의미의 '전문 여비서'를 가장 먼저 뽑은 곳도 삼성이다. 1968년 이병철 회장의 비서실에 입사한 이유경 씨가 바로 국내 여비서 1호다. 지금은 따로 뽑는 것은 중단했지만 1998년 서구식 '비서 전문직'을 뽑아 현장에 배치할 것을 비서실 인사팀에 지시하여 1기에 50여 명의 비서 전문직을 뽑아 6개월간 교육시켜 배치하기도 했다. 이후 디자인직, 소프트웨어 관련 업무 등에 공개채용을 통해 여성인력을 투입했으며, 삼성자동차 시절엔 생산라인에 여성 기능사 100명을 선발해 투입하기도 했다. 삼성의 대졸 여성인력은 공채 1기를 뽑았던 1993년 3%에 지나지 않았으나 2012년 11%인 6,900명으로 늘어났다. 삼성전자의 경우에는 2013년 상반기에 드디어 30%를 넘겼다.

삼성전자의 경우 이공계 육성 차원에서 R&D, 기술, 디자인 분야에서 여성 채용이 늘어나면서 이공계 출신이 전체 여성인력의 63%(4,300명)를 차지하고 있다. 석·박사 출신도 1,500명이나 된다. 삼성전자는 전체 여성인력의 58%가 R&D 분야에서 근무하고 있다.

'신경영 선언' 20주년인 2013년은 삼성이 대기업 최초로 여성 공채를 실시한 지 꼭 20년 되는 해이기도 하다. 삼성그룹은 당시 대부분의 기업이 서류전형 단계에서부터 여성을 받지 않는 등 남녀 차별과 구분이 뚜

렸했던 상황에서, "전문가에게는 남녀가 없습니다. 지금 프로비지니스 우먼의 세계로 오십시오!"란 파격적인 채용 광고를 냈는데, 재계는 물론 여성 취업희망자들에게 큰 반향을 일으켰다.

1993년 3월 '여성 공채 1기'로 삼성에 입사한 139명 가운데 103명은 퇴직하고 36명(26%)이 현직에 있다. 이들 가운데 2011년 '기업의 별'인 임원이 처음 탄생했다. 여성 공채 1기가 상무로 승진한 것은 '유리 천장'에 금이 가기 시작한 신호탄으로 받아들여졌다. 첫 임원이 된 김정미 제일모직 상무 외에도 여성 공채 1기들은 각 계열사에 부장·차장 등 간부 사원으로 맹활약 중이다. 이들은 "여성 공채는 삼성뿐 아니라 한국 사회 전반에 긍정적인 '나비효과Butterfly effect'를 일으켰다"라고 평가되고 있다. 삼성의 파격적 여성인력 채용 이후 남녀 차별 폐지 문화가 현대와 대우 등 다른 기업으로 확산되었기 때문이다.

여성인력 활용도를 높이기 위해 여성 임원 비중도 점차 확대되고 있다. 여성인력 공채 이후 20년, 삼성은 많은 여성인력을 채용해 인재로 키워온 결과 여성 임원 승진자가 2010년 3명, 2011년 5명, 2012년 8명, 2013년 10명으로 지속적으로 늘고 있다.

삼성전자가 발간한 「2011년 지속가능경영 보고서」에 따르면, 삼성전자는 2020년까지 전체 임원 중 여성 비율을 10%까지 높일 방침이다. 현재 1.4% 수준에서 7배 이상 늘어나는 셈이다. 삼성전자 관계자는 "여성 임원을 확대하기 위해 여성 인재를 발굴하는 프로세스를 강화하는 한편, 대졸 신입 인력 중 여성 채용 비중을 30% 수준까지 높일 계획"이라고 말했다. 10대 그룹의 여성 임원 비율은 평균 1.5% 수준이고 여성 임원 비율이 가장 높은 한진그룹도 3.7% 정도다.

삼성에는 현재 총 52명(2013년 4월 기준)의 여성 임원이 각 전문 분야에서 능력을 발휘하고 있다. 간부급(과장)까지 확대하면 6,500여 명에 이른다. 삼성 관계자는 "여성 특유의 감성과 공감 능력은 다가오는 소프트 경쟁 시대에 삼성의 또 다른 경쟁력이다"라고 강조했다.

장애인에게도 열린 다양한 인재 채용

삼성전자의 2013년 상반기 공채에서는 과거 20%대 수준에 그쳤던 여성 합격자 비율이 32%로 상승했다. 여성 합격자 비중이 30%를 넘은 것은 사회진출을 앞둔 여성들의 능력이 지속적으로 향상되고 있다는 것을 의미하며, 앞으로도 삼성은 여성들이 차별 없이 능력을 발휘할 수 있도록 노력할 계획이다.

삼성은 여기에 그치지 않고 2012년 6월 사회 양극화 심화에 따른 불평등을 적극적으로 개선하고자 상대적 취약계층에게 별도의 취업기회를 제공하는 '함께 가는 열린 채용'을 도입했다.

3급 신입 공채 시 지방대 출신을 35%까지 확대하고, 저소득층 가정의 대학생에게 채용규모의 5%를 할당하는 '함께 가는 열린 채용'의 주요 내용에 따라, 2013년 하반기 3급 신입사원 공채에서는 4,500명 중 36%인 1,600명은 지방대 출신, 5%에 해당하는 220명은 기초생활 및 차상위 계층 가정의 대학생을 선발했다. 과거에 비해 10% 이상 늘어난 지방대 출신 합격자 정원 때문인지 우수 지방대 출신들이 대거 지원했다.

이 배경에는 지방대 출신이 적극적으로 공채에 도전할 수 있도록 8월부터 대전, 부산, 광주 등 3개 도시에서 26개 계열사가 참여하는 채용박람회를 개최했기 때문이다. 또한, 20개 회사는 전국 주요 지방대학을 방문해 회사 설명회를 개최하는 등 지방의 채용정보 불균형을 해소하기 위해 노력하기도 했다.

삼성은 지방대 출신 채용확대가 내부적으로는 다양한 출신의 구성원들이 시너지를 발휘하고, 대외적으로는 출신지역에 차별이 없는 공정한 채용문화가 확산되는 계기가 될 것으로 기대하고 있다.

특히 2013년 한해 예정된 장애인 600명을 모두 채울 예정이다. 삼성은 장애인 고용 확대를 위해 2011년 삼성전자에서 처음 시행한 장애인 공채를 전 계열사로 확대했으며, 내부적으로는 장애인 임직원들의 근무여건 개선을 위해 'SBF^Samsung Barrier Free 인증제도'를 도입해 운영하는 등 다양한 노력을 기울이고 있다.

5. 핵심인재를 뽑아 키운다

"총칼이 아닌 사람의 머리로 싸우는 두뇌전쟁의 시대에는 결국 뛰어난 인재, 창조적인 인재가 국가의 경쟁력을 좌우하게 됩니다. 천재와 우수인재를 많이 보유하고 있는 국가나 기업이 경쟁에서 이기게 된다는 게 나의 신념입니다."

이건희 회장, 2003년 《동아일보》와의 인터뷰에서

1) 왜 핵심인재 경영인가

핵심인재 1명이 10만 명을 먹여 살리는 시대

삼성은 오래전부터 우수 인적자원 보유를 미래 경쟁력의 원천으로 보고 국적을 불문하고 글로벌 인재를 확보해오고 있다. 우수한 인재를 확보하기 위해서는 기존의 인사틀을 바꾸지 않으면 안 된다고 판단한 삼성그룹은 핵심인재를 스카우트하기 위해 삼고초려三顧草廬를 마다하지 않고 있다.

때로는 이건희 회장이 주로 타는 전용기가 뜨기도 한다. 삼성의 전용기는 일반 항공기보다 운항고도가 1만 피트는 더 높다고 한다. 그만큼 기름은 많이 먹지만 비행 중 흔들림이 거의 없어 안락하다고 한다. 게다가 탑승자의 입맛은 물론, 세세한 취향까지 파악해 최고급 호텔 못지않은 서비스가 제공된다. 이런 전용기에 타본 인재들은 '자신의 몸값을 알아주는 기업'에 감동을 받게 마련이다.

보통 기업들이라면 '아무리 핵심인재라지만 그렇게 돈을 많이 써가면서까지 데려올 필요가 있을까?'라고 생각할 수 있겠지만, 삼성은 과감한 투자를 아끼지 않고 있다. 이렇게 뽑은 인재들이 오늘날의 삼성을 만든 원동력이 되었음은 물론이다.

이 회장이 핵심인재, 특히 천재경영을 강조하고 본격적으로 추진한 것은 10년 전인 2003년부터다. 10년 후 미래를 대비하기 위해 천재 키우기에 주력한 것이다. 이러한 삼성의 핵심인재 경영론은 사실상 이건희 회장이 취임한 1987년으로 거슬러 올라간다. 그러나 이러한 이 회장의 생각은 각사에서 쉽게 실천으로 연결되지는 못했다. 그러다가 신경영의 원년이었던 1993년에 이미 핵심인재 확보를 하지 않은 관계사 사장들에 대한 질타와 함께 앞으로는 더욱더 핵심인재가 중요하다는 '핵심인재 경영론'을 설파했다. "경영 업무의 50% 이상을 핵심인력 확보에 두겠다. 계열사 사장들도 우수인재 확보에 사활을 걸어라. 사장보다 더 많은 연봉을 줄 수 있는 인재를 확보하라. 사장단 평가 때에 핵심인력 확보 여부에 40%를 할애하겠다."

이건희 회장이 사장단에게 지시한 사항은 당시로서는 획기적이었다.

그는 질質 경영을 위주로 한 신경영 1기에서부터 인재의 중요성을 설파하고 과감히 실천에 옮겼다. 그리고 2006년부터는 '창조경영'을 화두로 천재경영을 다시 강조하고 있다. 과거의 전제 군주주의 시대와 현존하는 독재 및 아직도 잔존한 공산주의 사회에서는 10만~20만 명이 군주와 지배자를 먹여 살렸지만 현대 자본주의와 정보화 사회에서는 1명의 천재가 10만~20만 명을 먹여 살릴 수 있다는 것을 이 회장은 늘 입버릇처럼 이야기하고 있다.

즉, 반도체의 경우처럼 우수한 연구인력 한 사람이 새로 개발한 반도체 칩이 다른 경쟁사보다 앞서 있다면 그로 인한 회사의 수익과 발전은 가히 기하급수적이 된다. 외국의 전문가들도 삼성전자가 세계적인 기업으로 성장할 수 있었던 배경으로 우수인력의 영입과 이들이 한 눈 팔지 않도록 금전적인 보상과 과감한 승진인사를 단행했다는 점을 꼽는다.

앞으로 미래를 확실하게 책임질 수 있는 것은 바로 핵심인재를 필두로 하는 '인재경영'이요, '천재경영론'이 그 답이라는 결론이다. 세계 일류 기업들은 업종과 국경을 넘어서 핵심인재를 확보하기 위해 전력을 경주하고 있다. 이른바 인재전쟁War of talent의 시대가 다가온 것이다. 기업은 물론 나라의 장래도 결국 우수인력 확보 여하에 달려 있음은 새삼 강조할 필요가 없다.

핵심인재란 누구인가?

"바둑 1급 10명이 1단 1명을 이기지 못한다." 이건희 회장이 인재경영을 강조하면서 한 얘기다. 요즘과 같이 경영변화가 격심한 환경에서는 비전과 활력을 지닌 소수정예 인재가 특히 중요하며 핵심인재의 확보가 필수적이다. 핵심인재란 전문적 업무능력과 열정을 겸비하고 조직의 혁신을 주도하여 새로운 가치창출을 해나갈 수 있는 인물을 말한다. 물론 핵심인재의 정의는 회사의 업종이나 기술 수준, 전문성 같은 회사의 특성과 조직규모나 문화에 따라서 달라야만 한다.

일반적으로 선진기업들과 대기업들에서 의미하는 핵심인재의 특성을 살펴보면, 첫째로 핵심인력이란 대체비용이 많이 드는 인력으로 이직했을 때 그만한 인력을 확보하거나 육성하는 데 많은 비용이 드는 인력이다. 한 조사결과에 의하면 핵심인재가 이직했을 때 대체비용이 기존 인력의 4배가 소요된다고 한다. 그만큼 핵심인재는 희소성이 있다는 것이다.

둘째는 탁월한 잠재능력이다. 핵심인재의 유형은 다양하게 나타날 수 있으나 자신의 분야에서 천재급의 능력을 가진 자를 의미한다. 이른바 '5년, 10년 후 무엇을 먹고 살 것인가?'를 고민하는 인재라고 말할 수 있다.

셋째는 성과와 역량이 뛰어난 인재이다. 핵심인재는 자신의 분야에서 탁월한 성과와 역량을 내기 때문에 경우에 따라서는 한 명의 핵심인재가 만 명, 10만 명의 일반직원을 먹여 살릴 수 있을 정도의 성과를 내기도 한다.

넷째는 조직의 핵심전략을 추진하고 장기 성장에 기여하는 인력이다. 핵심인재는 개별 기업의 핵심전략 추진에 비추어 전략수행에 필수불가결한 기술을 가지고 있거나 고정관념을 버리고 독특한 시각으로 바라보고 문제를 해결하는 능력을 가지므로 새로운 아이디어 하나로 시장의 판도를 바꿀 수도 있는 것이다.

다섯째는 새롭게 등장하는 업무에 대응하는 인력이다. 기술발전의 속도가 빠르게 진전되는 등 새로운 직종과 업무영역의 등장이 현저해지

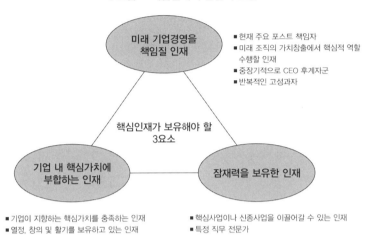

미래 기업경영을 책임질 인재
- 현재 주요 포스트 책임자
- 미래 조직의 가치창출에서 핵심적 역할 수행할 인재
- 중장기적으로 CEO 후계자군
- 반복적인 고성과자

핵심인재가 보유해야 할 3요소

기업 내 핵심가치에 부합하는 인재
- 기업이 지향하는 핵심가치를 충족하는 인재
- 열정, 창의 및 활기를 보유하고 있는 인재

잠재력을 보유한 인재
- 핵심사업이나 신종사업을 이끌어갈 수 있는 인재
- 특정 직무 전문가

자료: 삼성경제연구소(2001).

는 디지털 경제하에서 이에 대응할 수 있는 인적자원의 공급부족으로 인해 특정분야에 핵심인력군이 자연적으로 발생하게 되고 이런 분야의 인력이 핵심인력으로 역할을 할 수 있다.

핵심인재를 업무적인 측면과 인성적인 측면으로 구분하여 이를 다시 자질 측면과 실천 측면으로 세분하면, 업무적 측면의 경우 전문지식과 전문능력의 보유라는 자질 측면과 관성을 타파하고 새로운 가치를 창출하는 변화주도형이라는 실천 측면이 있어야 한다. 또 인성적으로 가치관이 뚜렷하고 사명감이 투철한 도덕성을 갖추어야 하며, 인간미가 넘쳐야 한다. 그리고 어느 정도 운도 따라주는 인재여야 한다.

그러나 업무적 측면에서나 인성적 측면에서 아무리 우수한 자질과 실천력을 갖고 있더라도 조직 내에서 실질적인 가치창출과 연결시키지 못한다면 의미가 없다.

▌표 4 핵심인재의 업무적·인성적 조건

	자질 측면	실천 측면
업무적 측면	- 제품·기술시장에 관련한 전문지식과 전문능력 보유	- 조직의 관성을 타파하고 변화 주도 - 열광 에너지로 신가치 창출
인성적 측면	- 올바른 가치관 - 조직과 고객에 대한 사명감과 도덕성	- 인간미가 넘치고 사람과 운이 따르는 인재

자료: 삼성경제연구소(2001).

세계 속의 삼성, 급성장의 비밀은 S급 인재

2005년 10월 일본 ≪니혼게이자이신문≫의 자매지 ≪니케이 비즈테크≫는 삼성의 인재경영에 대한 특집을 게재했다. 이 잡지는 삼성이 글로벌 인재경영의 확대를 통해 더 큰 성장을 추구하는 모습을 상세하게 소개하며 "삼성이 인재경영을 통해 앞으로도 해외 거대 IT기업을 제쳐나가는 역전의 방정식을 계속 구사할 수 있을지 관심"이라고 밝혔다. 삼성이 글로벌 경쟁의 핵심전략이자 첨병으로 확보, 육성하고 있는 핵심인재는 이제 해외로부터 더 많은 관심을 불러일으키고 있다.

얼마 전까지만 해도 S급 인재 확보는 주로 전자 및 통신 등의 분야가 주류를 이뤘지만 지금은 계열사 전반에 걸쳐 특급 인재들이 속속 모이고 있다. S급 인재의 공통점으로 학벌의 경우 해외 명문대에서 석·박사 과정을 마쳤거나 세계 톱10 대학이나 대학원 내에서 상위 1~2% 안에 들어야 한다.

세계 어느 곳에 내놔도 '핵심인재'가 될 자질을 갖추어야 하는 것이다. 또한 경영학 석사MBA 학위를 받은 사람도 많은 편이다. 이들은 대부분 외국계 대기업이나 연구소 등에서 임원급 이상을 지냈으며 연봉은

100만 달러 이상을 받는다. 나이는 30대에서 50대이며 40대가 가장 많은 편이고, 영어는 기본이고 제2외국어, 제3외국어까지 가능한 사람도 종종 있다.

이들의 공통점은 단순한 경영자가 아닌 해당 분야에서 최고의 엔지니어이며 상당수 인력은 외부에서 영입한 S급 인재란 점이다. 예를 들면 과거에 펠로우로 선정된 현 KT 회장 황창규 사장을 제외하고도 연세대 교수인 이기태 사장의 휴대폰에 관한 기술은 타의 추종을 불허할 정도였다.

권오현 부회장은 스탠퍼드 대학에서 전기공학 박사학위를 받고 삼성전자에 입사해 시스템 LSI사업부에 몸담아온 전문가 중의 전문가로 평가 된다. 2004년 인사 때 삼성전자 SI사업부 사장에서 삼성그룹 CTO최고기술경영자로 임무가 확대된 임형규 사장도 해외파다. 현재 삼성전자 고문으로 있는 임 사장은 미국 플로리다 대학에서 박사학위(전자공학)를 받았다.

박사를 최다 보유한 삼성

"반도체만 해도 천재가 20~30명이 필요하지만 그런 사람을 잡을 확률을 생각해보라. 그래서 머리 좋은 사람은 일단 다 뽑아놓자는 것이다." 이건희 회장의 '천재경영론'은 이제 더 이상 강조할 필요가 없을 정도로, 그가 얼마나 인재를 중요시하는지 보아왔다. 쓸 만한 인재는 삼성이 싹쓸이해가는 바람에 허탕만 쳤다는 말이 다른 기업에서 나올 정도로 삼성은 인재들로 가득 차 있다고 해도 과언이 아닐 것이다. 세계시장에서 1위를 차지한 제품 7개가 삼성전자 제품이다. 해외시장에서 국내기업으로선 미증유의 성과를 달성하고 있는 삼성전자의 활약상은 이제 국가의 위상에까지 영향을 끼칠 정도가 되었다.

이런 삼성전자의 힘 뒤에는 박사급 고급 두뇌들의 활약이 숨어 있다. 최근 기업 환경이 기술 중심 사업으로 급격히 변화하면서 삼성전자의 고급인력 확보도 가속화되고 있다. 몇 년 전만 해도 박사가 제일 많은 곳은 단연 서울대학교였다. 그러나 3,000명이 넘지 않는다. 삼성전자의 박사급 인력은 1995년 490명이었으나 2000년 1,000명을 넘었고, 이후 200~400명씩 증가해 2004년에는 2,000명을 돌파했다. 전체 직원 중 박사 비율도 2000년 2.3%에서 3.5%로 높아졌다. 삼성전자에 근무하는 박사 수는 조만간 5,000명을 돌파할 전망이다. 삼성전자는 2012년 말 기준으로 박사학위를 가진 임직원이 4,900명에 이른다고 밝혔다. 지난 10여 년 사이 4배 이상 늘어난 것이다.

사업부별로도 과거 반도체 중심이었던 박사 인력이 텔레비전·휴대폰 등 글로벌 경쟁력이 높아진 다른 부서로 고르게 확산되는 추세다. 삼성전자의 '박사 5,000명 시대'는 고급 기술 인력 채용을 확대하고 글로벌 위상 상승이 맞물린 결과로 해석된다. 박사학위를 따고 입사할 경우 대체로 과장 직급이 주어진다.

대졸 신입 공채로 입사할 경우 사원·대리로 각 4년씩 총 8년을 근무해야 과장이 된다. 삼성전자 관계자는 "글로벌 경쟁 시대인 만큼 전문성을 갖춘 박사급 인력 확충을 위해 노력하고 있다"고 말한다. 삼성전자의 박사급 인력이 대거 증가한 이유는 반도체, 정보통신, 디지털 영상 등 미래 전략사업에 집중하면서 전문인력 채용을 우선했기 때문이다.

삼성전자 관계자는 "회사의 기업철학에 따라 앞으로도 인재경영 및 준비경영을 착실히 추진할 계획"이라고 밝혔다. 삼성전자 관계자는 "기술력의 차이가 곧 시장경쟁력이며, 우리 기업이 살 길이라고 생각한다"

며, 앞으로도 꾸준히 박사급 인재 확보에 나설 계획이라고 말했다. 이로써 삼성전자는 다른 기업에서 찾아볼 수 없을 만큼 고급 집단으로 자리잡을 것으로 보인다.

핵심인재의 꽃 삼성 펠로우

이건희 회장이 인재경영을 천명한 만큼 상성그룹 내에는 국내뿐 아니라 해외에서도 알아주는 인재들이 다수 포진해 있다. 이 회장은 삼성 내에서 아직 빌 게이츠 정도의 천재는 없다고 생각하고 있지만 펠로우Fellow로 선임된 사람들은 준準천재급 인재로 인정한다. 2002년부터 시작된 삼성 펠로우는 세계 최고의 기술력으로 삼성을 대표할 수 있는 인재를 선정해 대내외에 알리는 제도이다.

IBM이나 HP, 인텔 등은 이 제도를 도입해 자사의 기술 수준이 세계 최고임을 대내외에 알려왔다. 세계 최대의 공학계열 학회인 국제전기전자학회Institute of Electrical Engineers; IEEE가 뛰어난 업적을 근거로 매년 정하는 '석학 회원'에 뽑히거나 삼성 내부에서 기술력을 인정받은 사람들이 '삼성 펠로우'로 임명된다.

삼성 펠로우에 뽑히면 전속 연구팀을 구성해 회사 일이 아닌 독자적인 연구 프로젝트를 운영할 수 있으며, 회사는 이를 전폭적으로 지원한다. 연구원이나 엔지니어에게는 최고의 영예이다. 펠로우는 삼성을 대표할 수 있는 SSuper급 기술 인재로 그룹이 정한 인재 평가 기준 가운데 가장 높은 것이다.

삼성 내부에서는 물론이고 세계적으로 통하는 경쟁력을 갖춘 핵심 기술 인력에게만 주어진다는 삼성 펠로우에 2012년도에는 삼성전자 종합기술연구원의 박영수 연구위원이 그 영예를 차지했다.

삼성그룹 내에서는 물론 전 세계 최고의 기술 인력으로 인정받은 박영수 연구위원은 KAIST 재료공학과에서 석사와 박사학위를 취득했으며, 삼성에서 차세대 반도체 박막 성장 기술개발을 선도해왔다. 반도체 박막 성장 기술 분야의 세계최고 전문가인 박영수 연구위원은 산화물 반도체 기술 확보와 산화물 메모리 소자 개발, 박막 연구 등 신사업용 핵심기술 개발을 주도하고 있다.

삼성은 펠로우들이 세계적 수준의 전문가로서 기술리더십을 충분히 발휘하도록 연구 수행을 위한 최대한의 예산과 인력을 지원하고 해당 분야 대외활동도 적극 후원하고 있다.

현재까지 삼성 펠로우로 선발된 이들은 반도체, 디스플레이, 나노 재료, 영상처리, 조선해양, 에너지 등 총 18명이 있는데 각 전문분야에 포진한 삼성 펠로우들은 삼성의 기술력을 대표하며 창조적 기술혁신을 주도하는 핵심역할을 수행하고 있다.

2) 핵심인재 어떻게 뽑고 관리하는가

S급 인재를 잡아라

지금은 대부분의 재벌 기업들이 모두 비슷하게 시행하고 있지만 삼성은 해외 채용 시 그 나라에 가서 면접을 실시한 최초의 국내 기업이다. 미국의 석·박사 인재 확보를 위해 1999년부터 별도의 태스크포스를 구성하여 상·하반기 각 1회씩 학교를 직접 방문해 설명회를 개최하고 있다.

방문 대학의 수만 해도 50여 개에 달한다. 중국과 러시아에도 손을 뻗쳐 현지 법인을 통해 우수인력 확보에 나서기도 한다. 더구나 미국이나 일본, 중국 같은 지역에는 아예 임원급의 핵심인재 스카우트만을 전담하는 팀을 운영하고 있을 정도다.

삼성전자 CEO들의 경우 미국, 일본 등 선진국과 인도, 중국, 러시아 등 인재풀이 풍부한 국가를 중심으로 출장을 가서 직접 헤드헌팅에 나선다. 현지에서의 비즈니스는 기본이고 핵심인재를 채용하는 데에도 많은 신경을 쓰는 것이다.

하지만 삼성이 S급 인재를 스카우트한 뒤 곧바로 자리를 주는 게 아니어서, 일부 인재들은 처음에 상당히 당황한다고 한다. 3~6개월 정도 '놀고먹는' 기간 동안 S급 인재들은 자신이 이 조직에서 할 일을 정확하게 파악하고 준비해야 한다. '쓸 만한 자리에 곧바로 쓸 만한 인재'만을 스카우트하는 서구 기업들과 차별되는 삼성의 인재 스카우트 방식이다.

삼성의 계열사 사장들은 최우선 경영목표로 'S급 인재 확보'를 노트에 적어두고 있다. 삼성그룹 사장단회의에서 모 계열사 사장이 이 회장에게 "저의 연봉만큼 받는 인재를 스카우트했다"고 보고했다가 이 회장으로부터 "당신보다 몇 배 더 많은 연봉을 받을 인재를 데려오라고 하지 않았느냐"는 질책을 받을 정도로 삼성 사장단들 사이에 '인재 스카우트'는 노이로제가 될 지경이다.

삼성 미래전략실은 이미 사장단 업무평가의 30% 이상을 인재 확보 실적에 배정하고 있는 실정이다. 지금까지 S급 대우를 받은 사람들을 보면 삼성의 핵심사업 분야와 관련이 있다. 가령 휴대폰에 들어가는 핵심 칩 개발자, 첨단 나노 반도체의 개발자, TI나 인텔 등에서 이름을 날리던 엔지니어 등이다.

삼성 관계자는 "이들에게 150만~200만 달러를 준다고 하지만 사실상 '가격제한'이 없다고 보면 된다"고 말했다. S급 인재들의 의사결정이나 기술력 하나에 수억 달러, 수십억 달러가 왔다 갔다 하는 판국이니, 그 정도 급여는 큰 문제가 되지 않는다는 설명이다. 당장 이건희 회장부터 열성적으로 나서고 있다. 삼성에 스카우트된 S급 인재들은 이건희 회장과의 첫 면담을 앞두고 "반드시 화장실을 다녀오라"라는 당부를 받는다. 길어야 두어 시간이면 끝날 것으로 지레 짐작했다가 낭패를 본 사람들이 적지 않기 때문이다. 이 회장은 서울 한남동 승지원에 S급 인재를 앉혀놓고 식사를 곁들여 거의 하루 종일 면접을 본다는 것이 관계자의 전언이다. 그룹의 핵심사업을 이끌고 갈 사람인만큼 업무 역량뿐만이 아니라 사람 됨됨이를 관찰하는 데 한 치의 소홀함도 없어야 한다는 판단에서다.

삼성 관계자는 "S급의 기준은 학벌·성별·나이·국적 모두 불문이라며 단지 그가 자기 업무에서 얼마나 세계적인 성공 스토리를 만들었는지를 본다"고 밝혔다.

S급 인재가 만일 한국에서 근무하기 싫다고 하면, 댈러스·런던·산호세 등에 있는 연구소에서 근무할 수 있도록 해주고 있다. 부인들이 한국에 대해 거부감을 보일 경우 비행기 일등석으로 모셔와 제주 신라호텔을 비롯하여 국내 곳곳을 구경시켜주고 타워팰리스 같은 곳도 보여주며 마음을 잡기 위한 노력을 펼친다. 삼성은 지금까지 기술 분야에 주로 치중된 S급 인재의 대상을 마케팅·디자인·광고 등으로 확대할 예정이다. 이를 위해 디자인의 경우 뉴욕에 있는 파슨스 스쿨의 교수들과 긴밀하게 접촉하면서 우수인재 물색작업을 벌이고 있다.

미래의 핵심인재 집단에도 과감한 투자

이건희 회장은 천재를 중요하게 생각하지만, 천재는 어느 날 갑자기

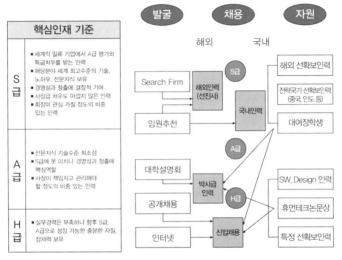

▌그림 5 핵심인재 기준과 다양한 채용루트

자료: 삼성경제연구소(2001).

태어나 세계를 주름잡는 존재가 아니라고 생각하고 있다. 빌 게이츠가 미국이 아닌 일본이나 중국, 아니면 우리나라에서 태어났어도 천재가 되었을까? 실제로 어렸을 적에 IQ가 높다거나 영재의 기질을 보이는 어린이들이 성인이 되어 성공한 경우는 그리 많지 않다. 결국 중요한 것은 자라나는 환경이란 얘기다.

현재 우리나라를 주도하고 있는 사람들은 1940~1960년대에 태어나 자랐다. 체계적인 공부를 하거나 지금처럼 상상력을 키워주기 위한 훈련은 생각도 못했을 시기다. 그저 딱지치기, 구슬치기, 술래잡기 등 기초적인 놀이로 어린 시절을 보냈다. 빌 게이츠가 만약 이런 환경에서 컸다고 가정해보자. 과연 오늘날의 마이크로소프트를 만들 수 있었을까?

예를 들어 의사 집안에서는 의사가 나오는 경우가 많고, 은행 집안에서는 은행 관련 직종을 선택하는 사람이 많다. 사업가 집안에서는 아무래도 사업을 물려받을 2세, 3세가 나온다. 결국 어떤 환경에서 자라났느냐에 따라 장래가 결정되고, 더 나아가 발전을 가져오는 것이다. 천재가 10만 명 중 1명꼴로 태어난다면 우리나라 총 인구 중 400~500명 정도가 가능성이 있는 천재들이다.

이들을 어렸을 때부터 체계적으로 교육시켜 천재급 인력으로 키우는 게 앞으로의 관건인 셈이다. 미국의 경우 공립학교에서 교육을 담당하지만 상위 15%의 학생들은 사립학교나 특수학교 등에서 더 우수한 인재들을 만들기 위해 따로 교육시킨다. 이에 착안한 이 회장은 천재를 양성하기 위한 교육 시스템을 구축하고 있다.

그 대표적인 기관이 '삼성 장학회'이다. 이 회장과 이재용 삼성전자 상무보(당시)가 1,500억 원을 출연해 재단을 설립한 뒤 2005년까지 계열사들이 추가로 돈을 내 5,000억 원의 자금으로 운영되고 있다. 2005년부터 매년 기금 운용 수입이 200억 원 이상 발생해 1년에 300명 이상에게 장학금을 지급하고 있다. 삼성의 인재경영이 무서운 이유는 바로 여기에 있다. 단순히 해외 인재를 스카우트하는 데 그치지 않고 '싹수 있는' 젊은 인재들을 키울 만반의 준비가 되어 있는 것이다.

또한 미래의 핵심인재들을 미리 확보하기 위해 특정 대학을 지원하며 특정 기술개발을 유도하는 제도를 운영하고 있다. 우리나라는 물론 미국과 일본 등 해외 명문대도 여기에 포함되어 있다. 삼성전자는 기술을 '기초, 첨단, 핵심, 미래' 등 네 가지로 분류하고 각 단계에 맞는 인력 양성 프로그램을 운영하고 있다. 연간 200여 명의 인력이 해외 연구소에서 미래 기술을 상용화하기 위한 프로젝트 교육에 투입된다.

또한 삼성은 융복합화 시대의 핵심 경쟁력인 소프트 파워를 기르기

┃ 표 5 삼성 소프트웨어 인력 양성계획

	대상	프로그램	규모(5년간)	투입금액(5년간)
양성	기존 프로그램 확대	삼성 SW 멤버십	2,000명	425억 원
		삼성SDS 에스젠클럽	500명	75억 원
	대학생	SW 전문가 과정	2,500명	625억 원
		SW 비전공자 양성과정	5,000명	500억 원
	초·중·고생	주니어 SW 아카데미	4만 명	50억 원
	합계		5만 명	1,675억 원
채용	3급 신입	채용	1만 명, SCSA는 연 400명으로 확대	-

위해 전국 초·중·고·대학생을 대상으로 2013년부터 5년 간 1,700억 원을 투입해 소프트웨어SW 전문인력 5만 명의 양성에 나선다고 밝혔다. 대학생을 대상으로 SW 인력을 1만 명 양성하고, 초·중·고생 4만 명에게는 SW 교육을 실시한다는 게 골자다. 우선 대학생을 대상으로 'SW 전문가 과정'과 'SW 비전공자 양성과정'을 신설하기로 했다. 기존에 해 왔던 SW 인력 양성 프로그램으로 운영 중인 '삼성 SW 멤버십'과 '에스 젠클럽SGen-club'을 확대하여 총 1만 명의 SW 인력을 양성할 방침이며, 초·중·고생을 대상으로는 '주니어 SW 아카데미'를 설립하고 4만 명에게 SW 조기교육을 실시하여 이를 통해 SW 인력의 저변을 확대할 예정이다.

핵심인재는 채용보다 유지가 더 중요

필자가 삼성그룹 모 회사에 채용부서장으로 근무할 당시 그해 해외

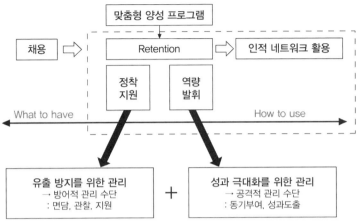

│ 그림 6 핵심인재 관리 도메인

자료: 삼성경제연구소(2001).

핵심인력을 50명 확보하라는 특명을 받아 48명을 뽑은 일이 있다. 그야 말로 미국의 아이비리그 출신부터 일본이나 기타 선진국의 유명대학 학생과 초일류 기업에 근무하는 인재들을 대거 모은 것이다.

문제는 관계회사에 있다가 IMF가 지난 이듬해 3년 만에 돌아와 보니 그 당시 채용한 인원 중에 남아 있는 사람은 단지 세 명에 불과해 깜짝 놀란 일이 있다. 이처럼 우수한 인재들을 뽑기만 한다고 해서 모든 것이 끝나는 게 아니다.

이들이 조직에 적응하고 오랫동안 근무하면서 가지고 있는 자신의 역량을 발휘하여 장기적으로 성과에 기여하도록 하는 유지전략이 더욱 중요하다. 최근 선진 기업들이 금융위기를 맞으면서 어렵게 확보한 우수한 인재를 경쟁사에 빼앗기거나 관리를 소홀히 하는 경우를 종종 볼수 있다. 이러한 경향은 1990년대 후반 이후 더욱 두드러지게 나타나고 있다. 주요 이유는 경영환경이 변함에 따라 인재들의 직장관도 변화하여 높은 연봉도 중요하지만 개인의 여유시간도 중요시하며, 전문가로서의 능력과 경력을 향상시키는 것을 우선으로 삼기 때문이다.

이와 더불어 기업들의 핵심인재에 대한 관리체계가 적절하게 이루어지지 못하고 있는 것도 무시할 수 없는 이유가 될 것이다. 핵심인재의 이직 원인에 대한 조사를 보면 전문가로의 성장, 새로운 일에 대한 도전, 더 높은 연봉, 개인생활의 확보 등이 주요 원인으로 나타나고 있다.

과거에는 환경이 급격하게 변하는 상황이 아니었기 때문에 핵심인력이 이직을 하더라도 내부시스템으로 시장 변화에 충분히 대처가 가능했으나 지금은 IT기술의 발전과 소비자 요구의 다양화 등으로 인해 2~3년 후의 환경 변화도 예측, 대응하기가 어려운 상황이다. 이러한 환경에서 한 명의 핵심인재가 미치는 영향은 매우 크다.

핵심인력을 다시 확보하기 위해서는 대체비용이 커진다. 특히, 중요 역할을 담당하는 핵심인재가 이직하면 기술과 업무 노하우가 유출되어 회사의 경쟁력이 저하되고 만다. 더구나 소수의 핵심인력이 핵심기술을 보유하고 기술개발 및 상품개발을 하는 경우가 대부분인 중소기업의 경우 한 명의 핵심인력이 이직한다는 것은 기업의 생존에 치명적인 영향을 미치게 된다. 또한 핵심인력이 이직함에 따라 남아 있는 직원들의 사기가 저하될 수 있다. 실력 있는 핵심인재가 더 좋은 조건으로 이직을 한다면 남아 있는 직원들도 동요하게 되고 더 좋은 직장을 찾게 될 가능성이 높아 연쇄적인 이직으로 연결되어 조직의 기반이 위태로워질 수 있다.

치밀한 핵심인재 관리 시스템

삼성전자의 인재 관리 전략은 상당히 체계적이고 과학적이다. 인재를 내부에서 양성하는 것은 물론 외부에서도 적극 영입하고 있다. 인사팀은 핵심 직원들을 S급과 A급, H급으로 나눠 관리하고 있다. S급은 말 그대로 뛰어난 성과를 올리는 인재를 뜻하며 A급은 S급보다는 못하지만 뛰어난 성과를 올리고 그만한 능력을 지닌 사람이다. H급은 아직 성과가 나오지 않았지만 높은 잠재력을 지닌 인재를 일컫는다. GE가 소수의 인재들을 하이 포텐셜High potential이라고 부르며 별도로 관리한 데서 따온 말이다.

물론 삼성은 이 회장의 지시에 의해서 핵심인재를 많이 채용했지만 뽑는 숫자에만 관심이 높았을 뿐, 이러한 인력들은 제대로 수용하고 관리할 수 있는 인사제도나 관리 시스템은 특별한 게 없었다. 그래서 IMF 시절에는 외국계 회사에게 많은 인력을 빼앗긴 아픈 기억이 있을 정도로 수업료를 많이 지불하면서 현재의 관리 시스템이 정립되었다.

◆ 멘토Mentor 제도

멘토 제도는 핵심인재들의 정착을 위해 1 : 1의 멘토와 멘티로 짝을 지어 관리하는 방식이다. 집안에 있는 수저의 개수까지 알 정도로 밀착하여 관리하도록 하고 있다. 윤종용 전 삼성전자 부회장도 재임 시 상당 수 외국인 핵심인재의 멘토를 맡았었다. 멘토링은 핵심인재를 육성하고 유지하기 위한 유용한 방법 중의 하나로 꼽힌다. 일반적으로 멘토링이란 경험이나 기술이 많은 사람과 상대적으로 이런 경험이 적은 사람을 의도적으로 짝을 지워 역량을 키우고 개발하는 것을 말한다. 멘토링은 주로 신입사원들의 조기 정착을 위해서 진행되어왔지만, 차세대 핵심인재를 조기에 발굴해서 육성하기 위한 방안으로도 적극 활용되고 있다.

멘토의 상대방은 외부에서 영입한 S급 인재이다. 윤 전 부회장은 한 달에 한 번씩 이들과 식사를 하거나 면담을 갖는다. 그는 "하늘이 두 쪽 나도 이 약속은 지켜야 했다"고 회고했다. 대화는 복잡한 현안들이 배제 되고 가족들 안부를 묻는 데서 시작된다. 일상의 크고 작은 고충과 애로 사항들을 물어보고 업무 흐름에 불편함이 없는지도 세세하게 체크한다. 면담이 끝나고 나면 직접 메모를 작성해 관련 부서에 업무 지시를 내린 다. 삼성전자의 경영지원 총괄사장과 인사팀장도 이런 식으로 핵심인 재들과 매월 다섯 차례 정도 정기 면담을 갖는다.

이처럼 사장은 S급 인재, 사업부장은 A급 인재, (수석)부장은 H급 인 재에 대해 1대 1로 직접 멘토를 맡아야 한다. 매월 면담 보고서를 제출 해야 할 뿐만 아니라 개선요청 사항을 받아들여 즉시 시행하는 것도 멘 토의 의무다. 만약 핵심인재가 석연찮은 이유로 회사를 그만두게 되면 1차적으로 책임을 져야 하는 사람 역시 멘토다.

◆ 퇴직 조기경보체제

삼성이 핵심인재를 이처럼 맨투맨 식으로 관리하는 이유는 인재를 영입하는 것 못지않게 이들을 안착시키는 일이 어렵다고 판단하기 때문 이다. 삼성 관계자는 "능력이 뛰어날수록 경쟁사의 스카우트 표적이 되 기 쉽고 외국인들의 경우 이질적인 한국문화에 적응하기 어렵다는 점을 감안한 제도"라고 설명했다. 특히 조직 운영에 불만을 품고 떠난 외국인 이 험담을 하고 다니는 상황은 최악이다. 세계 IT업계에 평판이 나빠지 면 인력 수혈에 큰 차질이 빚어질 수밖에 없다.

삼성전자는 이 때문에 핵심인재들을 대상으로 '3색 경보체제'를 은밀 하게 가동하고 있다. 인력의 퇴직 가능성을 녹색(안정적), 황색(약간 불 안), 적색(퇴직 가능성 고조) 등으로 분류하여, 핵심인재의 이탈을 조기에

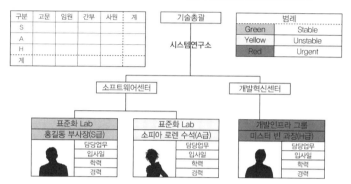

▌그림 7 핵심인재 조기경보체제

- ■**목적:** 핵심인력 이상징후 조기 감지 및 대응을 통한 퇴직률 감소
- ■**내용:** 이상징후 3색등 관리 : 퇴직 / 정보 유출 방지
- ■**구분:** Green(Stable)/Yellow(Unstable)/Red(Urgent)
- ■**방법:** 핵심인력 관리 시스템과 연계한 실시간 관리

구분	고문	임원	간부	사원	계
S					
A					
H					
계					

기술총괄
시스템연구소

범례	
Green	Stable
Yellow	Unstable
Red	Urgent

소프트웨어센터 / 개발혁신센터

표준화 Lab
홍길동 부사장(S급)
- 담당업무
- 입사일
- 학력
- 경력

표준화 Lab
소피아 로렌 수석(A급)
- 담당업무
- 입사일
- 학력
- 경력

개발인프라 그룹
미스터 빈 과장(H급)
- 담당업무
- 입사일
- 학력
- 경력

자료: 조인스HR '삼성 핵심인재경영' 세미나.

감지하는 시스템이다. 퇴직 가능성이 있다고 판단되는 사람에 대해서
는 중점 관리에 들어가 대인관계와 개인 전문성과 업무의 불일치 여부
등을 정밀하게 진단, 즉각 개선책을 마련한다. 현재 2,000명이 넘는 핵
심인재 중 S급은 대부분 녹색, A급은 99%가 녹색, H급은 98%가 녹색
등급을 받고 있는 것으로 파악되었다.

◆ 집안일까지 지원

외국인은 삼성에 입사하게 되면 일단 『직원 가이드북Employee Guide
Book』이라는 이름의 두꺼운 책자를 제공받는다. 영어판, 일어판으로 제
작된 이 책에는 인사제도, 편의시설, 회사소개, 정착정보, 주거지, 금융,
의료시설 이용법 등이 자세히 소개되어 있다. 여기에다 각 사업장에는

135

'Global Help Desk'라는 이름의 지원조직이 설치되어 총 20여 명의 전문인력이 배정되어 있다.

영어 요원 10명, 일본어 요원 10명 등으로 구성된 이들은 핵심인재의 크고 작은 집안일과 차량 관리, 해외 출장 시 입출국 비자업무 처리 등 업무수행에 필요한 제반 지원활동을 펼치고 있다.

삼성은 또 가족을 고국에 두고 홀로 생활하고 있는 핵심인재들을 위해 해외에 있는 가족들의 대소사도 챙겨준다. 예를 들어 부인이나 다른 가족이 일자리를 원할 경우 글로벌 인사팀을 통해 즉각 직장을 마련해 주기도 한다.

◆ 파격적 보상과 핵심인재 인센티브

핵심인력을 선정하는 기준과 대상자, 급여와 대우 등은 인사기밀로 좀처럼 공개되지 않는다. 계열사의 최고경영자CEO급 대우를 받는다는 S급, 주력사업의 핵심추진 인력으로 분류되는 A급, 미래 S급 인력으로 양성 가능한 H급 등으로 분류된다는 사실 정도만 알려져 있다.

이 같은 방침 때문에 삼성전자 내에는 부회장이나 사장보다 더 많은 연봉을 받는 엔지니어 등의 인력이 10명 이상 포진하고 있다. 삼성전자 사내 등기이사 평균 연봉이 50억 원 안팎에 달하는 상황을 감안하면 기술 분야의 핵심인력들이 받는 대우는 상상을 초월할 정도다. 회사 관계자는 "조兆 단위의 수익을 창출하는 사업부의 핵심인력에겐 100억 원을 줘도 아깝지 않다는 것이 기본적인 방침"이라고 말했다.

외국인 핵심인재들에겐 다국적기업 수준의 높은 연봉 외에 MDIMarket Driven Incentive, TDITechnology Driven Incentive 등의 명목으로 다양한 인센티브가 제공된다. A, H급 인력의 경우 수백만 원에서 수억 원까지

책정되어 있다. 하지만 우수인재를 붙들어두기 위한 가장 큰 장치는 회사의 강력한 의지다. 이러한 인센티브 제도는 외부에서 스카우트된 사람들에게만 주어지는 것은 아니다. 삼성은 내부 인력 중에서도 2~3%를 핵심인재로 선정하여 치밀하게 관리하고 있다.

이들은 회사별로 대표이사가 직접 관리하며 본부장이나 임원들이 평소에 집중 관리하도록 시스템을 구축하고 있고 이들에 대한 핵심인재 인센티브는 주위 사람들이 절대 알 수 없도록 하면서 연봉계약과는 달리 별도의 파격적인 인센티브를 부여하고 있는데 그 금액은 성과와 역량에 따라 운영되지만 일정하지는 않다.

◆ 공채 신입사원도 핵심인재로 관리

삼성은 이병철 전 회장 시절이나 지난 1993년 이후 신경영이 본격화되기 이전까지만 해도 순혈주의(공채 기수 중심의 인사관행)를 중심으로 그룹의 요직에 앉혔던 게 사실이다. 그러나 지금은 전혀 다르다.

최근의 인사를 보면 외부 수혈된 인재들이 요직에 임명되고, 공채 출신 비핵심인재는 나중에 능력이 검증된 이후에야 핵심인재로 분류된다. 즉, 공채를 통해 들어온 신입사원도 핵심인재로 분류될 수 있다. 물론 등급은 '잠재력이 높다'는 뜻의 H급을 받는다. 국내외 유수 대학의 졸업생으로서 전문기술지식, 창의력, 어학능력 등을 감안해 자질이 뛰어나다고 판단되면 핵심인재로 분류한다. 미국의 경우 '톱 20' 대학에서 성적이 상위 3~5% 내에 든 졸업생들이 대상이다.

우수한 인재를 뽑고 키우고 관리하기란 쉽지 않다. 삼성도 초기에 많은 인재를 외부에서 뽑았다가 제대로 써보지 못하고 자의반 타의반으로 삼성을 떠난 경우가 많았다. 핵심인재와 임원 승진 사이에는 직접적인 인과관계가 없다. 핵심인재라고 임원 자리가 보장되는 것은 아니라는 얘기다. 다만 신규임원을 선임할 때는 핵심인재가 유리한 평가를 받는다. 핵심인재에게 주어지는 인사상의 구체적인 혜택은 파격적인 인센티브 부여, 경력관리나 자기계발 기회 등이다. 하지만 비핵심인재들이 두드러지게 불이익을 받는 것도 아니다. 임원 승진은 사전에 정해진 별도의 기준과 요건에 의해 이뤄진다. 또 조직의 균형발전을 중시하기 때문에 비핵심인재들이 하는 업무의 중요성을 충분히 인지하고 있다는 것이 회사 측 설명이다.

내부육성To make과 외부채용To buy의 조화

어느 회사든 "핵심인재를 밖에서만 데려오면 안에 있는 사람은 뭐가 되는가?"라는 불만이 터져 나올 수밖에 없다. 삼성도 제도 도입 초기에는 "현장에서 핵심인재라는 용어를 쓰면 큰일 났었다. 핵심인재가 아닌 사람이 들으면 어떻겠는가?"라고 말할 정도로 핵심인재라는 말 자체가 직원들 사이에서는 조심스러웠다.

핵심인재는 내부육성과 외부수혈을 잘 조합해야 한다. 즉, 'To Buy'와 'To Make'의 조화를 잘 해야 한다. 'To Make'란 내부육성을 말하며 'To Buy'는 외부수혈을 말한다. 새로운 획기적인 사업이나 실적을 채울 때는 내부육성 인력으로는 한계가 있다. 왜냐하면 석·박사과정만 해도 6~7년이 걸리기 때문이다.

그럴 때 외부수혈을 해야 한다. 그러나 외부 인력을 받아들이는 조직 풍토나 인사제도가 되어 있지 않은 상태에서 외부수혈을 하면 문제가 생긴다. 전문가의 가장 큰 애로사항은 똑똑하다는 것이다. 일반 관리자들은 그저 열심히 땀 흘리며 20년 동안 살았는데 밑에 똑똑한 사람이 오면 어떻게 다루고 써야 할지를 두고 잠이 제대로 오지 않을 것이다. 부서배치를 하려고 하면 제발 내 밑으로는 똑똑한 사람이 오지 않게 해달라는 'No Thank You'라는 기본 주문이 들어온다.

똑똑한 며느리가 들어오면 시어머니가 힘든 것과 같다. 이들에게 첫 번째 문제는 잘나가는 꼴을 못 본다는 것이고, 두 번째는 저 사람은 왜 나보다 연봉이 높으냐는 것이다. 외부의 똑똑한 인재를 받아들이는 조직문화가 있어야만 외부인재들이 흡수되고 융화될 수 있는 핵심인재 제도가 발전되는 것이지 이것이 해결되지 못하면 우수인력들이 조직에 정착하기 어렵다. 초기에 삼성도 각사가 이러한 문제를 안고 있었고 시행착오를 거치는 과정에서 많은 수업료를 지불한 것도 사실이다.

초창기와 달리 요즘에는 삼성도 내부육성과 외부수혈을 잘 조화시켜 나가고 있다. 지난 1993년 신경영이 본격화된 이후 이전까지의 순혈주의를 과감히 버린 결과다. 어학실력이 뛰어나고 삼성이 요구하는 인재상인 전문성, 창의성, 변화와 혁신 마인드, 리더십과 도덕성, 디지털 컨버전스를 수행할 수 있는 네트워크 능력을 갖췄다고 평가되면 누구든 H급이나 A급이 될 수 있다.

최근에는 디지털 컨버전스에 대한 업무수행능력이 크게 강조되는 분위기다. 마찬가지로 일정기간 성과가 부진하거나 자질이 부족한 것으로 평가되면 언제든지 등급 분류를 취소할 수도 있다.

핵심인재 유지 및 관리를 위한 성공조건

경영학의 대가 짐 콜린스는 위대한 기업을 만들기 위해 가장 먼저 해야 할 일은 함께 일할 '적합한 사람'을 찾아내는 일이라며 사람에 대한 통찰력의 중요성을 강조했다. 20세기는 인재 전쟁의 시대다.

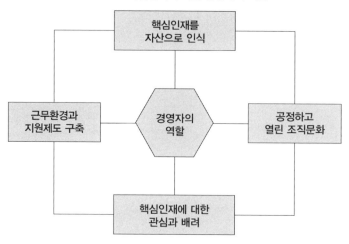

│ 그림 8 핵심인재에 대한 경영자의 역할

핵심인재를
자산으로 인식

근무환경과
지원제도 구축

경영자의
역할

공정하고
열린 조직문화

핵심인재에 대한
관심과 배려

　　최근 구글과 페이스북 간의 인재 전쟁에 대한 보도는 기업들에게 인
재에 대한 경각심은 물론 핵심인재 유지 및 확보가 기업경쟁력과 직결
된다는 인식을 보여주는 사례였다. 국내사정도 다르지 않다. 인재는 한
정되어 있기에 기업들이 좋은 인재를 뽑고 유지하는 데 많은 노력을 기
울이고 있으나 이의 성공을 위해서는 회사 내에서 경영자, 인사부서 그
리고 핵심인재 자신들의 역할과 자세가 중요하다.

◆ 경영자의 역할

　　핵심인재를 확보·양성·유지하기 위해서는 최고경영자의 관심과 지
원이 가장 중요하다. 핵심인재를 확보하는 것은 사전 투자이고 리스크
도 수반된다. 경영자는 기업의 특성상 최고 의사결정을 내리는 위치에
있고 그의 판단이 모든 사안의 방향을 결정한다. 따라서 경영자는 핵심
인재를 자산으로 인식하여 지속적인 관심을 갖고 투자를 해야 하고, 핵

심인재 유지를 위한 근무환경과 제도적 지원에 애착을 가져야 하며, 핵심인재에 대한 육성, 관리가 효율적으로 이루어질 수 있도록 공정하고 투명한 조직문화를 만들어야 한다.

삼성전자에서 오랫동안 핵심인재를 담당했던 한 간부는 "해외 여러 곳을 뛰어다니면서 우수한 인재를 영입해오지만, 정작 채용 이후에는 경영진들의 관심이 미흡한 것이 사실"이라고 말한다. 따라서 경영진이 지속적인 관심 표명의 일환으로 정기면담을 실시하는 것은 핵심인재의 유지관리 면에서 가장 중요한 대목이다.

우수인재를 붙들어두기 위한 가장 큰 장치는 회사와 최고경영자의 강력한 의지다. 실제로 윤종용 전 삼성전자 부회장은 임직원들에게 틈날 때마다 "외부에서 왔다고 텃세를 부리거나 따돌리는 일이 생기면 결코 좌시하지 않겠다"라는 뜻을 밝혔고, 최지성 전 디지털미디어 총괄사장 역시 외국인들과 수시로 식사를 하며 "업무에 불편한 일이 있으면 나를 직접 찾아오라"고 주문할 정도로 핵심인재에 대한 관심이 높았고 직접 멘토가 되어 실천에 옮겼다.

◆ 인사부서의 역할

인사부서가 가장 먼저 해야 할 일은 핵심인재에 대한 인사제도상의 비전을 구체화해주는 것이다. 물론 핵심인재뿐만 아니라 구성원 전체에 대한 비전이 포함되어야 할 것이다. 인사제도의 비전은 능력을 갖추고 높은 성과를 내면 그에 상응하는 보상을 받을 수 있게 하는 데 있다. 이를 위해서는 투명하고 공정한 인사제도를 구축하고 실시해야 한다.

인사부서에서 중요시해야 할 또 다른 과제는 외부 관련기관과 네트워크를 구축하는 것이다. 네트워크를 통해서 타 회사의 인사제도를 벤치마킹하고 핵심인재에 대한 정보를 습득, 확보할 수 있어야 한다. 이러한 전문적 기능을 수행하는 것은, HR부서의 기능이 종전과 같이 단순히 인적자원을 확보, 조달하는 행정적인 기능이 아닌 회사의 전략을 수행하는 전략부서로서의 기능으로 전환해야 함을 의미한다.

삼성전자에서 전임 실무자였던 김태홍 차장은 "대체로 핵심인재들은 금전적 요인에 끌려서 입사를 결정하는 경우가 많지만, 이들이 퇴사할 때는 자신이 얼마나 조직에서 대접받고 있는지 혹은 경력개발의 비전이 있는지 등이 최우선 고려요인이 된다"고 지적한다.

핵심인재 유지관리를 운영하고 있는 삼성전자의 핵심인재 유실률은 2%대에 그친다. 핵심인재의 발길을 잡는 데는 무엇보다 전담조직을 가동시킨 영향이 컸다. 삼성전자는 23명의 리텐션 전담조직을 운영하고 있는데, 다른 업무와 겸직하면서 리텐션에 투입되는 인력까지 합하면 90명에 달한다. 입사 3년 미만의 핵심인재들이 우선적인 관리대상이 된다. 회사를 떠나는 핵심인재의 70%가 3년 미만 입사이기 때문이다. 실제로 삼성전자는 핵심인재가 입사하기 전부터 리텐션 제도를 가동시킨다. 입사가 확정된 이후, 근무가 시작되기 전까지의 기간 동안 이탈하는 경우도 있기 때문이다. 따라서 입사대상자뿐 아니라 가족과의 접촉을 시도하면서 비공식적 관리에 들어가는 한편, 입사 전부터 프로젝트를 부여해 조직 몰입도를 높이는 등의 노력을 기울이고 있다.

◆ 조직구성원의 역할

핵심인재 및 인적자원의 중요성이 강조되는 상황에서 당사자인 핵심인재들은 물론 조직구성원의 자세도 바뀌어야 할 것이다. 과거와 같이 직장인이 아닌 직업인으로 변화해야 한다. 이는 회사에서 요구하는 업

선 발	육성/교육	관리와 보상
인력 수급에 대한 일정한 원칙을 수립하고 핵심인력 Pool 구성	체계적인 육성과 교육을 통한 내부 중요 직무에 인재 공급 방안 수립	조직에 대한 기여도 평가와 동기부여될 수 있는 평가와 보상제도 운영
■핵심인력 선발기준 선정 ■핵심인력의 정의 ■효과적인 채용방식 정의 ■선발 프로세스 정의 – 인재 추천 – 인재 심의 방법 정의	■핵심인력 육성 모델 정의 ■핵심인력의 대한 경력개발 모델 정의 ■육성 방법 정의 – 육성전략과 프로그램 – 교육 프로그램 설계	■핵심인재 관리모델 정의 ■핵심인재 관리 프로세스(안) 수립 ■인재 Pool 관리 방안 ■보상체계 정의

자료: 삼성경제연구소(2001)

무만을 성실히 수행하는 것이 아니라 자신의 능력과 가치를 높일 수 있도록 자신의 성장비전을 설계하여 자기계발을 위해 부단히 노력하고 적극적으로 업무에 임해야 한다는 것을 의미한다. 환경이 급변함에 따라 자신이 수행하는 분야에 안주하다보면 뒤처지고 성장을 저해하게 된다. 자신의 분야에서 전문가로 성장하기 위해서는 자기계발을 위한 노력이 필수적이며 자신의 능력을 성장시키고 가치를 높일 수 있도록 지속적인 노력이 필요하다.

핵심인력의 유지 여부는 기업의 시장가치와 즉각적으로 직결되기도 한다. 예를 들어 아마존의 최고 영업책임자였던 조세프 갈리가 2000년 7월 다른 회사로 옮기기 위해 사퇴의사를 표명하자 아마존 주가가 한때 10%나 폭락하기도 하여 핵심인력 유지는 기업이 경영력을 집중해야 할 가장 중요한 과제임을 보여주었다. 보통 어떤 회사가 어려움에 직면할 가능성이 보이면 그 회사 우수인력들의 이력서부터 들어오기 시작한다. 현재 삼성전자 내에서 핵심인재의 비중은 전체 인력의 3%대다. 5%

를 넘기면 핵심인재 제도의 의미가 퇴색한다고 보고 있다. 매년 3월에 핵심인재 풀에 포함될 인력을 갱신한다. 한 번 핵심인재로 선발되었다고 해서 영원한 것은 아니라는 이야기다. 이 중 절반은 내부에서 육성된 인력이고, 나머지 절반은 외부에서 영입된 사람들이다.

3) 철두철미한 임원 관리

인재로 평가받으려면 삼성의 임원이 되라

최근 삼성의 임원 인사를 지켜보면 과거와는 다른 흥미로운 사실 하나를 발견할 수 있다. 한때 반도체가 호황일 때에는 박사 출신의 30대가 새로운 임원 대상으로 떠올랐다. 또 어떤 해엔 고졸 출신들이 대거 임원으로 승진한 적도 있다. 젊디젊은 30대를 임원으로 등용해, 실력자라면 나이를 불문한다는 방침을 다시 한 번 각인시켜줬고, 그동안 임원 인사에서 푸대접을 받아왔던 여성이나 고졸 출신에게도 '열심히 일하는 자'는 임원이 될 희망이 있음을 상기시켜준 것이다. 물론 승진한 사람들은 그만한 자질이 있겠지만, 당시 상황이나 세태의 흐름과 맞아 떨어진 점도 있다고 생각한다.

일부에서는 임원을 '임시직원의 줄인 말'이라 해서 언제 구조조정될지 모르는 불안한 자리라고 부르지만, 그럼에도 임원은 직장인에게 도달하고픈 희망이다. 급여뿐 아니라 처우 및 권한, 내부는 물론이고 외부에서 받는 명예도 대단하다. 사기업의 임원은 이사만 되면 등기에 기재되고 임기 3년을 보장 받는 공기업과는 조금 차이가 있다. 특히 삼성처럼 재벌급 대기업의 경우 등기이사가 되려면 최소 상무급 이상은 되어야 한다. 또 등기이사가 되었다 해도 매년 경영성과에 의해 임기가 조정

될 수 있다.

최근엔 조직이 커지고, 핵심인재들의 임원급 발탁 등으로 일반 임원들의 대우가 예전만 못하다는 얘기도 들린다. 삼성에서 '임원'이 된다는 것은 어떤 의미인가? 현재 삼성의 임원들은 이렇다 할 실수 없이 연차가 되면 자연스럽게 승진하던 과거의 경륜 중심의 방식과는 다른 방식으로 올라왔다.

한마디로 '실무 중심의 고급 관리자'라고 할 수 있다. 특히 인재가 많은 삼성 같은 회사에서 임원으로 승진한다는 것은 '인재 중의 인재'란 사실을 대내외적으로 인정받는 것이다. 하지만 임원을 선정하는 데에 특별한 원칙이 있거나 양성을 위한 공식 코스가 있는 것은 아니다. 과거엔 'CEO 과정'이란 교육을 통해 이수자들이 임원으로 발탁되는 경우가 종종 있었지만, 최근 폐지되었다.

다만 대외적으로나 부하 직원들에게 '그래, 바로 저런 사람이 임원감이야'라는 공감을 얻을 수 있는 인사를 하기 위해 객관적이고 공정한 심사과정이 있다. 또 한 계열사에 오랫동안 두지 않고, 신규 사업이나 확장되는 계열사 등의 취약한 점을 보완하기 위해 순환 인사를 한다. 임원 승진 대상자는 업적을 점수화해 장점과 보완해야 할 점을 명시한다. 임원이 된 후엔 별도의 연수과정은 없지만, 연 1회 경영자 세미나에 참가해 공동체 의식을 키워야 한다. 이 밖에 해외 장기 연수교육의 기회를 가질 수도 있다.

또한 과거 비서실이었던 미래전략실에서 근무할 수 있는 기회도 생긴다. 물론 모든 임원이 해외 연수를 가거나 미래전략실에 갈 수는 없다. 이들 중에서도 능력을 인정받은 사람들의 순으로 '간택'되는 것이다. 삼성의 임원은 그룹을 대표하며 계열사들의 대우나 보상 등에 차별이 없는 편이다. 반면 자기 통제도 엄격하게 요구된다.

직위를 이용해 남에게 폐를 끼치면 안 되고, 공과 사는 엄격히 구분해야 한다. 회사 자산을 이용해 개인적 업무를 하는 것은 '절대 금지사항'이다. 또한 회사를 아끼며 모범을 보여야 한다.

임원 평가의 두 축, 업적평가와 역량평가

삼성은 훈련된 전문 경영인이 많은데다 재량권도 넓어 좋은 성과를 거두고 있다. 그 일례로 그룹의 임원 선발 시 전무 이하는 각사 사장들의 몫이다. 과거 10년 전 대리승격까지 챙기던 시절과는 완전 달라진 모습이다.

이는 이건희 회장의 '자율경영' 신념 때문이다. 이 회장은 임원이나 CEO를 선발할 때 '지행용훈평知行用訓評의 다섯 가지 덕목'을 기준으로 한다. 일반 직원이 CEO까지 오르려면 수많은 성공과 좌절을 겪는다. 또한 제대로 된 사장급 CEO 1명을 키우려면 비용만 수백억 원이 들고 기간도 30년 정도 걸린다. CEO는 그만큼 중요하기 때문에 적어도 다섯 가지 덕목을 갖춰야 한다는 것이다.

평가와 보상 제도를 제대로 구축하기 위해서 제일 먼저 선행되어야 할 것이 있다면 임원의 역할과 책임을 명확히 하는 것이다. 한국이나 일본의 경우, 경영 관행 자체가 임원의 역할에 대해서 명확하지 않고 암묵적暗默的으로 공유되거나 수시로 변경되는 것이 사실이다. 이른바 투명성이 결여되어 있다. 선진국의 경우 임원의 역할이 명확하고 그 결과에 따른 책임도 투명하게 운영하고 있다.

기업의 목표달성은 경영계획의 명확화만으로 달성되지 않으며 결국 이를 담당한 경영자의 수행능력에 의해 좌우되기 때문에 이러한 업적을

▌표 6 임원평가 개요(신평가체계의 구성)

구분	회사 경영평가	임원 KPI 평가	컨피던시 평가
주목적	각사 경영실적 평가	임원 실적 평가	임원 역량 평가

평가 내용	· 각사 KPI: 그룹 승인
	· 균형성과지표 관점
	  (BSC)
		· 각사 KPI → 임원 KPI
		  (각사 대표이사 승인)
		· KPI는 BSC 방식
			· 임원역할에 따른 핵
			  심 요구역량을 평가
			  항목화

등급/
평가방식
	· 4단계(S, A, B, C)
	  유지
	· 절대평가
	· 임원 KPI 평가의 배
	  분율 결정
		· 4단계(S, A, B, C)
		  유지
		· 상대평가
		· 경영평가에 따라 배
		  분율 연동
			· 3단계(A, B, C) 축소
			· 절대평가

주기	· 연 1회(12월)	· 연 1회 (경영평가 직후 결정)	· 연 1회(9월)

평가자	· 경영위원회	· 각사 대표이사
		· 대표이사는 경영위
		  원회
			· 경영위원회
			· 대표이사는 경영위
			  원회

활용	· 기본연봉 · 단기성과급 · 장기성과급(LTCI), PS	· 기본 연봉 · 단기성과급 · 장기성과급(LTCI)	· 기본연봉 · 승진임용 · 육성

달성하기 위한 목표관리와 성과관리를 위한 관리지표의 설정Key per-
formance indicator이 우선되어야 한다. 이러한 KPI지표는 과거에는 단순
히 재무적인 단기성과만을 측정하고 평가해왔으나 요즘에는 대부분의
회사들이 균형 있는 평가방식Balanced Score Card을 취하고 있다.

  임원의 평가가 단순히 단기적인 연봉이나 인센티브를 주기 위한 금
전적 보상에서 그친다면 사실 수행한 업적만으로도 충분하다. 그러나
임원 평가는 결국 장기적 관점에서 육성이나 승진, 승격과 같은 'Succe-
ssion Plan'과 연계되어야 하기 때문에 앞에서 언급한 역량 평가가 동시

에 이루어져야 한다.

아울러 임원 평가는 어디까지나 개인평가 결과만을 반영하기보다 경영자로서 회사 전체의 실적과 연계하는 것이 필요하다. 한 개인이 아무리 유능하고 실적이 우수하더라도 전사적 차원에서 회사의 경영이 좋지 않을 경우 공동책임도 같이 저야 하기 때문에 회사 경영평가를 반영해야 한다. 삼성그룹의 경우 회사 경영평가 결과를 ABC로 구분하여 등급마다 고과 배분률, 연봉, 인센티브, 승진에 철저하게 반영하고 있다.

삼성 임원 대우도 최고

삼성의 임원들은 일반 기업의 CEO보다 훨씬 좋은 대우를 받는다. 연봉도 최고 수준일 뿐만 아니라 교육과 각종 지원제도들은 타의 추종을 불허할 정도다. 그래서 재계의 '별'로 비유되기도 한다.

삼성그룹 전체 임원 수는 약 2,000명 정도 된다. 이 가운데 삼성전자 임원은 1,000여 명으로 전 직원의 1%에 미치는 숫자다. 하지만 그룹 총 임원 수의 50% 이상을 장악하고 있다. 삼성의 임원이 되면 높은 수준의 연봉 외에도 2,000CC급 승용차, 원목가구, 컴퓨터, 휴대폰, 골프회원권 등이 지급되고 여비서도 지원된다. 부사장급 이상이 되면 3,500CC급 이상의 에쿠스 승용차가 지급된다. 삼성의 임원 보수가 크게 오르게 된 것은 이건희 회장이 회사를 글로벌 기업으로 키우려면 임원 보수부터 국제적 수준으로 높여야 한다고 결정한 1999년 이후다.

실제와는 거리가 있는 숫자지만 단지 결산서 자료만 본다면 통계에서는 삼성전자 등기 임원의 연봉이 80억 원 정도가 나왔다. 또한 삼성전자 비등기 임원의 연봉은 4억 원이었다. 직원과 등기 임원의 연봉 격차는 보통 10배가 채 안 된다. 그러나 삼성전자에서는 직원과 임원의 연봉

평균 격차가 130배 정도나 된다. 일반기업의 차이가 10배라면 삼성은 10배의 10배인 것이다.

삼성의 임원들은 첫 월급을 타보면 어안이 벙벙하다는 이야기를 많이 한다. 그만큼 파격적인 보상을 한다는 것이다. 임원과 직원과의 임금 격차가 130배가 되면 미국 방식과 비슷해진다. 임원과 직원의 격차가 가장 큰 곳이 미국이고 그다음은 유럽 그다음은 일본이다.

우리나라 기업 평균이 1 : 10인데, 130배라는 것은 어마어마한 것이다. 임원이라는 상위 1%가 되려면 그만큼 경쟁이 치열하기 때문에 그에 대한 보상을 하는 것이다. 지금은 현금 중심으로 지급하는 장기인센티브Long term로 제도가 바뀌었지만 삼성전자 임원이 되면 스톡옵션이 적용되었다. 스톡옵션 같은 파격적인 보상이 있기 때문에 치열한 경쟁이 벌어진다. 이렇게 파격적인 보상을 하는 것이 삼성의 시스템이다.

환상적인 퇴직임원 대우

현직에 있을 당시 불만이 누적되어 있던 임원이 퇴직 후 '양심선언'이라는 명분을 내세워 사내문제를 고발하거나 폭로하는 예는 비일비재하다. 이런 경우 기업은 치명적인 상처를 입을 수밖에 없다. 임원들은 현직에 있을 때 그룹의 민감한 사안들을 직접 취급하기 때문에 그 위력은 더 크다. 실제로 이런 방식으로 드러지는 않지만 첨단기술 유출이나 내부기밀이 누출되는 경우도 적지 않은 것으로 알려진다.

우리나라 기업들의 퇴직임원 관리는 아주 많이 달라지고 있다. 함부로 내쳤다가 등에 비수를 맞는 사례를 많이 봐왔기 때문이다. 몇 년 전의 일이지만 모 그룹에서 비자금 문제로 수색할 때 검찰은 벽 속 금고의 위치와 비밀번호까지 꿰뚫고 있었다고 한다. 이는 고위층 내부고발자가 없이는 불가능한 일이다.

　이를 반영하듯 최근 대기업들이 퇴직한 임원에 대해 각별한 관리에 나서고 있어 관심거리가 되고 있다. 총수가 직접 퇴직임원들을 위한 이벤트성 행사를 여는 등 돈독한 유대관계를 유지하려 노력하고 있다. 심지어 퇴임 후에도 급여는 물론 사무실과 비서, 차량까지 제공하며 현직임원들 못지않은 대접을 하고 있다.

　이와 관련하여 대기업 관계자는 "임원들이 재직 시 쌓은 공로가 커 보상 차원에서 전관예우를 하는 것일 뿐 다른 의미는 없다"고 설명했다. 하지만 일각에서는 자칫 내부 기밀 등이 누설될 것을 우려해 미리 방지하는 차원에서 조직적 관리를 하는 것 아니냐는 의혹의 시선을 던지고 있다.

　퇴직임원들에게 가장 많이 신경을 쓰는 기업은 삼성그룹이다. 국내 1등 기업답게 전관예우도 수준급으로 하고 있다. 퇴직금도 전무 이하는 3배, 전무 이상은 3.5배로 계산해준다. 게다가 삼성그룹은 퇴직임원들을 위해 파격적인 복지혜택을 제공하고 있다. 표면상으로는 재직 당시와 크게 다르지 않을 정도이다.

　사장단급 고위 임원의 경우 퇴직임원에게 사무실과 비서, 차량 제공은 기본이다. 상무, 전무급은 자문역(2년), 부사장과 사장급은 고문(3년)으로 임명하고 현직의 70~80% 수준의 기본 급여를 지급한다. 다니던 계열사 안에 사무실도 만들어주기 때문에 현직과 큰 차이가 없다. 반면 현대차는 기업 덩치에 비해 야박한 편이어서 전무급 이상이 퇴직할 때만 '필요에 따라' 1년간 고문으로 위촉하고 급여의 80%를 지급한다. 가끔 협력업체로 전직을 주선하기도 하지만 조건이 맞지 않을 때가 많다. 현대차의 한 임원은 삼성의 퇴직임원 대우에 대해 "그 정도냐. 엄청나다"며 입을 다물지 못했다.

한편 삼성 출신 임원들의 모임은 왕성한 활동을 하고 있는 것으로 알려지고 있다. 대표적인 모임으로 전직 사장단 출신들의 '성대회星代會'가 있다. 현재 80여 명 정도의 회원이 등록되어 있다. 성대회는 서울 강남구 논현동에 별도 사무실이 있고, 전담 비서도 배치되어 있다고 한다. 사무실이나 비서 등은 물론 삼성에서 지원한다. 성대회 회원인 한 삼성 출신 인사는 성대회에 대해 "한 달에 한 번 정도 모여 친목을 위한 운동이나 사회활동을 하고 있다"고 말했다.

성대회 외에 삼성 출신 전직 임원들의 모임인 성우회星友會도 있다. 성우회는 삼성그룹 퇴직임원들의 모임으로 퇴직임원뿐만 아니라 현직 임원들도 참여해 서로 정보를 교류하는 만남의 장으로 활용되고 있다.

제4장

삼성의 조직관리 무엇이 다른가?

사람에 의한 경영에는 한계가 있다. 장수 기업들이나 위대한 기업들의 가장 큰 특징은 바로 '조직과 시스템 경영기업'이라는 점이다.

이병철 회장은 작고하기 며칠 전까지 강력한 리더십을 가지고 빈틈 없는 조직과 시스템으로 삼성그룹 전체 경영을 장악하여 '삼성' 하면 대명사처럼 불렸던 '관리의 삼성'이라는 이름을 얻는 계기가 되었다.

그는 1960년대 말 삼성이 어느 정도 커지자 비서실이라는 조직을 만들고, 계열사에도 이에 상응하는 관리부서 조직을 강화하여 본격적으로 '조직과 시스템에 의한 경영'을 하기 시작했다. 그래서 이때부터는 회장 자신이 모든 현장을 직접 챙기기보다는 조직과 시스템에 의해서 서로 경쟁하고 견제하면서 자율적으로 경영되도록 했다.

1. 인력과 조직을 ABC로 나누고 관리한다

GE의 ABC 인재경영

GE는 1878년 에디슨이 자신의 발명품을 상업화하기 위해 설립한 회사이다. 또한 1898년 다우존스 산업지수가 처음으로 만들어질 때 포함된 미국 12개의 초우량기업 중에서 유일하게 현존하는 기업으로 135년의 역사를 자랑한다. 전 세계 100여 개 국가에서 33만여 명의 종업원이 11개 사업군으로 나뉘어 일하고 있는 다국적 글로벌 산업, 금융, 서비스 복합 단일 기업이다.

GE는 설립 초기부터 인재를 중요하게 생각하고, 어느 기업보다 직원 교육에 많은 시간과 자원을 할애해왔다. 이러한 전통이 남아서 많은 언론들이 GE를 '경영 사관학교' 혹은 '인재를 키우는 거대한 꽃밭'에 비유하곤 했다. 잭 웰치는 국내에서 열린 한 강연회에서 "경영자의 가장 중요한 역할이 무엇이라고 생각하느냐?"라는 질문에 "경영자는 한 손에는 물뿌리개를, 또 다른 한 손에는 비료를 들고 꽃밭에서 꽃을 가꾸는 사람과 같다"고 대답할 정도였다.

1983년 당시 GE 회장이었던 잭 웰치는 과거의 명성에서 점차 멀어져가던 크로톤빌 연수원의 재건 공사에 드는 4,600만 달러짜리 지출안에 서명을 하면서 투자 회수기간 항목에 영어로 무한을 의미하는 'Infinite'라고 적었다.

'인재의 발굴과 육성에 대한 투자는 비용과 효과 차원을 넘어선 기업 생존의 기본'이라는 신념의 표현이었다. 당시 그의 사무실에는 '전략보다 사람이 우선한다People First, Strategy Second'는 격언이 붙어 있었다고 한다. 그는 여러 인터뷰에서 인재에 대한 질문을 받을 때마다 "내 시간의 절반 이상을 인재 육성에 쓴다"고 밝히기도 했다.

후임자인 이멜트 회장은 취임 후 2004년 1월, GE가 21세기에도 세계 최고의 기업으로 계속 유지·발전하기 위해 GE 직원들에게 필요한 새로운 핵심가치와 행동을 규정한 '4Actions'과 '8Values'를 발표했다. 이는 전 직원들로 하여금 GE가 앞으로 무슨 일을 해야 하며 어떻게 일해야 하는지에 대한 방식을 천명하고 있다. GE의 리더는 이러한 '4Actions'과 '8Values'를 행동의 기본방향으로 삼고 있다.

잭 웰치가 인재에 대해 가장 중요하게 생각하는 것은 '능력의 차이'이다. 잭 웰치는 '능력의 차이가 곧 모든 결정의 기준'이라고 생각했다. 그는 이것을 '차별화Differentiation'라고 불렀다. GE는 인재를 잘 평가할 수 있는 방법을 찾기 위해 노력했고, 그 결과 '활력 곡선Vitality curve'이라는 구체적인 도구를 개발했다.

GE의 활력 곡선

활력 곡선은 종 모양의 곡선으로 GE의 모든 직원을 'A등급'(상위 20%), 'B등급'(중위 70%), 'C등급'(하위 10%) 이렇게 세 등급으로 분류하는 것이다. 만일 어떤 사업부의 직원 수가 20명이라면 상위 20%(A등급)에는 4명이 속하게 되고 중위 70%(B등급)에는 14명, 하위 10%(C등급)에는 2명이 분류되는 것이다.

이런 식으로 잭 웰치는 활력 곡선을 활용하여 직원들을 A, B, C 세 등급으로 분류했다. A등급의 사람들은 B등급의 사람들에 비해 두 배에서 세 배 이상의 급료를 받는다. 또한 A등급의 사람들에게는 많은 양의 스톡옵션이 부여된다. 이것은 그들을 놓치지 않겠다는 회사의 기본적인 의지의 표현이다.

삼성이 강한 진짜 이유

▌그림 10 GE의 활력 곡선

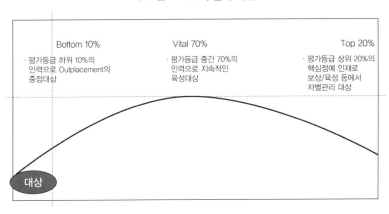

Bottom 10%
· 평가등급 하위 10%의
  인력으로 Outplacement의
  중점대상

Vital 70%
· 평가등급 중간 70%의
  인력으로 지속적인
  육성대상

Top 20%
· 평가등급 상위 20%의
  핵심정예 인재로
  보상/육성 등에서
  차별관리 대상

대상

이에 비해 B등급의 사람들에게는 그 해의 노고를 치하하는 고정적인 임금 인상이 있을 뿐이다. 그러나 만약 그들이 없으면 회사는 정상적인 비즈니스 활동을 할 수 없게 된다. GE에서 B등급의 직원들은 기업의 중추적인 역할을 하므로 이 등급의 사람들 중에서도 60% 내지 70% 정도는 스톡옵션을 받는다.

마지막으로 C등급의 사람들은 아무것도 받지 못한다. 잭 웰치는 C등급의 사람들은 맡은 바 업무를 수행할 능력이 없으며, 다른 사람들에게 활력을 주기보다는 의욕을 상실시키는 경향이 있다고 생각했다. 일반적으로 하위 10%에 속하는 직원들은 회사를 떠나는 것이 원칙이다.

문제는 핵심인재와 한계 인력인 저성과자를 어떻게 구분할 것인가의 문제다. GE의 인재 평가 시스템은 GE식 '나인 블록 매트릭스9 Block Matrix'로 유명하다. 이 방식은 가로 축의 역량 평가, 세로 축의 업적 평가를 기준으로 각각 3단계로 구분해 모두 9개의 블록을 만든다.

인사평가 결과를 기초로 '업적Performance × 역량Potential', 즉 '9 Block

Matrix'에 따라 활력 곡선에서 보인 바와 같이 평가의 3단계는 상위가 20%, 중위가 70%, 하위가 10%가 되도록 이뤄진다. 모든 직원들은 역량과 성과 평가를 토대로 9개 블록 중에 한 블록에 위치하게 되며 이는 인사카드에 기재되어 인사 시 승진이나 보상 등의 기준이 된다.

물론, 이러한 과정의 전제가 되는 것은 인사평가가 성과관리 시스템으로 제대로 기능하고 있다는 것을 전제로 한 것이다.

삼성의 ABC 인재경영

이러한 GE 방식의 ABC 관리 방법을 가장 유사하게 제도적으로 잘 운영하는 곳은 삼성이 아닌가 생각된다. 삼성은 개인은 물론이고 조직운영도 철저하게 ABC 관리방식을 취하고 있다.

1997년 외환위기 이후 많은 우리 기업들은 내부의 인력을 키우기보다는 우선 외부에서 뛰어난 인재를 수혈받기 위해 이리저리 분주히 뛰어다녔지만, 그런 고급인재들을 영입하고도 정작 인재관리에는 실패해 자본주의 경쟁시장에서 고전을 면치 못한 경우가 많았다. 그래서 최근에는 내부의 인재들을 제대로 관리하고 육성하여 A급 인재로 만드는 것이 더 현실적이라는 의견이 지배적이다.

가장 대표적인 인재관리 방법은 인재들을 성과와 역량에 따라 구분하여 등급별로 관리하는 방식이다. 즉, A급 인재, B급 인재, 그리고 C급 인재로 분류한다. 이렇게 인재들을 분류했다면 A급 인재들의 역량을 계속 유지시키고, B급 인재와 C급 인재들을 육성하여 A급 인재로 키우는 방안을 고민해야 한다. 이때, 그들의 성과가 낮은 원인을 파악하여 근본적인 해결책을 마련해야 한다.

이를 위해 조직은 인재관리 시스템을 끊임없이 개선해 나가는 데에 많은 노력을 기울여야 할 것이다. C급 인재들에게 온정주의를 베풀어 그들을 그대로 품고 가는 조직은 더 이상의 발전을 꿈꿀 수 없다.

조직이 온정주의적 태도를 계속 유지한다면 발전하기는커녕 경쟁에서 도태되어 사라져버리고 말 것이다. 그렇다고 C급 인재들에게 무조건 냉혹한 태도만을 보여서도 안 된다. 성과가 좋지 않다고 해서 일단 자르고 보는 조직은 계속해서 구성원을 잃게 될 것이고, 나중에는 사람이 없어서 사업을 진행하지 못하는 상황에까지 이르게 될 것이다.

따라서 조직은 C급 인재가 왜 낮은 성과를 내는지 관찰하고 평가하여 근본적인 원인을 치유해주어야 한다. 그렇게 C급 인재의 능력을 끌어올려 조직과 구성원 모두가 성장하는 원원 전략이 21세기의 치열한 경쟁 속에서 살아남는 방법일 것이다.

밖에서는 삼성이 조용하기만 하니까 구조조정을 하지 않는 회사로 알고 있다. 하지만 아마 어느 회사보다도 많은 사람이 퇴직을 할 것이다. 어떻게 소리 소문 없이 구조조정이 가능할 수 있는 것일까? 예를 들어 '이번에 100명 정도 인력이 남아 부득이 사람을 줄인다'라고 명예퇴직의 방을 붙이고 투명성 없이 일방적으로 구조조정 대상을 정한다면 조직에서 난리가 나겠지만, 삼성에서는 투명한 원칙에 의한 제도와 인사 시스템이 작동되기 때문에 금방 명퇴의 후보 인원이 찬다. 이러한 문화는 철저하게 운영되는 ABC 관리방식에 의해서 구성원들이 스스로 자기관리를 하고 있기 때문에 가능한 일이다.

삼성은 개인은 물론 본부, 팀, 계열사 등의 조직별 평가도 실시한다. 조직별 평가등급은 A, B, C의 세 가지로 나뉘고, 임원평가도 ABC로 관리한다.

또한, 개인에게 주어지는 보상의 내용은 개인의 평가결과뿐만 아니

그림 11 철저한 ABC 평가와 결과의 활용

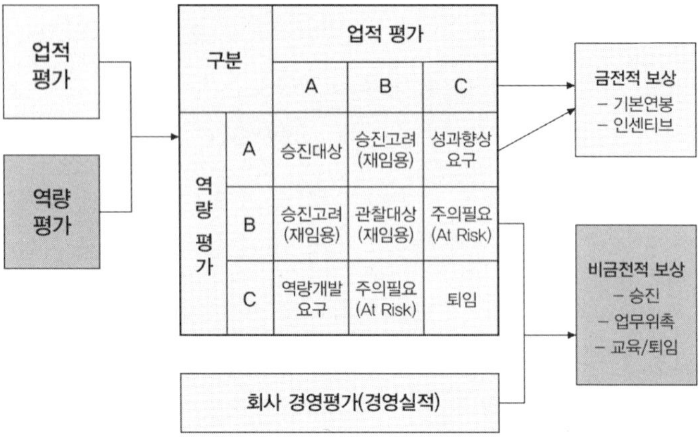

업적 평가 → 역량 평가

구분		업적 평가		
		A	B	C
역량 평가	A	승진대상	승진고려 (재임용)	성과향상 요구
	B	승진고려 (재임용)	관찰대상 (재임용)	주의필요 (At Risk)
	C	역량개발 요구	주의필요 (At Risk)	퇴임

금전적 보상
- 기본연봉
- 인센티브

비금전적 보상
- 승진
- 업무위촉
- 교육/퇴임

회사 경영평가(경영실적)

라 조직의 ABC 평가결과까지 함께 고려하여 정해진다. 따라서 개인의 평가결과가 아무리 좋다고 하더라도 회사나 조직의 평가결과가 C로 나쁘면 상대적으로 개인의 최종 상여금이나 인센티브의 평가등급은 하향 조정되어 나오게 된다.

저성과자에 대한 철저한 출구관리

앞서 삼성의 인사제도를 버스기사 식으로 비유한 것처럼, 새로운 사람을 받아들이기 위해서는 그만큼의 사람을 내보내야 한다. 그러나 그냥 내보내기만 하고 신경 쓰지 않을 경우에는 위험한 요소들이 잠복해 있을 수 있다. 삼성의 출구관리 전략은 삼성 인사제도의 중요한 요소이며, 입구를 통과한 신규직원들의 의욕과 경쟁심을 고취하는 수단이기도 하다. 이제는 어떤 조직이든 새로운 구성원을 받아들이는 입구만 관리하지 않고 퇴직이라는 출구도 효과적으로 관리할 수 있는 인사제도가 반드시 필요한 시대가 되었다.

삼성은 국내의 어느 기업보다도 철저하게 C급 인재를 분류하고 다양한 방식으로 관리하고 있다. 또한 사람을 내보내는 출구관리에도 뛰어난 모습을 보여주고 있다. 그 배경에는 인재경영에 관한 삼성만의 확고한 원칙이 있다. 신경영 전략이 출범한 이후, 삼성은 이건희 회장의 경영철학을 집대성하여 '삼성 지행 33훈'이라는 행동강령을 발표하고 임직원들을 교육할 때마다 계속해서 이를 강조해왔다. 여기에는 우수한 인재를 확보하고, 하위 5%에 속하는 직원을 매년 퇴출한다는 상시 구조조정 지침이 포함되어 있다. 다만 GE와는 달리 일반 사원에 대해서는 예외로 하고 있다.

이건희 회장은 이 행동강령을 통해 "평소에 상시적인 구조조정이 이루어진다면, 한 번에 많은 인원을 내보낼 필요 없이 도덕적으로 문제가 있는 인력을 포함하여 1~3%만 감축하면 된다. 그렇게 하면 10~20%나 되는 인원을 한꺼번에 퇴출해야 하는 일은 발생하지 않을 것이다"라고 강조하고 있다. 이에 따라 삼성은 '상시 퇴출'이라는 출구를 통해 계속해서 수많은 직원들을 내보내고 있다. 삼성은 이처럼 구조조정을 통해 매년 많은 인원을 퇴출하고 있지만, 그로 인해 언론이 떠들썩해지는 일은 거의 없다. 그래서 그런지 삼성을 구조조정을 하지 않는 기업으로 아는 사람도 많다.

직원들은 투명한 인사제도를 통해 자신의 성과평가 결과를 잘 알고 있고, 따라서 자신이 C급 인재라는 사실을 정확하게 인지하고 있다. 그래서 미리 자각하고 마음의 준비를 하고 있는 것이다.

이는 인사제도가 불투명한 조직에서는 절대 있을 수 없는 일이다. 삼성은 C급 인재들에게 스스로 성과를 개선할 수 있는 기회를 주고, 그럼에도 나아지는 기미가 보이지 않으면 지속적으로 불이익을 준다. C급

- 저성과자, 부적격 인력의 상시 퇴직 유도
 - 성과 개선 기회를 제공하되, 개선 미흡 시 적절한 불이익 조치를 통해 자발적 퇴직을 유도
- 고직급, 고연령자의 명예퇴직
 - 일정 직급 또는 근속 이상자로서 본인이 조기 명예퇴직을 신청할 경우, 조직 차원의 배려와 지원을 통해 제2의 인생 설계를 지원
- 유휴인력, 직무 소멸자에 대한 희망퇴직
 - 직무나 조직, 사업의 변경 등으로 불가피하게 퇴직하는 인력에 대해 퇴직위로금과 퇴직 지원을 통해 불만을 해소하고, 후유증을 최소화

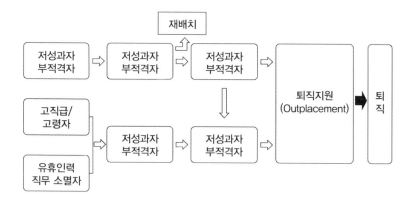

인재들은 이러한 불이익을 사전에 인지하고 있기 때문에 앞으로 자신이 취해야 할 행동에 대해 고민하지 않을 수 없다. 이처럼 알아서 스스로 관리하는 '보이지 않는 손'에 의해 움직이는 것이 삼성 인사제도의 강점이자 출구관리이다.

이를 실무적 차원에서 본다면 저성과자들에 대해서 1차적으로는 업무재배치, 교육기회 부여 등을 통해 스스로 개선의 기회를 1~2회 제공한다. 개선의 여지가 없을 경우에는 보상이나 처우에서 임금동결 또는 삭감, 인센티브 삭감, 승진제한 등 불이익을 준다. 이러한 조치에도 개

선의 여지가 없을 경우 희망퇴직으로 유도하고 그렇지 못할 경우에는 부득이 권고사직을 하게 되는 절차를 밟는다. 하지만 삼성은 적절한 퇴직지원제도를 마련하여 퇴직자들의 사후 관리에도 인간적 배려와 노력을 하고 있다.

퇴직자 관리와 더불어 삼성은 퇴직자 프로그램을 마련하여 능력과 적성에 맞는 다른 일을 찾을 때까지 전 과정에 대한 재취업지원 및 스트레스 관리 등을 포괄하는 '전직지원 프로그램'을 마련하고 있으며, 그 예로서 삼성전자에서 운영하고 있는 경력개발센터(일명 CDC-Career Development Center)를 들 수 있다. 삼성전자의 경우 서울, 수원, 기흥, 구미 사업장에 퇴직 예정자들을 위한 경력개발센터를 두어 퇴직자들을 위한 재취업 및 창업을 지원하고 있으며 2010년부터 대부분의 회사가 경력개발센터를 독자적으로 두고 재취업이나 창업을 도와주고 있다.

2. 철저한 목표관리와 공정한 평가 시스템이 생명이다

삼성식 철저한 목표관리 제도

보통의 회사는 목표관리를 제대로 하지 못하는 경우가 많고 실시한다고 하더라도 정교하게 이루어지기도 쉽지 않다. 삼성에는 조직의 목표관리를 전담으로 하는 기획부서나 관리부서가 따로 정해져 있다.

삼성의 목표관리제도는 우리나라 기업 중에서는 가장 오랫동안 적용되면서 지속적으로 보완되고 발전해왔기 때문에 세계적인 기업들과 비교해도 손색이 없을 정도로 앞선 제도가 되었다. 삼성 인사관리의 시발점은 목표관리이기 때문에 목표관리 없는 인사란 생각할 수가 없다. 인사가 앞으로 나아가기 위한 핵심방향이기도 하다.

목표관리가 되어 있지 않으면 성과주의 인사나 연봉제는 처음부터 말이 되지 않는다. 금전보상 이외의 비금전적 보상도 목표관리에 의한 평가에 따른 보상이 기본이 되어야 한다. 즉, 성과주의 문화를 심기 위해서는 목표관리가 이루어져야 한다. 목표관리management by objectives: MBO는 인사관리의 시발점이자 핵심으로서 우리 기업들의 인사제도는 외환위기를 기점으로 그전에는 연공주의에 약간의 성과주의를 가미했으나 이후 능력을 바탕으로 한 성과주의 위주로 많이 변화했다. 성과주의에서는 목표가 명확해야만 평가가 이루어지고 공정한 평가가 있어야만 금전적인 보상이나 비금전적인 보상을 제대로 반영할 수 있다. 그렇다고 목표가 보상에만 치우쳐서는 안 된다. 가장 중요한 것은 목표관리 프로세스를 통해 회사가 지향하는 목표를 전 구성원들이 명확하게 숙지하고 조직과 유기적으로 협력하도록 만드는 것이다.

제대로 된 평가는 목표가 없이는 불가능하다. 목표관리가 없는 연봉제는 엄밀하게 말해서 연봉제가 아니다. 기분대로 나누어주는 '금일봉제'에 불과하다. 원래 목표관리나 평가의 목적은 단지 보상을 위해 운영되는 것뿐만 아니라 사실은 여러 가지 목적이 있다.

그중 가장 중요한 것은 회사의 업무를 체계적이고도 객관적으로 수행하는 훈련과정을 통해 커뮤니케이션이 활성화되고, 이러한 과정을 거쳐 인재를 육성시키는 것이다. 삼성에서 목표관리는 인사제도의 핵심이자 삼성만이 가지는 강점이기도 하다.

회사평가와 조직평가

삼성의 목표관리 평가제도는 체계적이고도 정교하다. 우선 회사의

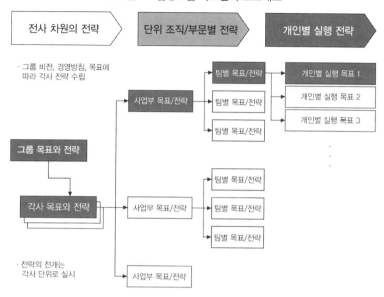

┃ 그림 13 **삼성그룹 목표관리 프로세스**

전사 차원의 전략 ＞ 단위 조직/부문별 전략 ＞ 개인별 실행 전략 ＞

· 그룹 비전, 경영방침, 목표에
　따라 각사 전략 수립

그룹 목표와 전략

각사 목표와 전략

· 전략의 전개는
　각사 단위로 실시

사업부 목표/전략

사업부 목표/전략

사업부 목표/전략

팀별 목표/전략
팀별 목표/전략
팀별 목표/전략

팀별 목표/전략
팀별 목표/전략
팀별 목표/전략

개인별 실행 목표 1
개인별 실행 목표 2
개인별 실행 목표 3

경영목표와 그룹 전체 목표가 확실히 정해져 있고 각사별로는 연말 이전에 목표가 확정된다. 그룹의 목표와 전략이 설정되면 각사별로 회의를 통해 목표가 할당되고 나누어진다. 삼성의 목표관리와 평가 과정에서는 매출이나 이익 같은 양적 단기성과만이 아니라 요즘 유행하는 균형 있는 평가방식이라고 하는 BSC^{Balanced Score Card}나 성과지표인 KPI^{Key Performance Indicator} 등을 모든 평가 방식에 직접 혹은 간접적으로 도입하고 있다.

먼저 그룹의 목표와 전략이 확정되면 각사가 목표를 11월 정도에 설정하여 이것을 다시 쪼개 부서별로 나누고, 이것이 다시 세분화되어 개인목표가 되는데 이 과정에서 반드시 상사는 본인과 합의를 거쳐야 한다. 이른바 위로부터 아래에까지 연결되는 캐스케이딩^{Cascading}이 철저하게 지켜진다.

그룹 목표가 정해지면 그 목표가 전 직원에게 뿌려진다는 의미다. 예를 들어 금년의 그룹의 경영목표 중 하나가 '고객만족'이라고 한다면 각 사 사장의 경영방침에 반영되고 본부, 사업부, 팀장의 목표에 반영되고 그러면 현장의 사원들까지 KPI가 정해져 하나의 폭포수 물줄기처럼 케스케이딩되어 연결된다.

이병철 전 회장 때인 1980년대 초반에는 '개인별 사업부제'를 도입한 적도 있다. 그룹 전 임직원 15만 명이 전부 사업부장으로, 개개인이 스스로 목표를 설정하고 매일 관리하도록 했다. 다만 프로세스가 복잡하고 일이 일을 만드는 등 관리가 워낙 많아져 5년 만에 없어졌지만 그만큼 목표관리에 철저했다.

삼성에서는 '내가 몇 등일까?' 하는 물음에 스스로 체크하고 판단할 수 있는 프로세스로 되어 있기 때문에 본인이 하위평가를 받더라도 불만이 없다. 많은 회사들은 대개 일 년이 다 지난 다음에 최종 결과만 상사가 직감으로 평가하여 본인에게 알려주지도 않고, 인사에만 알려주는 결과통보식 평가가 대부분이다. 이른바 선수들에게 1번, 2번, 3번 같은 백넘버만 붙여주는 식이다. 삼성은 목표에 대한 평가도 계열회사의 평가는 물론 조직단위와 개인을 나눠 평가한다.

개인 인사고과의 구성 요소

삼성은 개인의 노력과 평가결과에 따라 생기는 '이유 있는 차별'이 가능한 제도가 확실하게 적용되고 있고 직원들도 이러한 차별에 대해서 크게 불평을 하지 않는다. 의욕을 부추기고, 경쟁심을 불러일으키며, 새로운 도전의식을 키우는 '이유 있는 차별'은 개인의 성취욕을 자극하고

구분	업적고과	역량고과
목적	연봉 및 성과급 결정	승진 및 Succession Plan
평가내용	BSC에 의한 Performance (재무/고객/혁신/성장)	핵심가치와 연계한 Competency
평가항목	전략과 연계된 성과목표(KPI)	직군별/계층별 핵심역량, 행동특성
평가자	본인, 상사 평가/주관부서 평가	자기평가/상사평가/다면평가
평가주기	연 2회	연간평가

e평가시스템

PLAN 목표설정/등록 ➡ DO 수행과정관리 ➡ SEE 평가/피드백 ➡ 보상

피드백 ┈┈┈ 경영성과향상 ◀ 동기부여

기업의 목표를 달성하게 하게 하는 중요한 수단이라는 문화가 자리 잡고 있기 때문이다.

개인 인사고과는 흔히 성과관리라는 차원으로 변화되어왔는데 성과Performance를 군이 나누면 양적 목표중심의 업적과 역량Competency으로 구분된다. 요즘에는 능력보다 역량으로 부르고 있는데 업적과 합쳐져서 성과로 관리된다. 성과관리라는 틀은 같지만 구성 내용이나 평가방식은 회사마다 다르기 때문에 정확한 해답은 없다. 역량 평가는 과거의 능력 평가를 고과로 대신한다. 역량 평가의 내용 중에서 공통역량은 핵심가치를 중심으로 한 것을 말하고, 이 안에 리더십을 포함시키고 있다.

전문역량 평가는 부서별로 다르게 항목을 설정하는데 전문역량이 높다 하더라도 공통역량이나 리더십역량에서 말하는 협조성과 팀워크가 떨어지면 성과를 내지 못한다. 예를 들어 토익 980점이라는 능력이 있다 하더라도 실제로 일에 대한 열정이나 태도, 남과 같이 더불어 협조하

는 성향이 없으면 성과가 나지 않을 수도 있다는 이야기다.

평가에서 제일 중요한 것이 공정성과 투명성이다. 평소 고과자 간부들에 대한 평가자 교육과 함께 평가 시에 사전 면담이 이루어지도록 하고 있고, 결과가 본인에게 피드백되도록 함으로써 삼성의 평가제도는 상대적으로 공정성을 확보하고 있다.

평가의 공정성과 납득성이 높은 이유

삼성의 인사평가제도는 상대적으로 아주 공정하고 객관성이 높은 것으로 알려져 있지만 인사제도가 아무리 정교하다고 해도 공정성을 완벽하게 갖춘다는 것은 사실상 어려운 일이다. 왜냐하면 운영을 하다보면 인간지사는 여러 이유로 얽히게 마련이다. 즉, 승진에 가까운 사람을 봐준다거나 자기 측근에 대한 봐주기, 리더들의 성격으로 '좋은 게 좋다'는 식으로 돌려 먹기식 평가가 이루어지기 때문이다.

사실 평가결과를 직접 공개하는 것도 쉬운 일은 아니다. 20년 전 삼성도 평가결과를 개인에게 공개하는 것에 대해 처음에는 논란이 많았다. 고과를 공개하면 평가결과에 불만을 품은 부하 사원들이 화염병을 들고 낮은 평가를 준 상사들의 집으로 쳐들어올지도 모른다는 걱정까지 있었는데 막상 실시해보니 기우에 불과했다. 거꾸로 생각하면 리더십 측면에서 프로세스가 투명하고 리더 역량이 따라주어야 공개가 가능한 것은 틀림없지만 이것이 공개되기 때문에 리더들은 더욱 신중하고도 객관성을 가지고 평가를 하고 피평가자들도 각자가 스스로 자기관리에 신중을 기하다보니 자연스럽게 평가제도가 객관성을 갖게 되었다는 것이다.

필자가 삼성생명에 근무할 때 1만 명이 넘는 정규직에 대한 평가결과를 공개하고 불만이 있는 사람들은 언제든지 이유를 제기할 수 있도록 사내 인트라넷에 '신문고'를 설치해놓았다. 그러나 1년 동안 신문고를 직접 두드린 사람은 겨우 2명에 불과했고 그 사람들도 자세한 설득을 하자 모두 불만을 해소하고 돌아간 기억이 있을 정도로 삼성의 평가제도는 완벽한 편이다.

인사가 투명하고 공정하려면 결과가 나오기 전에 본인과 협의해야 하고 결과에 대해서 승복하는 문화가 중요하다. 이를 납득성이라 할 수 있는데 바로 이 납득성을 높이는 노력이 인사에서 아주 중요한 역할을 한다. 이처럼 삼성은 어느 기업보다도 철저한 목표관리와 성과주의를 채택하고 있기 때문에 투명성은 물론 공정성과 납득성이 아주 높다. 삼성의 인사평가에서 객관성과 공정성이 높은 이유를 정리해본다면 다음과 같다.

첫째, 목표관리나 평가제도가 조직은 물론 개인평가에 이르기까지 거의 완벽하게 작동되고 있으며 오랫동안 운영의 경험이 풍부하다.

둘째, 운영 프로세스가 공정하고 투명하다. 따라서 평가결과는 즉시 공개되며 언제든지 이의제기가 가능하다.

셋째, 중간 간부들의 리더십과 자질이 높은 편이어서 평가를 공정하게 할 수 있는 역량이 높고, 피평가자들도 수많은 교육을 통해 평가결과를 수용하는 문화를 만들었다.

넷째, 평가결과에 따라 승진이나 연봉 등 보상제도가 차별화되다보니 삼성인들은 더 나은 기회를 보장받기 위해 이미 지나간 결과보다는 미래의 성과에 집착하고 일에 몰입할 수밖에 없다.

마지막으로 삼성인들은 스스로 인사관리를 한다. 즉, 자기가 언제 승진하는지는 미리 승진 포인트 취득 결과에 의해서 스스로 알게 되고, 평가결과가 나오면 보너스나 인센티브 금액도 본인 스스로 계산이 가능하다. 더구나 다음해 연봉도 대부분 스스로 계산을 하여 정보를 알 수 있기도 하다. 이처럼 스스로 관리하는 과정을 통해 사전에 마음관리가 되다보니 결과에 승복하는 문화가 생기는 것이다.

3. 아우토반식 보상과 인센티브 제도로 동기를 부여한다

삼성식 성과주의 인사제도의 진화

삼성은 능력주의와 성과주의를 한국에서 제일 앞서서 실행해왔다고 해도 과언이 아니다. IMF 이전까지는 일본식 능력주의를 기본으로 하여 개인에게 약간의 차등을 두는 인센티브 제도를 이병철 전 회장 시절부터 실시해왔다. 그러다 IMF를 겪으면서 급격하게 미국식 성과주의로 방향을 전환하여 오히려 서구의 어느 기업에서도 볼 수 없을 정도의 파격적인 인센티브 제도를 도입하기도 했다.

삼성의 성과주의 도입과정은 말 그대로 우리나라 기업들의 성과주의 흐름을 선도해온 것으로 생각된다. 삼성의 성과주의 인사관리 모델을 되돌아보면, 크게 세 단계의 변화를 거쳐 왔다고 볼 수 있다.

1단계는 1997년 외환위기 이전까지의 시기로서, 한국적 '가족주의 기업문화'를 지배적 패러다임으로 하는 인사모델이라 할 수 있다. 이의 근간은 일본의 연공주의와 능력주의를 가미한 직능주의職能主義 인사제도였다. 고도 성장기에 이 모델은 사원의 충성심을 유도한다는 장점이 부각되었으나, 고도 성장기가 지나고 경쟁이 치열해지면서 연공서열주의가 주는 인력조정의 경직성과 계속되는 임금상승의 구조로 인해 1990년대에 들어와 '고비용' 모델로 인식되었다.

2단계는 1997년 외환위기 이후 한국형 모델에 대한 자신감이 상실되고 글로벌 스탠더드라는 이름하에 이른바 미국식 모델이 대거 도입된 시기이다. 과거의 가족주의 기업문화는 '시장 중심의 기업문화'로 대체되었다. 이에 따라 '성과주의'가 인사관리의 키워드Keyword로 등장했고 기업 현장에 정리해고 제도의 도입, 연봉제 및 성과급의 확산, 비정규직의 확산 등이 광범위하게 이루어졌다.

3단계는 2003년을 기점으로 2단계에서 나타난 문제점을 해결하고 한국 기업의 글로벌 차원에서 국제경쟁력을 제고하기 위해 한국형 인사모델을 찾아가는 단계라고 할 수 있다. 특히, 이 단계에서는 미국식 제도의 급속한 도입 위주로 진행되던 방식에서 좀 더 체계적인 인사관리 모델을 수립하려는 노력이 등장하고 있다. 이러한 노력이 결실을 거둔다면 장기적으로 한국 기업의 경쟁력 제고에 크게 기여할 것이다.

우리나라는 IMF 이후 자의든 타의든 간에 인사 전반에 걸쳐서 급격한 변화과정을 겪으면서 이른바 인사파괴人事破壞 현상이 이루어져 왔고 앞으로도 이러한 파괴현상은 지속적으로 이루어질 것이다. 그러나 이러한 파괴현상이 회사의 업종이나 조직문화 또는 종업원들의 역량이나 의식을 철저하게 조사하고 제도의 검토를 거쳐 도입되었다기보다는 구조조정의 수단이나 충격 요법으로 시작한 것을 부정하기 어렵고, 많은 기업들이 외국 컨설팅회사의 컨설팅이나 타 기업의 제도를 여과 없이 도입한 경우가 많았다.

이미 미국에서도 지나친 성과주의로 인한 개인 간 경쟁의 격화와 내 몫 챙기기 풍조에 대한 반성과 함께 스톡옵션의 폐지 같은 다양한 보완책들이 실시되어오고 있으며 우리나라와 거의 유사하게 성과주의를 도입한 일본 기업들에서도 많은 부작용과 반작용을 경험하면서 성과주의의 무분별한 적용에 대한 각성이 생겨나고 있다.

이러한 성과주의와 인사파괴는 전통적인 연공주의를 깨면서 불합리한 인사 관행과 군살을 제거하는 등 인력효율과 재무성과를 달성하여 IMF를 조기에 극복하고 글로벌 성장에 크게 기여한 것도 사실이다.

반면, 앞으로 다가오는 미래의 경영환경으로 지식, 창의성이 중요한 경제의 확산과 글로벌 경쟁이 심화되고 있는 가운데 현재의 성과주의로는 기업의 혁신적 창조능력을 뒷받침하기에 한계가 있다. 이로 인해 삼성은 뒤에서 소개하는 바대로 2010년부터 삼성전자를 필두로 하여 '창조적 성과주의'로 대전환을 하고 있다.

성과주의 3.0 시대

인사조직제도는 해방 이후 50여 년간 일본의 연공주의를 바탕으로 능력주의를 가미한 직능자격제도와 유사한 인사제도가 깊숙하게 자리 잡고 있었던 기간을 1.0 시대로 볼 수 있다. 일보다는 인간을 중심으로 한 가벼운 성과연동 방식의 인센티브 제도였다.

1997년 외환위기를 극복하기 위해 인사조직도 미국식 성과주의 인사 시스템을 글로벌 스탠더드로 인식하고 도입한 것이 2.0 시대라고 할 수 있다. 이는 사람 중심이라기보다 일과 직무중심이요, 성과(Performance) 창출을 전제로 한다.

이러한 성과주의는 최근에 들어서는 공기업은 물론 정부기관에 이르기까지 빠르게 확산되고 있지만, 이로 인한 빛과 그림자가 병존하고 있는 것도 사실이고 성과주의에 대한 비판과 도전도 만만치 않다. 더구나 이러한 성과주의 제도가 다가오는 스마트워킹과 창조 시대에 과연 글로벌 경쟁력을 갖추고 지속가능 경영에 적합할 것인가의 문제가 있다.

이러한 점에서 볼 때 우리 고유의 성과주의 제도 구축과 발전을 위한 '한국형 성과주의 3.0'의 키워드를 정리한다면 다음과 같다.

삼성이 강한 진짜 이유

구분	성과주의 1.0	성과주의 2.0	성과주의 3.0
주도적인 국가	일본형	미국형	한국형
전통적 국민성	집단중심	개인중심	관계중심
글로벌 위상	단순 모방	창조적 모방	창조적 선도
조직에 대한 공헌	능력 발휘	성과 발휘	몰입과 창의력
인사의 기본철학	사람 중심	일 중심	인본(人本) 중심
인사제도 및 임금관행	연공·직능주의 (직능급)	직무·성과주의 (직무급)	능력·성과주의 (기본/성과급)
조직문화와 관계	협동	경쟁	공생

자료: DBR, 2013년 4월호, "한국형 성과주의".

평가와 연계한 성과주의 보상제도

삼성을 움직이는 인사조직 시스템의 원리는 '경쟁'과 '보상'이다. 삼성은 모든 것을 경쟁시키고 경쟁에 따른 결과에 대해서는 파격적인 보상을 제시한다. 삼성은 오랫동안 호봉제도에 의한 단순 월급제를 유지했다. 여기에 상·하반기 적용되는 상여제도만 조직과 개인에 따라 차등하는 형태였다. 특히 거대한 삼성그룹의 모든 계열사 간에도 임직원들이 같은 직급이면 같은 처우를 받는 것은 물론, 사내에서 아주 다른 업종이라도 직군별로 보상제도가 동일했다.

호봉제가 폐지되면서 1995년도에 연봉제로 변경되고 그룹 내에서 업종이나 사별로 보상제도가 차이가 나고 인센티브가 강화된 시점은 삼성이 1993년 신경영을 시작하면서부터였으나 사실은 IMF 이후 더욱 크게 강화되었다. 삼성의 보상 시스템은 앞에서 언급한대로 철저하게 성과나 역량에 차이를 두는 아우토반식이다.

삼성의 연봉체계는 회사에 따라 다르며 기본연봉은 전체 임금의 50~

60%밖에 되지 않는다. 그 이유는 성과와 연동된 연봉이나 인센티브의 폭이 워낙 크기 때문이다. 부장급들의 경우 3,000만 원 정도 차이 나는 것은 다반사이고, 반면에 지난해 받은 수준을 무시하는 비누적식으로 되어 있어서 연봉이 깎일 수도 있다. 이 또한 회사마다 개인마다 다르다. 그리고 과거에는 승진해야 봉급이 올라갔으나 지금은 브로드밴드 Broad-band로 되어 있어서 직급이 낮은 대리라 하더라도 능력과 성과가 특출하다면 업적과 능력이 낮은 과장보다 더 많이 받을 수 있게 되었다.

삼성에서 비금전적 보상의 하나인 직급체계나 승진, 승격 제도도 오랫동안 연공 중심의 직급체계 운영, 즉 직급이 상승되어야 급여가 인상되고 권한을 부여 받는 방식이었다. 과거에는 '관리의 삼성'이라고 불릴 만큼 관료주의 조직 풍토였고, 제도 또한 완벽한 관리 중심이라 제도의 탄력성이 없었다. 삼성은 이런 폐단을 개선하고자 1985년부터 사무혁신과 사무생산성을 높이기 위한 경영혁신을 대대적으로 전 그룹에 확산시켜갔다. 이를 바탕으로 1990년대 초부터는 인사, 조직 부분에 변화와 혁신을 추진하기 시작했고 1993년부터 인사제도가 과감히 혁신되면서 변화를 겪어 지금에 이르렀다. 금전보상은 개인 업적 평가, 개인 역량 평가, 조직 평가가 연동되어 나타나기 때문에 어느 누구도 인센티브 등이 동일한 사람은 없다.

이 모든 것이 종합적으로 연결되어 종합고과가 되고 연봉 등에 영향을 미친다. 그뿐만 아니라 부서평가의 결과도 철저히 보상과 연결시킨다. 예를 들어 고과등급을 메길 때 가령 기존의 정규분포 곡선에 의해 'A' 고과가 10%이고, 'B' 부서 25%가 회사의 평균치라고 할 때, 부서가 조직평가를 'A' 받으면 그 부서는 평균치를 넘겨 'A' 고과를 10%에서 5% 더해 15%로 늘려 우대해준다. 특히 인센티브는 개인 업적과 회사나 조

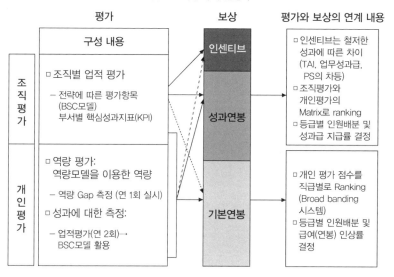

직의 업적 결과에 따라 시뮬레이션에 의해 결정된다. 개인뿐 아니라 개인이 속한 조직의 평가 역시 개인의 평가와 유기적으로 연결되어 있다는 이야기이다.

　한 회사가 회사 평가에서 A를 받았다고 하자. 그런데 그 회사의 3개 본부는 본부 평가에서 각각 A, B, C를 받았다. 각 본부의 평가는 회사가 A를 받았기 때문에 그 영향을 받는다. 본부별로 '가'는 250%, '나'는 200%, '다'는 150%로 상향된다. 각 본부에는 여러 팀이 있다. 이 팀들 역시 회사의 평가와 본부의 평가에 영향을 받는다. 이러한 영향은 최종적으로 각 개인들에게까지 미친다. 이 결과에 의해 개인의 평가나 보상 수준이 결정된다. 일반적으로 연봉제 설계방식에는 평가결과에 따라 전년도 연봉을 무시하고 프로야구선수처럼 새로 결정하는 비누적식 연봉제와 전년도 연봉보다는 저하되지 않는 누적식 연봉제가 있다.

삼성은 도입 초기부터 연봉이나 인센티브를 비누적식으로 설계했는데 우리나라 기업들 중 100% 비누적식으로 설계되어 있는 회사는 그다지 많지 않다. 그러나 2010년부터 비누적식은 너무 가혹하다는 여론과 지나친 성과주의에 대한 우려 때문에 팀워크를 해치고 지나친 조직의 긴장감 조성 등의 문제를 야기한다는 판단에서 연봉에 관해서는 대부분의 회사들이 인센티브를 제외하고 기본연봉은 누적식으로 방향을 선회하고 있다.

연봉 구성은 업적고과가 기본이 되지만 직급에 따라 여기에 역량평가 결과를 감안한다. 회사에 따라 업적만 반영하는 곳도 있다. 삼성은 과거에는 승진을 해야 급여가 올라갔으나 지금은 호봉에 의한 테이블 방식이 아니라 직급별 호봉을 완전히 무시한 브로드밴드 형식으로 되어 있다. 이러한 급여 밴드는 근무연수, 체류연한과는 무관하게 평가결과에 의한 포인트Point 제도를 도입하고 있다. 따라서 근무연한이 짧아도 평가결과에 따라 남보다 빨리 밴드 승격이 가능하다.

파격적이고 다양한 인센티브 제도

이건희 회장은 인센티브 신봉자다. 이는 사람을 믿고 맡기는 것에 대한 일종의 보증이라고 할 수 있다. 회사가 당신을 믿으니 최선을 다해달라는 의미다. 그는 경영진에 대한 파격적인 연봉, 과감한 장기인센티브가 조직 활성화와 개인의 창의력 발휘의 촉진제가 된다는 신념을 가지고 있다. 그래서 회사에 도움이 되는 인력에게는 비용을 아끼지 말라고 늘 주문한다. 심지어 노력했다면 비록 성과가 부진하더라도 인센티브를 줘야 한다는 게 그의 생각이다.

그래서 삼성에는 신상필벌이 아닌 신상필상을 종종 시행하기도 한다. 삼성이 현재와 같은 경영성과를 내는 이면에는 개인 또는 조직 간에 끊임없는 내부경쟁을 유도하는 조직문화와 보상제도가 자리 잡고 있는데, 이는 앞에서 언급한 '이유 있는 차별'을 수용하는 성과주의 문화가 정착되어 있기 때문에 가능한 것이다.

연봉제나 인센티브 제도는 '부적격자에게 적합한 행동을 이끌어내기 위한 것이 아니라 우수한 인재들을 버스 안에 머물도록 하기 위한 것'이라는 사실을 명심해야 한다. 즉, 골고루 나누어주는 식의 보상제도로는 우수한 인재를 데려오거나 유지시킬 수 없다는 사실을 명확히 해야 한다. 삼성의 인센티브 제도는 아주 다양하다. 그중 하나가 목표달성 여부에 따라 지급하는 PI^{Productive incentive}가 있다. PI는 최근에 목표 인센티브인 TAI^{Target Achievement Incentive}로 명칭이 변경되었다.

그러나 같은 회사라도 실적에 따라 천차만별이다. 이러한 TAI는 회사평가, 부서평가를 합쳐 연 200%인데 반기별로 인센티브를 지급하고, 적자부서는 0%가 되기도 한다. 받는 금액은 회사 평가, 부서 평가 또는 개인 평가에 따라 다르기 때문에 누가 얼마만큼의 성과급을 받을 수 있는지는 알 수 없다.

그리고 과거 능력가급 재원을 '계약연봉(50%)', '업무성과급(50%)'으로 전환하면서 우수평가 등급(가, 나 등급)자들에게는 별도로 업무성과에 따른 인센티브를 지급한다.

또 하나의 인센티브 중에 강력한 힘을 발휘하는 이익 배분방식인 PS^{Profit sharing}가 있다. PS는 목표이익을 초과한 분을 배분하는 방식인데 최대 연봉의 50%까지 배분이 되고 있다. 그러나 회사나 조직의 평가에 따라 큰 차이를 두기 때문에 같은 회사 내에서도 인센티브가 없는 경우도 발생한다.

그리고 인센티브 제도 중에 핵심인재 인센티브는 삼성의 큰 강점의 하나라고 생각한다. 핵심인재는 뽑아놓더라도 유지가 결코 쉽지 않다. 핵심 우수인재는 다른 사람들과 동등하게 처우를 받기보다 차별화된 처우를 받기를 원하는 성향이 강하다. 만일 차별화된 처우를 하지 않는 조직에 그러한 인재들이 있다면 그들은 의욕을 잃게 되고 도전의식이 사라지게 될 것이다. 이는 개인은 물론 조직으로서도 손해라 할 수 있다.

삼성에서 핵심인력을 선정하는 기준, 대상자, 급여, 대우 등은 인사기밀로 좀처럼 공개되지 않는다. 그저 삼성의 인력관리는 계열사의 최고경영자CEO급 대우를 받는다는 S급, 주력사업의 핵심추진 인력으로 분류되는 A급, 미래 S급 인력으로 양성 가능한 H급 등으로 분류된다는 사실 정도만 알려져 있다. 이들은 회사별로 대표이사가 직접 관리하며 본부장이나 임원들이 평소에 집중 관리하도록 시스템을 구축하고 있다.

비금전적 보상과 복리후생

금전적 보상 이외에 비금전적 보상은 뭐니 뭐니 해도 승진, 승격이다. 이러한 제도는 앞서 설명한 대로 파격적이고 철저하게 평가에 의해서 이루어진다. 좋은 성과를 내거나 우수한 인력은 해외 지역전문가 같은 각종 교육의 기회를 부여받는다. 특히 핵심 우수인력으로 선발되면 국내외 MBA 과정이나 박사과정에 입학하는 특전까지도 누리게 된다.

삼성은 연봉제나 인센티브와 함께 직원들의 개인생활 안정을 위해 각종 복리후생에도 노력하고 있다. 독신자를 위해서 별도의 생활관을 운영하거나 아파트를 주며, 지방 근무자를 위해 사택을 지원한다. 또한 기혼 근무자에게는 주택 구입비용 및 전세자금 지원 등을 통해 사원의 생활환경이나 경제 형편에 맞는 주거 환경을 제공해주려 노력하고 있다.

또한 각 계열사별, 회사별 장학제도와 교육 시스템을 통해 사원 자녀의 학비 전액 지원은 물론 직원 스스로가 양질의 교육을 받을 수 있는 기회를 주고 있으며, 직원들에게 각종 문화생활이나 여가, 휴식을 위한 비용 및 시설을 적극 지원한다. 회사 차원의 다양한 문화 교양 프로그램이 마련되어 있는 것은 물론이고 휴양소와 스포츠 레저 활동에 대한 지원도 이루어진다.

사원의 질병 치료 및 건강 유지를 위해 최고의 의료서비스와 함께 정기적으로 건강검진을 실시하며 질병에 걸렸을 때는 의료비는 물론 의료 지원까지 하고 있다. 직원뿐 아니라 배우자의 의료비까지 혜택을 넓힌 것이 특징이다.

삼성의 예처럼 한국 기업들의 성과주의는 글로벌 시대에 피할 수 없는 대세이다. 만일 성과주의에 문제가 있다고 한다면 이는 잘못된 인식이나 운영상의 문제이지 성과주의 자체의 문제는 아닐 것이다. 이제 기업들은 강력한 능력 위주의 인재정책을 전개해야 하며 지금까지의 획일적 집단주의 인사제도를 고쳐 개개인을 중심으로 육성할 수 있는 개별주의 인사로 전환해야 할 것이다.

창조적 성과주의로의 방향전환

미국과 일본에서 들여온 성과주의가 한국 기업에 도입되면서 경영효율과 경쟁력을 높인 것은 사실이다. 그렇지만 앞으로도 이러한 방식이 바람직한 모델일까?

박용만 두산그룹 회장은 2012년 4월 취임하면서 "따뜻한 성과주의를 통해 '사람이 미래'라는 전략을 더욱 역동적으로 추진하고 강력한 기업문화 구축을 통해 세계 속에 자랑스러운 두산을 만들겠다"고 말했다. 박

회장은 따뜻한 성과주의를 "구성원의 끝없는 경쟁과 도태가 반복되는 냉혹한 성과주의와 반대되는 개념으로 구성원들이 스스로 커가고 또 키워지고 있다는 자긍심을 느끼며 성과에 기여하는 것"이라고 밝혔다.

두산은 1993년 국내에서 최초로 연봉제를 도입했고 삼성은 1995년부터 연봉제를 본격 실시했다. 두 그룹의 변화는 시사하는 바가 크다. 업계에 화두를 던져준 것이다. 사회 곳곳에서 지나친 금전적 보상에 대한 비판도 거세게 일고 있다. 고도 성장기와 제조 중심의 경제구조에서는 물질적인 보상이 큰 힘을 발휘했지만 창의와 창조, 융복합의 시대에서는 경쟁보다 협력이 중요하기 때문에 장애가 될 수 있다. 내발적 동기에 의한 동기부여라는 주장이 최근 학계에서 강조되고 있다.

성과주의 인사제도에 관한 한 IMF 이후 삼성이 가장 공격적으로 서구식 성과주의 모델을 벤치마킹하여 현장에 적용했고 그 효과도 톡톡히 보았다고 할 수 있다. 도리어 핵심인재에 대한 성과주의 적용은 어느 회사도 금방 따라오기 힘들 정도의 파격적 제도를 운영해왔다. 과감한 성과주의와 보상제도를 통해 회사의 체질을 바꾸고 공격적인 풍토로 전환하여 글로벌 경쟁력을 높이고 전 세계의 고급인재를 블랙홀처럼 빨아들여 핵심인재들을 대거 확보하는 데 성공했다.

하지만 삼성그룹도 과도한 경쟁 위주의 성과주의와 보상에 대한 문제점을 보완해 나가고 있다. 삼성그룹은 삼성전자를 필두로 하여 성과보상에서 개인 격차를 크게 뒀던 것을 2010년부터 대폭 완화시키고 있으며 '창조적 성과주의'라는 이름으로 변화를 꾀하고 있다. 즉, 우수인력 동기부여 강화 및 일반 인력에 대해서는 안정적 근무여건 조성을 통해 'Global Single HR Platform'을 구축했다. 삼성의 창조적 성과주의의 변경내용은 크게 네 가지다.

첫째는 비누적식 연봉체계의 폐지다. 비누적식이란 프로야구선수의 연봉처럼 실적에 따라 전년보다 줄어들 수 있는 방식을 말하는데 그동안 기본급을 제외한 성과연봉의 경우 평가에 따라 과도하게 차이를 두는 것은 물론 전년보다 평가 결과가 낮아지면 계약연봉 자체가 큰 폭으로 줄어드는 것도 가능하도록 되어 있었으나(간부 24%), 이제는 상여나 성과 인센티브만 비누적식으로 운영하도록 변경한 것이다.

결국 성과에 따라 연봉의 변동이 과다했던 기존의 보상체계를 누적 방식으로 전환하여 안정적인 임금구조를 설계했고 이를 위해 능력가급 재원을 '계약연봉(50%)', '업무성과급(50%)'으로 전환했다.

둘째는 글로벌 기업에 맞는 역량을 재설정하고 복잡하게 관리했던 역량모델을 공통역량, 리더십역량, 직무역량으로 단순화했다.

셋째는 평가등급의 축소(8단계 → 5단계)다. 기존에 평가를 분명하게 하여 보상을 명확히 하려는 의도에서 평가등급을 8단계(A+, A, B+, B, C+, C, C-, D)로 운영했으나, 평가등급 간 모호성 개선 및 납득성 제고를 위해 평가등급을 5단계로 축소시켰다.

그리고 패배의식 완화와 긍정적 정서유도를 위해 단순 나열식 영어 등급 표기를 '의미형' 표기법으로 개선하고(EX: excellent, GD: good, NI: need improved), 하등급을 축소시켰으며(C-/D: 15~20% → NI: 10%), 중간등급을 확대하여(C+/C: 45% → GD: 55%) 패배의식을 완화하고 패자부활이 가능한 평가체계로 전환했다.

넷째는 단기 및 중장기적으로 지속적인 성과창출을 유도하는 업무성과급MBO Incentive을 도입했다. 그동안의 서구식 성과주의는 단기업적을 올리는 데 유리했지만 기업의 지속가능 경영 측면에서는 문제가 많이 노출되었다. 이를 방지하기 위해 2005년경 임원에 대한 스톡옵션 제도를 장기 인센티브로 전환한 바 있다.

반면에 직원들에게는 업무성과급 도입을 통해 단기성과에 대해 보상을 실시하여 당해 연도 성과에 대한 확실한 보상 등 단기 및 중장기적으로 지속적인 성과창출을 유도하는 보상체계로 전환한 것이다. 물론 핵심인력이나 우수인력에 대한 보상제도는 그 강점을 살리기 위해 종전제도를 그대로 유지했다.

돌이켜보면 IMF 이후 20여 년간 한국의 성과주의는 긴박한 경쟁력 회복을 위해 단기적인 재무적 성과와 인력관리의 효율을 중심으로 하는 '통제와 실적주의형' 성과관리 제도라고 할 수 있다. 이러한 성과주의는 전통적인 연공주의를 파괴하면서 불합리한 인사 관행을 개선하는 등 인력효율과 재무성과를 달성하여 IMF를 조기에 극복하는 데 크게 기여했다.

그러나 지식, 창의성이 중요한 경제의 확산과 글로벌 경쟁이 심화되고 있는 미래의 경영환경에서 현재의 성과주의로는 기업의 혁신적 창조능력을 뒷받침하기에는 한계가 있다. 한국호가 지속가능 성과주의 측면에서 지속적 경쟁우위를 가지고 선도자 역할을 하기 위해서는 '인재육성과 몰입형' 성과주의로 계속 보완되고 발전하면서 미국식도 일본식도 아닌 된장냄새가 스며든 우리만의 독특한 제도로 진화해야 한다고 생각한다.

삼성전자 인사제도 개선 내용

① 평가등급 축소 및 '의미형' 표기: 8단계 → 5단계
② 역량평가 항목 개선: 7대 인자 → 그룹 표준역량 3대 항목 중심
③ 누적식 연봉제 전환: 성과에 따른 개별화된 임금관리 체계(차등누적방식)

④ 업무성과급 도입: 당해 연도 고성과에 대한 즉시 보상(MBO Incentive 개념)

의미형 고과등급 표기 및 배분율
EX: excellent(10%), VG: very good(25%), GD: good(55%),
NI: need improvement(10%), UN: unsatisfactory(절대치)

4. 조직과 직급을 과감하게 파괴시킨다

삼성도 예외 없는 '간부공화국'

우리나라는 이미 간부공화국의 시대를 맞고 있다. 대기업은 물론이고 각종 금융기관, 심지어는 공기업이나 공무원 조직에 이르기까지 정도의 차이는 있으나 지난 10년 사이에 초급 간부 이상의 간부 비율이 20%를 넘어 많게는 30%대에 근접하고 있으며, 특정 회사나 부서에 따라서는 50%를 초과하는 경우도 있어 이미 항아리형이나 역피라미드형 조직구조를 가지고 있다.

문제는 5년, 10년 후면 조직구성원들이 고령화되는 것은 물론 간부과잉에 빠지고 말 것이라는 데 있는데, 반대로 정보화 시대의 정보기술[IT] 발전이나 인터넷, 인트라넷의 확산은 조직의 플래트화[Flat]나 슬림화[Slim]를 가져오기 때문에 오히려 기존 간부들의 역할과 기능이 없어지게 되면서 '불용론[不用論], 무용론[無用論]'이 더욱 거세게 고개를 들 것이 틀림없다.

삼성도 예외 없이 간부공화국이다. 이미 과장 이상의 간부 비율이 50%가 넘는 각사들이 수두룩하다. 간부 비율이 10%를 넘는 순간 과거와 같은 업무방식으로 결재나 관리, 통제를 하는 간부의 역할과 기능은 더 이상 유지될 수 없다.

이러한 의미에서 필자는 1990년대 초 삼성 비서실 인사팀에 근무하면서 그 당시 9%대였던 간부 비율이 몇 년 안에 15%까지 올라갈 것으로 예상되어, '간부들의 경쟁력 강화방안'이라는 프로젝트를 수행한 적이 있다. 조직을 플래트화하기 위해 팀제를 삼성그룹 전체에 전면 실시하는 동시에 간부들의 경쟁력을 강화하기 위해 '앉아서 지시하고 통제하는 역할'에서 '직접 발로 뛰는 플레잉 매니저Playing manager'로 변화시키는 것이 중요한 과제였다. 이러한 간부층의 역할과 일하는 방식의 변화를 위해 주로 컴퓨터나 어학과 전문자격증과 같은 역량이나 자격의 향상에 초점을 두어 과장급 이상의 간부들을 대대적으로 교육시켰던 기억이 있다.

삼성은 20년 전부터 자격과 직책이 완전히 분리, 운영되면서 과장, 차장, 부장 같은 직위는 보상과의 연계성이 매우 희박해져 있고, 대외적인 호칭만 우리나라 정서에 맞게 팀장, 팀원 같은 보직과는 별도로 과장, 차장, 부장으로 불리는 방식으로 운영되었다.

환경 변화에 의해 Top down 방식으로는 젊은 사람의 창의력을 더 이상 끌어낼 수가 없다. 정보화 시대, 더구나 스마트 시대에는 중간 간부들의 역할이 Top Down 방식도 Bottom up 방식도 아닌 Middle up down 매니지먼트 방식으로 바뀌어야 한다.

Middle up down 방식이란 TOP의 뜻이나 전략을 빨리 알아차려 바로 밑으로 내려주고, 현장의 소리는 즉각 TOP에 피드백시켜 나가되 웬만한 일은 현장에서 책임감을 가지고 스스로 결정하여 속도감 있게 처리하는 방식을 말한다.

구분	Top down	Middle up/down	Bottom up
경영주체	Top이 강력한 창조	중간 관리자(리더)를 중심으로 한 집단	기업가적인 개인이 창출
리더십	Top의 카리스마적인 리더십 발휘	촉매자로서의 리더십 발휘	스폰서적인 리더십
조직구조	큰 본사(피라미드조직) 대규모 본사 스텝	팀을 중심으로 한 조직(분사경영 체제)	자율성을 가진 작은 자기조직화 조직

승진, 승격 제도의 대수술

삼성에서의 조직과 인력 운영전략은 인사파괴 방식이고 따라서 승진, 승격에서도 철저히 연공서열을 파괴했다. 지금은 모든 회사가 승진, 승격 시 포인트Point 제도를 운영하고 있다.

삼성은 앞에서 지적한대로 간부 비율이 점차 높아감에 따라 발생할 수 있는 폐단을 사전에 없애기 위해서 10여 년 전부터 자격과 직책을 철저히 분리, 운영하고 있다. 다시 말해 과장, 차장, 부장이라는 자격은 단지 호칭에 불과하며 그러한 호칭과 포스트는 완전히 별도로 관리된다. 직장인에게는 항상 직장생활을 통해 자기성장과 발전의 기회를 가지려고 하는 욕구가 있다. 이에 회사는 승진이라는 수단을 통해 자유경쟁을 촉진시키고 개인의 동기유발을 유도하여 사회적으로나 조직 내의 인정욕구를 충족시켜주고 있다.

'승진'이란 상위에 해당하는 직책 또는 그에 준하는 자격을 부여받는 것을 말한다. 승진은 크게 직위승진과 자격승진으로 구분되는데, 일반적으로 자격승진을 '승격'이라고 한다. 따라서 엄밀히 구분하자면 승진은 승격을 포함하는 넓은 개념으로 볼 수 있다. '직위승진'은 실제 담당하고 있는 업무내용의 향상을 수반하며 팀장, 사업부장, 본부장과 같은 상위에 해당하는 직책을 부여받는 것을 말한다.

'자격승진(승격)'은 업무내용의 향상이 아닌 자격 등 심벌의 향상(또는 직능자격제도에서는 업무수행 능력단계의 향상)을 의미하며, 하위자격에서 상위자격으로 자격이 변동되는 것을 말한다. 한편, 최근 각 기업들은 인사적체의 해소방안으로 승진과 승격을 유연하게 분리시켜 운영하고 있다. 그리고 입학방식과 졸업방식을 도입한다.

과거 한국의 기업들이 기본 연수만 되면 직위를 올려준 것에 반해, 현재는 과장, 부장과 같이 중요한 위치의 간부를 승진시킬 때는 심사를 입학방식으로 엄격히 한다. 다만 사원이나 대리는 점수만 충족되면 승진시켜주는 졸업방식을 택하고 있다. 즉, 기준이 되는 포인트 점수가 되면 올려주는 것이 졸업방식이라면, 입학방식은 정원이 정해져 있기 때문에 승진, 승격 조건이 반드시 맞아야 올려주는 제도이다.

조직에서는 승진과 승격이 동시에 일어나는 것이 가장 바람직한 형태이지만, 최근에는 한정된 직위 때문에 직무내용의 향상 없이 담당과장, 담당부장 등으로 승격만 이루어지는 현상이 점증하는 추세이다.

결국, 승진관리 기준이나 승진제도의 확립은 종업원의 능력을 효율적으로 활용하고 필요한 인재를 체계적으로 육성시키며, 조직의 정체분위기를 배제시킬 수 있는 것으로 조직효율 증대에서 중요한 의의를 지닌다.

그리고 회사에 따라 다르지만 직군별 인사관리 제도를 운영하고 있다. 직군별로 채용 평가를 다 따로 관리한다. 삼성전자 같은 큰 회사의 경우 직군별로 채용부터 퇴직까지 관리하는 방식이 각각 다르게 사업의

┃ 표 7 삼성의 직급체계 예시

과거(11단계)		삼성전자						삼성생명								
		공통직(7단계)			연구개발(6단계)			보험영업(5단계)			투자영업(4단계)			특수직(3단계)		
직급	호칭	직급	호칭	체류년수	직급	호칭	체류년수	직급	호칭	체류년수	직급	호칭	체류년수	직급	호칭	체류년수
M3	부장	G7	부장	-	E6	수석	-	I5	부장	-	F4	수석			수석	
M2																
M1	차장	G6	차장	5				I4	차장	6				P3		
S3					E5	책임	8									
S2	과장	G5	과장	5				I3	과장	6	F3	선임	9		선임	
S1																
J5	대리	G4	대리	4	E4	선임	4	I2	대리	5	F2	전임	5	P2	전임	5
J4	주임															
J3	사원	G3	사원	4	E3	사원	4	I1	사원	4	F1		4	P1		4
J2		G2	사원	3	E2		3	사무직 별도 공통 직급(A1,A2,A3) 설계									
J1		G1	사원	3	E1		3									

특성에 맞도록 운영하고 있다. 즉, 입사할 때부터 따로 지원하고 따로 뽑는 관리를 하고 있다. 직군별로 차별화된 인사관리제도란 예를 들어, 영업 부문은 도전의식에, 마케팅 부문은 국제화에, R&D는 연구개발 역량에, 지원 부문은 문제해결 역량에 높은 가중치를 부여하는 방식이다.

본사 인사팀은 크게 관여하지 않고 가이드라인만 주는 경우가 많다. 채용에서부터 배치, 보직 변경, 퇴사 조치 등 모든 인사 권한은 사업부로 넘어간 지 오래다. 대외적으로는 부장, 차장이라는 호칭을 필요한 경우에 쓰고 있으나 연구직에서는 필요가 없어 수석, 책임 같은 단순한 계층으로 운영한다.

전 그룹사에 팀제 확산

삼성은 조직의 기능과 역할을 '관리의 삼성'에서 환경 변화에 유연한 대응이 가능하도록 바꾸고 조직구조도 혁신적으로 변화시키기 위한 노력을 1980년대 후반부터 본격적으로 착수했다. 특히 선진기업들의 조직혁신 사례를 벤치마킹하기 위한 연수를 수시로 갖기도 했고, 외국사의 컨설팅도 받으면서 체계적인 조직의 변화를 가져왔다. 다단계 피라미드 구조와 높은 간부비율의 문제를 상당 부분 해소시켜준 것이 한국식 팀제 구조와 조직운영이다.

우리나라에서 '팀제'라는 이름을 쓰기 시작한 것은 30년 가까이 되었다. 필자가 1978년 입사하기 전부터 그룹 내 삼성물산에서 처음으로 쓰이고 있었다. 그룹 내 주력회사 역할을 하면서 잘나가던 삼성물산 종합상사가 역할 축소로 인해 흔들릴 때인 1985년도에 팀제를 본격적으로 도입했다. 그러나 팀제가 바로 삼성그룹 전체에 한꺼번에 도입될 수 있었겠는가? 아니다. 필자가 1989년부터 비서실에 근무하면서 조직혁신의 일환으로 대부분의 회사를 팀제로 전환하도록 유도했다. 이후 비서실에서 내려와 1994년도에 삼성생명에 근무하면서 도입하려고 했을 때 "팀제는 금융회사에는 절대 맞지 않는다"는 이유로 강력한 반발이 있었고 팀제 운운하는 것은 정신이 나간 사람들이라는 이야기를 듣기도 하면서 거부를 당했다. 하지만 바로 IMF 이후 얼마 지나지 않아 삼성생명에 전격 팀제가 도입되었는데 그 당시에 놀랍게도 팀장은 이사도 아니고 전무급이었다.

필자는 10여 년 전 『한국형 팀제를 넘어서』(삼성경제연구소, 1998)라는 책을 통해 팀제는 우리 기업이 가야 할 종착역이 아니라 시발점에 불과하다고 밝혔었다. 수년 전 우리가 팀제의 필요성을 논의할 때 어느 기업은 외형만의 팀제를 부분적으로 도입하고 있었고, 다른 일부 기업에서는 승진 적체 해소와 감원의 수단으로 검토하는 듯했다. 1990년대 이후 미국에서 팀제 열풍이 일어났을 때, 미국식 자율경영팀의 무조건적인 소개로 많은 한국 기업들이 혼란에 빠지기도 했었다.

팀제에 대해 필자는 '제3의 물결'이 있다고 주장하는데, 제1의 물결은 1990년도 초에 재벌들 대부분이 도입했을 때였고, 제2의 물결은 IMF 이후 금융, 제조업체가 팀제를 도입한 때였다. 삼성은 그전에 도입했지만, 제2의 물결 이후 한참 지나서 제3의 물결이 일어났는데 국민의 정부가 출범하면서 정부와 공공기관들에게까지 팀제가 거세게 등장한 것을 말한다.

과거에 삼성의 팀제는 주로 과장이 팀장이었다. 1990년대 중반까지만 해도 삼성의 팀장은 부장급이었다. IMF 이전의 팀장은 거의 이사급이고 지금은 대개 전무급이 많다. 물론 삼성에서 팀제의 규모나 크기는 천차만별이어서 통일되어 있지는 않다

과거 필자가 기업에서 특강을 할 때 '팀제의 정원 규모는 어떻게 되어야 하는가?'라는 질문을 받았을 때, "거기엔 답이 없다"라고 말할 수밖에 없을 정도로 업종이나 회사규모, 조직문화에 따라 다양한 형태를 가지고 변화하는 환경에 탄력적인 방식으로 운영되고 있다.

팀제라는 개념은 처음에 1950년대 독일의 탄광에서 나왔는데 '작은 규모의 조직을 어떻게 고효율 팀으로 바꿀 것이냐'라는 것에서 출발했다고 한다.

한국형 팀제가 어디까지 정착되었으며 얼마나 공헌했는가를 가늠하기에는 아직 때가 이르다고 본다. 왜냐하면 아직도 팀제다운 팀제를 하지 못하고 옷만 갈아입고 있는 '무늬만 팀제'인 경우가 많으며, 팀제로 바꾸면서 발생되는 난제들을 해결하기에도 벅찬 기업들이 많기 때문이다. 그럼에도 우리의 팀제는 많은 진화의 길을 걸어왔고 한국형 팀제가 지향했던 당초의 목표는 어느 정도 실현되고 있다고 자위할 수 있다. 그

러나 팀제는 현재의 위치에서 정체되거나 안주해서는 안 될 것이다.

그러한 의미에서 본다면 삼성의 팀제는 변화하는 경영환경과 회사실정에 맞도록 20년 이상을 계속 진화해왔기 때문에 어느 회사도 동일한 형태의 팀제를 운영하지 않고 있으며 그 회사의 업종이나 특수성에 맞도록 다양하게 운영되고 있는 것이 특징이다.

제5장

삼성의 조직력관리 무엇이 다른가?

일본 기업들은 자국 내 기업끼리 경쟁하면서 "지난번에는 내가 이겼으니까 이번에는 졌다"는 식으로 리그전을 계속해왔으나 지금은 전 세계를 상대로 한 토너먼트전이다. 토너먼트에서 한 번 지면 다음은 없다. 이때 무엇보다 중요한 것은 의사결정 속도이다. 삼성의 조직력은 스피드를 가지고 이미 토너먼트전에서 이기고 있는 것이다.

전 삼성 출신 상무 요시가와 료조, 『삼성의 결정은 왜 세계에서 제일 빠른가?』 중에서

1. 한 방향의 강한 실행력의 문화가 있다

삼성만의 한 방향 조직문화

"회장이 결단하자, 삼성은 한 방향으로 몰입해 일류로 발전했다." 삼성식 경영을 연구해온 전문가들은 신경영으로 탁월한 경영성과를 거둔 삼성의 원동력을 이같이 제시하고 있다.

삼성그룹의 리더인 이건희 회장은 미래의 방향성만을 제시하고 이를 실행하기 위한 세부 방안에 대해서는 모두 임직원들에게 맡기고 있다. 그 결과, 그룹 내의 의사결정이 매우 빨라졌다. 이건희 회장은 1993년 신경영을 선포하면서 삼성 대개혁을 단행했을 때 100년 후의 방향성까지 제시했다. 하지만 3년 후의 매출 설정에 대해서는 아무런 언급도 없었다. 단기 실적이나 세부적인 사항은 모두 직원들에게 맡기기 때문이다. 이건희 회장이 최종 결정을 하더라도 그 때문에 시간이 지체되는 일은 없다.

사실 삼성은 종교집단처럼 '목표의식'이 분명한 조직이다. 삼성이 나아가야 할 방향은 오너인 이건희 회장이 정한다. 예컨대 이 회장이 "마누라와 자식만 빼고 모두 바꾸자"라고 신경영을 선포하면, 나머지 조직원들은 각종 교육을 통해 이 비전에 맞게 자신을 변화시키는 데 몰입을 해왔던 게 사실이다. 물론 이는 혼자만의 노력으로 이루어지지 않는다. 전략은 미래전략실에서 짜고 인력개발원을 통해 상부조직에서부터 사내교육 등을 지속적으로 시켜 끊임없이 변화를 유도한다. 이를 통해 일사분란하게 조직을 움직이고 목표를 향해 전력투구하는 직원을 키워낸다.

삼성의 강점은 조직구성원들이 한마음 한 방향으로 일사분란하게 움직인다는 것이다. 이렇게 강한 조직이 되기 위해서는 첫째, 최고경영자의 분명한 비전과 일관성 있는 경영철학 및 실행력, 둘째, 이를 전략적으로 계획하고 밀고 나갈 수 있는 조직력, 셋째, 조직·인력·시스템을 한 방향으로 밀고 가는 문화와 정신, 넷째, 열정과 전문성을 가진 인재가 중요한데 여기서 가장 중요한 것은 지속적인 교육훈련을 통해 모든 구성원의 의식을 한 방향으로 통일시켜 강한 문화로 만들어가는 일이다. 이러한 의미에서 본다면 삼성은 이 같은 조건들이 다른 어느 기업보다도 잘 갖추어져 있다고 볼 수 있다.

이건희 회장은 신경영 추진 시 삼성의 변화를 위해 한 방향의 중요성을 입에 닳도록 강조했다. "삼성은 20만 명이 승선하고 있는 거대한 항공모함인데 이러한 항공모함이 속도를 내려면 20만 명이 모두 한 방향으로 생각하고 행동을 해야 한다. 굳이 같이 가기 싫으면 남의 뒷다리 잡지 말고 앉아서 놀아도 좋다"라며 '뒷다리론'을 펴기도 했다.

또 한 방향으로 갈 수 있도록 미래전략실이이라는 컨트롤타워를 만들어 활용했다. 이 회장이 '적자가 나면 내 재산을 넣겠다'며 질質 경영을 부르짖자, 모두 일사불란하게 한 방향으로 움직이기 시작했다. 전 삼성전자의 임원이자 소니의 한국대표를 지냈던 이명우 한양대 교수는 "삼성과 소니는 한 방향으로 가는 데서 크게 차이가 났다"라고 말한다. 한마음으로 움직이는 힘은 한 방향으로 가는 방향성과 응집력으로 나타나는데 삼성은 리더가 가리키는 지향점이 분명했고, 구성원들은 그곳에 이르기 위해 똘똘 뭉쳐 무섭게 행동으로 옮기는 저력을 가지고 있었다는 설명이다.

삼성인의 강한 실행력

어느 한 작가가 삼성 사람들을 서울의 깔끔한 여인에 비유한 일이 있다. 그 이유는 가까이 하고는 싶지만 쌀쌀해 보이면서 후더분한 분위기가 없다보니 왠지 거리감이 느껴지기 때문이라고 한다. 대다수 우리나라 사람들은 삼성인들을 유사하게 표현한다.

그렇다면 왜 그렇게 느끼는 걸까? 이병철 회장 때의 경영이념 가운데 하나는 합리추구合理追求였다. 합리는 원칙과 정해진 규칙을 전제로 타협을 하지 않는 것이다. 그러다 보니 원칙에 의존할 수밖에 없고 여유를 보여주지 못한다. 더구나 삼성인들은 주인의식이 매우 강하고 회사에 대한 로열티가 높다보니 이런 이미지가 굳어진 것이다.

이러한 이미지는 여사원부터 임원에 이르기까지 유사하다. 삼성을 상대로 하는 사람들은 일이 깔끔하게 처리되고 결재도 계약대로 칼같이 이루어지는 게 사실이지만 인간적으로는 정이 가지 않는다는 표현을 쓰게 된다. 남을 크게 의식하지 않고 처리하다보니 당연히 의사결정이 쉽고 빨리 진행될 수밖에 없다.

삼성인들은 조직 로열티가 매우 강하다. 삼성인들은 지속적인 훈련과 최고경영자들의 경영방침 그리고 이런 것들이 한데 어우러져 형성된 기업문화의 영향으로 조직에 대한 충성심과 결속력을 갖추었다.

예를 들어보자. 신종균 삼성전자 무선사업부 사장은 지난 2009년 1년 사이에 지옥과 천국을 오갔다. 상반기 삼성전자의 무선사업부는 패색이 짙었다. 기자들과 만나면 입을 꾹 다물고 급히 자리를 피해야 했던 신 사장이다. 당시 시점에선 스마트폰 트렌드에 실기失機한 업체는 LG전자만이 아니었다. 그러나 삼성전자는 갤럭시 시리즈로 이를 극복했고, 세계 최고의 스마트폰 제조업체로 거듭났다. 그 당시만 해도 삼성보다 밀릴 것이 없던 LG전자는 순간적으로 머뭇거리다가 스마트폰에서 밀리는 바람에 지금까지도 창사 이후 최대 위기 상황을 맞이하고 있다.

단기간 내에 애플을 따라잡은 갤럭시 시리즈의 성공을 지켜보면 삼성의 타이트한 조직 문화와 구성원들의 독함을 느낀다. 입을 꾹 다물고 급히 자리를 피해야 했던 무선사업부장이, 자신의 영역이 아닌 해외 전자전시장인 IFA, CES 현장까지 달려와 올해 목표를 설파할 수 있었던 배경에는 밥도 거르고, 잠도 안 자고, 야전침대 생활을 하면서 갤럭시 시리즈를 개발한 구성원들의 독함이 있었다. 삼성전자가 가진 원초적인 경쟁력은 이처럼 독한 DNA를 가진 구성원들이다. 오너의 독함이 조직 구석구석에 스며들어 있는 것이다.

　또 다른 예를 들어보자. 삼성그룹은 2012년 6월 미래전략실장을 전격 교체했다. 최지성 삼성전자 부회장CEO을 미래전략실장 자리에 앉힌 것이다. 삼성전자 CEO 자리는 반도체 사업을 맡고 있던 권오현 부회장이 이어 받았다. 연말 또는 연초의 정기 인사철도 아닌 때에 그룹의 수뇌부가 바뀌는 것은 의외였다. ≪파이낸셜타임스≫나 ≪월스트리트저널≫, ≪이코노미스트≫, 블룸버그통신, 로이터통신 등 외신들은 주로 권 부회장에 포커스를 맞췄다. 삼성전자가 CEO를 교체했다는 내용의 기사가 크게 나갔다. 한국식 그룹경영에 대한 이해가 부족한 외신들로서는 당연한 보도였다. 그들에게는 삼성전자라는 글로벌 기업의 CEO 자리에 권오현 부회장이 선임되었다는 게 더 큰 뉴스였다. 그러나 진짜 주목해야 할 부분은 최지성 부회장이 그룹 경영의 키를 잡게 되었다는 점이었다.

　삼성 관계자들은 최 부회장의 돌파력과 판단력 등이 선임 배경이라고 말했다. 빠른 의사결정과 공격적 경영으로 삼성 텔레비전과 휴대폰 사업을 세계 1등에 올려놓았다는 설명도 곁들여졌다. 삼성반도체 유럽 법인장 시절 1,000쪽에 달하는 반도체 기술교재를 달달 외우고 다녔다

심성이 강한 진짜 이유

거나(최 부회장은 상대 출신이다), 혼자서 차를 몰고 다니며 몇 백만 달러 어치의 반도체를 팔았다는 일화들도 다시 부각되었다.

그러나 그가 그룹 미래전략실장에 선임된 배경은 딱 하나였다. 삼성 그룹 안팎에서 인정하는 최고의 '독종'이라는 것이다. 독종은 성질이 매 우 독한 사람을 지칭한다. '일벌레'보다 몇 단계 위다. 그저 열심이 일한 다는 일벌레의 차원을 넘어, 목표치를 항상 업그레이드하며 달려가는 사람이다. 최고를 향해 끊임없이 질주해야만 독종 소리를 들을 수 있다. 독종은 주위 사람들을 일벌레로 전염시킨다. 뛰지 않으면 못 배기는 분 위기로 몰고 간다. 주위의 불평불만에 귀를 기울이거나 돌아보면 독종 이 못 된다. 이건희 회장이 그룹 내 최고 독종을 컨트롤타워 사령탑에 올려놓은 것은 글로벌 경제 상황에 대한 위기의식이 그만큼 크다는 이 야기였다.

위기의식은 이 회장의 버릇이다. "삼성의 미래를 생각하면 등에서 식 은땀이 난다"는 말을 버릇처럼 되뇌인다. 이런 이 회장의 위기의식을 받 들어 '전진 또 전진'에 드라이브를 걸어줄 사람이 바로 최지성이었다.

삼성의 위기의식은 현재진행형

짐 콜린스는 『위대한 기업은 다 어디 갔을까?』에서 "몰락의 근본 원 인은 자만심에 기인하고, 파멸의 전조는 위험을 부정하는 리더의 자세 에 있다"고 밝혔다. 위기의식이야말로 변화와 혁신을 위해서는 최대의 조건임에 틀림없지만 이를 개인과 조직에 불어넣는다는 것은 쉬운 일이 아니다. 삼성의 위기의식은 늘 현재진행형이다. 그리고 이건희 경영의 트레이드마크는 누가 뭐래도 '위기경영'이다.

장기간 일본 등 해외 출장길에 나섰던 이건희 삼성전자 회장이 2013

년 5월 김포공항을 통해 귀국해 "사람도 많이 만나고 여행도 많이 하고 미래사업 구상도 많이 했더니 석 달이 금방 갔다"고 귀국 소감을 밝혔다. 이 회장은 '신경영 20주년' 소감에 대해 "20년 되었다고 안심해서는 안 되고 항상 위기의식을 가져야 한다"며 "더 열심히 뛰고, 사물을 깊게 보고, 멀리 보고, 연구해야 한다고 생각한다"고 강조했다.

이 회장이 해외로부터 높게 평가는 받는 이유는 늘 위기를 기회로 바꿔놓았기 때문이기도 하다. 1993년 시작된 삼성 신경영은 위기의식을 갖는 데서 시작이 되었다. 그 당시 "세상의 변화를 생각하면 등골에서 식은땀이 난다"는 말은 삼성의 현실은 그대로 반영한 이 회장의 심경을 나타낸 유명한 말이다.

앞에서 언급된 사례지만 위기의식을 심어주기 위해 그는 사장단을 미국으로 직접 불러 모았다. 그리고 재고가 쌓여 먼지를 뒤집어쓰고 있고 소니나 파나소닉의 제품을 사면 덤으로 얹어주는 삼성전자 제품의 현실을 직접 눈으로 보게 했다. 또 사장들이 호텔로 돌아오자 자신이 직접 삼성전자와 일본 전자업체의 부품을 모두 분해해놓고 보여줬다. 일본 제품의 부품이 200개에 불과했다면 삼성 제품은 400개에 달했다. 부품이 많으면 고장이 많고 부품유지 비용이 많이 들어 경쟁력이 떨어진다는 것을 있는 그대로 보여주기 위한 것이었다.

이렇게 위기의식으로 시작한 신경영을 통해 그는 세계시장에서 존재감 없는 삼성전자를 세계적 메이커로 성장시키는 발판을 마련했다. 1997년에는 자신이 직접 인수해 삼성반도체의 초석이 된 부천공장을 팔아 절박한 상황임을 전파했다. 이 위기를 넘김으로써 삼성은 국내에서 다른 기업들과 비교할 수 없는 독보적 기업으로 성장할 수 있는 계기를 마련했다.

삼성전자가 반도체에서만 10조 원 가까운 돈을 벌었던 2004년, 모든 이들이 축제 분위기에 젖어 있을 때도 그는 "방심이 곧 위기를 불러온다"며 채찍질했다. 2010년 3월, 모두들 삼성전자를 '글로벌 금융위기의 승자'라고 치켜세울 때 그는 "10년 후면 삼성전자가 1등을 하는 모든 제품은 사라질지 모른다"고 말해 위기경영의 대가다운 면모를 보여줬다.

2009년 금융위기가 발생했을 당시에도 다시 임직원들에게 위기의식을 불어넣기 시작했다. 그때 사내방송 프로그램에서 삼성 최고경영진은 내부조직에 '위기에 대한 명확한 인식, 이를 돌파하는 혁신능력, 창조적 마인드 극대화'라는 목표를 다시 강하게 던졌다.

그 당시 이윤우 부회장은 "이대로 가면 3류, 4류로 전락하게 된다"며 위기의식이 필요하다고 강조했다. 이 부회장은 삼성이 위기의식을 통한 체질변화를 준비하여 외환위기를 도약의 기회로 삼을 수 있었다며 스스로 혁신을 통해 변화에 대응하는 신경영의 가치는 변하지 않았다고 역설했다. 삼성은 "미국발 금융위기로 찾아온 세계적인 경기침체와 성장둔화 속에서 삼성이 새로운 도전을 맞이하고 있다"고 진단하고 "우리에게는 시대의 전환기마다 위기를 극복하고 새로운 미래를 창조해온 유전자가 살아 숨 쉬고 있다"고 강조했다.

"마누라와 자식 빼고 다 바꿔라"라는 표현으로 대표되는 삼성 신경영 선언의 정신을 살려 글로벌 위기를 극복해 나가야 한다는 주문이었다. 그 결과 신경영 선언의 정신이 금융위기 극복의 원동력이 되어 체질개선을 통해 더 강한 삼성으로 변화함으로써 어느 기업보다도 외환위기와 금융위기를 성공적으로 극복했던 사례가 되었다.

해마다 나오는 삼성의 회장 신년사를 보면 위기라는 단어가 가장 많이 등장한다고 한다. 1993년 신경영 이후 가장 강력했던 이건희 회장의 위기에 대한 메시지는 2013년 신경영 20주년을 맞아 얘기한 "1등의 위기와 싸워라!"일 것이다. 위기危機를 한자로 나누어 보면 위험危險과 기회機會가 같이 있는데 삼성은 IMF 위기를 위험이 아닌 기회로 삼아 비약적인 발전을 할 수 있었다고 확신한다.

조직과 시스템에 의한 경영

장수 기업들이나 위대한 기업들의 가장 큰 특징은 바로 '조직과 시스템 경영기업'이라는 점이다. 이들 회사들은 오너나 경영자의 1인 체제가 아니라, 우수한 인재 내지는 조직에 의한 경영체제이기 때문에 지속 경영 가능성이 높은 기업인 경우가 많다고 볼 수 있다. 시스템 경영이란 우수한 인재, 탁월한 시스템, 진취적인 기업문화를 바탕으로 성과주의 경영을 통해 조직구성원 전원이 자율경영을 실행하여 지속적인 고성과를 창출함으로써 조기에 선진 기업으로 성장·발전하도록 하는 고유의 책임경영방법이다.

기업 규모가 어느 정도 될 때까지는 '사람에 의한 경영'이 가장 효과적이며 또한 돈이 가장 적게 드는 경영이다. 그래서 창업자들은 쉽게 이런 경영을 버리지 못 하는 것이다. 그러나 '사람에 의한 경영'에는 한계가 있다. 업종에 따라 차이가 있겠지만, 보통 회사 외형이 500억~1,000억 원 정도로 성장했거나, 창업자가 연로하여 2세 경영을 준비하거나, 갑자기 2세 경영을 맞이하는 경우, 제일 먼저 해야 하는 것이 바로 조직과 시스템에 의한 경영 체제를 갖추는 것이다.

고 이병철 회장은 작고하기 전까지 강력한 리더십을 가지고 빈틈없는 조직과 시스템으로 삼성그룹 전체 경영을 장악하고 있었을 뿐 아니라, 일생동안 기업경영 외의 다른 사회활동에는 거의 관계하지 않았을 정도로 기업경영에만 전념했기 때문에 오늘날의 삼성이 있게 되었고 사후에도 존경받는 경영자로 남아 있다. 이러한 것들이 결국 과거에는 삼성의 대명사처럼 불렸던 '관리의 삼성'이라는 이름을 얻는 계기가 되었다.

"회사는 CEO 그릇만큼 큰다"라는 말이 있다. 이 회장은 그릇이 분명 달랐다. 그는 1960년대 말 삼성이 어느 정도 커지자 비서실(지금의 미래전략실)이라는 조직을 만들고, 계열사에도 이에 상응하는 관리부서 조직을 강화하여 본격적으로 '조직과 시스템에 의한 경영'을 하기 시작했다. 그래서 이때부터는 회장 자신이 모든 현장을 직접 챙기기보다는 조직과 시스템에 의해서 서로 경쟁하고 견제하면서 자율적으로 경영되도록 하고 회장 자신은 일선의 업무는 조직에 맡기고 가장 중요한 경영 핵심만 관리했다.

그리고 좋은 재목을 뽑아 최고의 인재로 양성하는 교육에도 관심이 많아 우리나라 최초로 기업연수원을 지어 교육현장을 자주 방문했다. 작고할 때까지 삼성 회장 직함 외에 갖고 있었던 유일한 또 하나의 직함이 바로 삼성연수원장 직함일 정도로 인재에 대한 교육에 대단한 관심을 갖고 있었다.

이병철 회장은 철저한 능력 위주 인사와 깨끗한 조직을 유지하기 위해 친인척의 삼성그룹 입사를 극히 제한했는데, 간혹 일류대학 출신의 친인척이 입사하는 경우도 있었으나 도리어 친인척이라는 이유 때문에 다른 입사 동기생들보다 승진이 늦어 결국 삼성을 떠나게 되는 것이 보통이었다.

또한 정치인이나 권력자들의 청탁으로 그런 사람들 자녀를 삼성의 신입사원으로 입사시키지 않을 수 없는 경우가 더러 있는데 이런 신입사원은 아예 인사카드에 '연고채용'이라고 별도의 딱지를 붙여두었다.

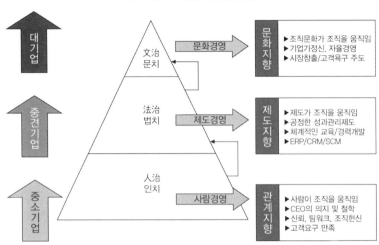

그래서 이런 연고채용자들도 친인척 자녀들처럼 아무리 일을 잘 해도 입사 동기생들 중에서 가장 늦게 승진이 되기 때문에 견디지 못하고 나가는 경우가 많을 정도로 정실이 없는 깨끗한 인사를 하려고 했다.

어쨌든 좋은 대우, 좋은 인재, 철저한 능력 위주의 인사, 그리고 깨끗한 조직이라는 고 이병철 회장의 경영철학이 있었기에 오늘의 삼성그룹이 있게 된 것이며, 이 유산이 이건희 회장에 와서 더욱 발전하여 삼성이 세계적인 일류 기업이 되는 데 큰 기여를 하지 않았나 생각된다. 삼성은 잘 양성된 좋은 인재와 '조직과 시스템에 의한 경영'을 통해서 2대에 걸쳐 세계적인 성공신화를 만든 것으로 볼 수 있을 것이다.

2. 원심력과 구심력의 균형을 갖고 있다

그룹의 구심력과 각사의 원심력

경제에 자기조직화自己組織化 현상이 내재되어 있다는 인식은 애덤 스미스로부터 시작되었다. 그는 개인들이 의도하지는 않았지만 체계적으로 나타나는 현상을 '보이지 않는 손Invisible hand'이라고 표현했다. 원을 그리는 물체의 운동은 원심력과 구심력, 즉 나가려는 원심력이 강해질수록 당기는 구심력도 필요하다. 쓰러지지 않는 팽이의 회전을 보면 알수 있듯이 어떠한 공간을 기준으로 해서 공간 외부로 향하는 힘을 원심력이라고 하고 공간 내부로 향하는 힘을 구심력이라 하는데 다시 이 구심력과 원심력이 그 사이에서 서로 섞이고 어우러져서 발생하는 중심력이 있다.

이처럼 삼성이라는 거대 집단은 이건희 회장과 미래전략실로 대표되는 강력한 구심력과 사장단협의회와 각사 사장들이 책임을 지고 경영을 스스로 해나가는 원심력이 아주 절묘한 조화를 이루며 선순환 구조로 발전해 나가고 있다고 생각한다. 이러한 균형 있는 힘은 중요한 역할을 하며 이러한 힘이 짧은 20년 사이에 삼성을 글로벌 초일류 기업으로 성장시킬 수 있었던 에너지가 아닐까 생각해본다.

1997년 외환위기 이후 현대, 대우 등 다른 대기업들이 머뭇거리고 있을 때 삼성은 오히려 신경영으로 무장하여 회장을 중심으로 당시 구조조정본부의 막강한 힘과 리더십으로 구심력을 발휘했다. 특히 이건희 회장은 그 어려운 경영위기 속에서도 핵심인재를 과감히 확보하고 공격적 경영전략을 각사가 펴도록 독려함으로써 원심력을 강하게 발휘하도록 했고, 각사는 생존은 물론 위기를 새로운 기회의 장으로 삼을 수 있었다.

　구심력이 강하면 구심점을 향한 힘은 커지지만 각 회사가 회장이나 그룹 컨트롤타워에서 시키는 대로 실행만 하고 스스로 원심력을 발휘하지 못한다면 선순환의 발전을 기하기는 어렵다. 더구나 디지털 시대에 급변하는 환경하에서는 신속한 판단과 전략이 필요하기 때문에 더욱 자율경영과 같은 원심력의 파워가 필요하다.

　그러한 면에서 본다면 각사 스스로가 원심력의 막강한 파워를 발휘하는 기회가 있다는 것은 거꾸로 구심력이 함께 힘을 가지고 상호 균형을 이루기 때문에 가능한 것이다.

　삼성그룹의 미래전략실은 옛날로 치면 그룹 비서실이나 구조조정본부 같은 곳이다. 과거와 같은 막강한 파워는 많이 없어졌다고 하지만 여전히 최고의 인재들이 모여 그룹 경영을 진단·분석하고 조정하는 컨트롤타워 역할을 하는 곳으로 구심력의 핵심이다.

　그렇다면 각사가 강한 원심력을 가질 수 있는 동인은 무엇일까?

　첫째는 각사에 권한 위양이 되어 있고 자율경영이 가능하기 때문이다. 둘째로 그룹의 경영목표나 전략을 각사의 경영목표나 전략에 잘 연계시켜 관리하는 제도와 시스템이 완벽하다. 특히 이러한 힘은 강한 로열티를 가진 우수한 인재들을 확보하고 있고, 한 방향으로 매진하도록 만드는 철저한 교육이 있기 때문에 가능한 일이다.

삼성의 구심력은 경영철학과 핵심가치

　삼성그룹의 하드웨어적인 구심점은 물론 미래전략실이지만 50개가 넘는 계열사를 하나로 묶고 40만 명이 넘는 임직원들을 하나로 통일시켜주는 소프트웨어적인 구심점 역할을 해주는 것은 경영철학과 핵심가치이다.

경영철학은 창업자가 경영을 하면서 정립한 사명과 비전을 형성하는 정신적 기반이자, 그의 생각, 세계관, 인생관을 표현하고 있다. 그래서 경영철학은 핵심가치에 직접적인 영향을 미친다.

핵심가치는 조직원들의 생각과 행동에 직접적 영향을 미쳐 행동규범(행동약속)이 된다. 이러한 행동규범을 둘러싸고 있는 것이 기업 고유의 제도나 직원들의 업무관행이 된다. 조직문화는 경영철학, 핵심가치, 행동양식, 제도나 관행이라는 네 가지 요소가 내부 및 외부로 드러나는 모습이다. 여기서 조직문화에 중요한 영향을 미치는 것이 조직에 내재적으로 존재하는 경영철학이며, 인위적으로 정립한 핵심가치이다.

1993년 제2의 창업 5주년을 기념해 그룹의 브랜드 규정CI을 새로 바꾸고 경영철학도 '인재와 기술을 바탕으로 최고의 제품과 서비스를 창출하여 인류 사회에 공헌한다'로 바꾸었다.

이는 국제 사회인으로서의 사명을 알고 자신이 가지고 있는 능력을 최대로 발휘하여 미래를 개척하고 인류의 발전에 기여하는, 창의적이고 상호 교류가 가능한 '열린 사고'의 인재와 삼성이 추구하는 기술인, 인간의 행복과 인류의 풍요로운 삶을 실현해 나갈 수 있는 참다운 기술을 바탕으로 단기적인 이익에 연연하지 않고 인류의 발전과 사회에 공헌할 수 있는 제품과 서비스를 만들어내겠다는 야심찬 의지였다.

2005년 삼성경제연구소는 생존을 위해서는 새로운 '핵심가치'가 필요하다는 연구보고서를 냈다. GE의 경우 '여덟 가지 가치, 네 가지 행동8 Values, 4 Actions'을 핵심가치로 삼았다. 도요타자동차는 '도요타 방식 Toyota Way'을, IBM은 고객에 대한 헌신, 끊임 없는 혁신, 신뢰와 책임을 'IBM인의 가치IBMers Values'로 내세우고 있다.

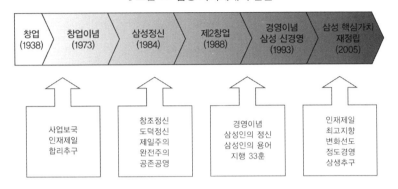

▍그림 18 삼성 가치체계의 변천

```
창업      창업이념    삼성정신    제2창업    경영이념      삼성 핵심가치
(1938)   (1973)    (1984)    (1988)   삼성 신경영    재정립
                                      (1993)      (2005)
```

사업보국	창조정신	경영이념	인재제일
인재제일	도덕정신	삼성인의 정신	최고지향
합리추구	제일주의	삼성인의 용어	변화선도
	완전주의	지행 33훈	정도경영
	공존공영		상생추구

이 보고서는 특히 국내 기업들은 글로벌화, 무한경쟁, 윤리성 요구 등 급박한 환경 변화에 직면해 있어 어느 때보다 핵심가치에 대한 공유와 실천이 중요한 시점이라고 지적했다. 윤리경영과 기업 경쟁력은 핵심 가치의 뼈대다. 그러나 직원들을 감시 대상으로만 여기면 윤리의식이 개개인에게 내재화되지 않을 뿐 아니라 감시가 허술한 사각지대에서 문제가 불거질 위험이 크다고 언급했다.

삼성은 공유가치를 중심으로 계층가치를 강화했다. 국내 30만 명 정도의 삼성 직원은 어느 회사에 근무하든지 '삼성인'이라고 한다. 삼성의 핵심가치 전략은 입문교육을 통해 확실하게 삼성인을 만드는 것이다. 전 세계에서 모인, 다양한 전공의 신입사원들을 한 방향으로 셋업Set-up 하는 것이다. 지금은 각사끼리 인원 교류가 안 된다. 「공정거래법」에 의해 금지되는데 그럼에도 삼성의 정신과 핵심가치는 한 방향으로 축적 된 경영을 통해 원심력과 구심력이 잘 조화되고 있다.

여기서 특이한 점은 거대한 경영트렌드의 변화에 따라 경영철학이나 핵심가치의 지속 변화가 필요한데, 삼성의 경우 우연의 일치인지는 모

삼성이 강한 진짜 이유

르나 거의 10년 주기로 경영환경 변화에 맞게 지속적으로 변화해왔다.

신지행新知行 33훈

삼성의 정신에서 구심점을 이루는 또 하나의 지침서는 '지행 33훈'이다. 1993년 이건희 회장의 프랑크푸르트 선언을 중심으로 만들어진 것으로, 이 회장이 간부나 경영자의 덕목으로 늘 강조해왔던 '지행용훈평知行用訓評'을 줄인 말이다.

이는 '알아야 한다知, 행동해야 한다行, 시킬 줄 알아야 한다用, 가르쳐야 한다訓, 평가할 줄 알아야 한다評'로 삼성그룹의 경영자들이 갖춰야 할 덕목이다.

그런데 최근 삼성그룹의 '신지행 33훈'이 화제다. 삼성그룹은 2009년 봄 글로벌 금융위기와 이건희 회장의 공석을 극복하고 새로운 10년을 대비하기 위해『지행知行 33훈訓 2』라는 책자를 신규 임원에게 배포했다. 이 책자는 지난 1993년 이건희 회장이 밝힌 '신경영'의 내용이 포함된 '지행 33훈'의 업그레이드 버전이다.

'지행 33훈 2'는 이 회장의 경영철학을 기초로 제작한 것으로, 삼성의 새로운 경영방침임과 동시에 나아갈 방향이라는 의미를 갖는다. '지행 33훈 2'에서 가장 강조된 부분은 '인재 확보'이다. 뛰어난 인재의 경우 인건비를 아끼지 말고 뽑아야 하며, 우수인재에 대해서는 파격적인 혜택을 주어야 한다고 강조했다.

'신지행 33훈'은 네 가지 경영의 기본원칙과 여덟 가지 경영전략 그리고 21가지 경영관리 지침으로 구성되어 있다. 네 가지 경영원칙은 삼성의 기업 문화를 ▷ 창의와 도전, ▷ 정도 경영, ▷ 그룹 공동체, ▷ 사회 공헌으로 확립해야 한다고 제안했다.

여덟 가지 경영전략은 삼성의 최고경영자CEO들이 '위기의식'을 갖고 미래를 통찰해야 하며 변화를 선도하고 사업 전략에 있어서, ▷ 업業의 개념, ▷ 기회 선점 전략, ▷ 일등 전략을 유지하고 경영 인프라는 정보화·복합화 전략을 지속해야 한다고 강조했다.

또 21가지 경영전략을 통해 인사조직, 연구개발, 제조생산, 마케팅 등 각 분야에서 '삼성다움'을 유지해야 한다고 강조했다. 아울러 '신지행 33훈'에서는 경영자의 역할을 '위기危機를 기회機會로 바꾸는 사람'으로 정의하고 삼성의 CEO와 임원은 5년, 10년을 내다보는 통찰력과 함께 체질, 구조와 사고방식을 모두 바꿔 변화를 선도하는 능력을 갖춰야 한다고 강조하고 있다.

삼성의 '신지행 33훈'

① 우리가 지금 어디에 서 있는지, 어디로 가는지 파악하라.
② 5년, 10년 후를 내다봐야 한다.
③ 체질, 구조, 사고방식 모두 바꿔야 한다.
④ 사업의 개념파악 여부에 따라 성패가 좌우된다.
⑤ 버릴 건 버리고, 시작할 건 빨리 시작해야 한다.
⑥ 모든 제품과 서비스는 세계 1등을 목표로 한다.
⑦ 21세기에 맞는 경영구조와 시스템을 구축하자.
⑧ 단지 복합화로 효율을 증대해야 한다.
⑨ 미래를 위해 가장 먼저 할 일은 인재 확보다.
⑩ A급 직원이 능력을 발휘하도록 챙겨야 한다.
⑪ 성과를 내는 직원은 사장보다 더 많이 보상하라.
⑫ 우수한 여성인력을 적극 활용하자.
⑬ 경륜보다 실력 있는 젊은 고문을 영입해야 한다.
⑭ 다양한 복지제도를 마련하라.

⑮ 노사 간 갈등은 회사 존폐와 직결된다.

⑯ 경영자 양성을 체계적으로 실시해야 한다.

⑰ 10년 앞을 내다보고 인재를 양성해야 한다.

⑱ 불황에도 R&D 투자는 줄이지 말아야 한다.

⑲ 기술 확보는 합작-제휴-스카우트 순으로 해야 한다.

⑳ 경쟁사보다 먼저 신제품을 상품화하자.

㉑ 최고의 품질로 승부해야 한다.

㉒ 작업현장은 안전이 최우선이다.

㉓ 구매업체와의 신뢰가 제품 경쟁력을 좌우한다.

㉔ 철학과 문화를 파는 마케팅을 해야 한다.

㉕ 고객서비스는 마음에서 우러나와야 한다.

㉖ 21세기는 디자인과 소프트의 싸움이다.

㉗ 세계에 글로벌 삼성의 뿌리를 내려야 한다.

㉘ 해외 현지에 맞는 경영모델을 개발하라.

㉙ 현지 인력을 삼성화시켜야 한다.

㉚ 도전과 창조정신이 가득한 일터를 만들어라.

㉛ 법과 원칙을 준수하고 도덕적으로 존경받아야 한다.

㉜ 삼성인의 일체감과 결속력을 강화해야 한다.

㉝ 존경받는 국민기업이 되어야 한다.

신뢰 조직문화와 비노조 경영

서로 믿고 신뢰하는 조직 문화는 구심력과 원심력을 잘 조화시키는 데에서 큰 역할을 한다. 삼성의 비노조 경영도 이에 한몫을 하고 있다. 삼성은 비노조 경영을 유지하는 최고의 비법으로 최고경영층의 노사철학을 꼽는다. 개인존중과 상호신뢰란 가치에 대한 명확한 철학이다.

이와 함께 공정하고 공평한 인사제도 운영을 들 수 있다. 우수인력을 공개채용하고 인사정책을 공정하고 공평하게 운영하며, 편견과 차별이 없고 참여와 자율을 중시하는 조직 풍토도 비노조 경영체제를 유지하는 비결이다. 삼성은 또 개인에 대한 존중과 신뢰를 중시하고 열심히 일하는 사람에겐 최대한 고용안정을 보장하고자 노력하고 있다.

삼성은 적정 보상과 복리후생에서도 다른 기업을 능가하고 있다. 직원들에게 지급하는 급여와 복지가 동종 업계에선 최고 수준이거나 적어도 경쟁상의 우위를 가져야 한다는 점을 가장 우선적인 처우원칙으로 삼고 있는 것이다.

삼성은 비노조 경영체제를 유지하기 위해서는 절대적으로 효율적인 피드백 메커니즘과 의사소통 프로그램이 필요하다고 보고 있다. 이 프로그램의 일환으로 신입사원 교육 프로그램과 정기적인 개인면담, 현장 종업원들과의 정기적인 인터뷰, 관심사항 투서함 등 건의함, 종업원들의 의견을 듣기 위한 의견청취 채널 설치(핫라인 시스템) 등을 실시하고 있다.

더불어 정기적인 사기조사morale survey, 노사간담회(소집단회의), 뉴스레터와 사보, 사이버 공개토론장, 게시판, 제안제도, 주니어보드 제도 실시, 계층별 간담회, 사내 방송·텔레비전 등을 통한 신속한 정보공유, 동호회 활동, 자기신고제도 등을 병행하고 있다.

삼성만큼 노사 신뢰관계가 탄탄하고 상생의 협조적인 분위기를 유지하는 조직은 세계적인 대기업 중에서는 찾아보기 힘들다. 도요타나 마쓰시타 정도일 것이다. 여기엔 삼성의 특수성도 작용했다. 반도체 생산은 웨이퍼 가공에서 완제품이 나오기까지 한 공장 라인에서 1개월 이상 연속 공정을 거친다. 또 머리카락의 몇 만분의 1로 가공하기 때문에 생산라인은 미세한 흔들림에도 약하고 담배연기의 몇 천분의 1의 입자 먼지에도 품질이 낮아진다. 한마디로 초정밀을 요한다. 이런 설비에 현장

노동자 중 누구 한 명이 모래 한 줌을 뿌리면 전 라인이 스톱하고 한 달치 물량은 불량이 난다. 그러니 현장 노동자들이 딴 생각을 갖지 않도록 미리 잘해주는 게 남는 것이라는 계산이 나온다.

노사의 공존과 평화를 정착시키기까지는 우여곡절이 많았다. 제일모직 대구공장은 두 가지 진기록을 갖고 있다.

첫째는 수십 개에 달하는 삼성 계열사 중에서 유일하게 노사분규로 조업 중단을 겪었다. 그것도 2개월간이나. 1961년 8월부터 10월까지로 5·16 직후의 어수선한 사회 분위기를 반영한 것이기는 하지만 이때 이병철 회장은 노조가 있어서는 절대 안 되겠다는 생각을 갖게 된다. 그리고 1960년대 일본의 전국적 스트라이크인 춘투春鬪로 나라 경제가 휘청하는 것을 목격하고는 노조를 초월하는 경영을 결심한다. 또 다른 기록은 삼성그룹에서 가장 오래된 건물을 보유하고 있다는 것이다. 1956년에 설립된 기숙사로 현존하는 건물 중에는 역사가 가장 길다. 노조와는 상관없이 창업 초기부터 일찌감치 사람을 중시하는 경영원칙을 확고히 했고 그런 사상의 발현물로 당시로서는 최고급 호텔급으로 이화여대 기숙사에 맞먹는 시설의 기숙사를 지은 것이다.

삼성의 비노조 경영 문화는 해외를 비롯한 국내 대기업들 사이에서도 '호평'을 받고 있다. 이 문화를 가장 찬성하는 사람들은 바로 삼성 직원들이다. 사실 삼성의 대부분의 직원들은 많은 회사들의 노조탄압 등 노조 결성에 대해 연일 기사가 보도됨에도 불구하고 '시큰둥한 반응'을 보인 것으로 나타났다. 직원들은 대부분 노조의 필요성을 느끼지 못하고 있다. 심지어 노조의 존재가 성가시다는 입장이다. 왜일까? 삼성이 선택한 비노조 경영 전략에는 분명 숨은 매력이 있기 때문이다.

결국 삼성이 생각하는 비노조 경영이란 노조 결성보다는 노사 간 신뢰 상실을 더 우려해야 한다는 얘기다. 삼성이 진정으로 두려워하는 것은 결국 노조가 아니라 삼성이 지금까지 형성, 발전시켜온 노사 간 상호 신뢰의 전통과 문화가 깨어지는 것인 셈이다.

비노조 경영은 조직 내에서 상호존중에 기초한 강한 신뢰관계를 노조 기업에 비해 손쉽게 형성할 수 있다. 또 경영자의 종업원에 대한 존중심과 더욱 많은 관심, 경영자와 종업원 간의 원활한 의사소통을 통한 공동체 의식의 강화, 종업원을 존중하고 종업원의 입장을 반영하는 제도의 운영 등이 더욱 용이하다.

청결한 조직문화도 구심력의 원천

삼성은 상대적으로 국내 기업으로서는 청결한 조직으로 이름나 있다. 이병철 회장은 부정행위나 사리사욕을 챙기는 임직원이 있으면 그가 아무리 뛰어난 능력을 갖고 있거나 회사 발전에 엄청난 기여를 했다고 하더라도 절대로 용납하지 않고 퇴사시켰는데, 그렇게 함으로써 삼성그룹의 조직 전체를 깨끗하게 유지할 수 있었다.

삼성의 기업문화는 실패에 대해서는 관대한 편이지만 부정에 대해서는 절대로 관대하지 않다. 과거에 어떤 회사에서는 단돈 만 원 떼어먹은 여직원을 해고시켰을 정도로 인사가 냉엄하다.

할 일과 하지 말아야 할 일들에 대해 평소에 상당히 많은 교육을 한다. 예를 들어 선물로 만 원짜리를 받으면 되는지 안 되는지 가치기준으로 교육을 한다. 창구 근무자들에게 외부에서 음료수를 가지고 오면 받아도 되나 안 되나까지 교육한다. 그래서 고객들이 감사의 표시로 음료수를 들고 왔다가 도로 가져가는 경우도 종종 발생한다. 이런 교육이 잘되어 있다. 예전처럼 사전적발 감사는 안 하고 예방 감사, 전략적 지원을 위한 감사는 한다. 감사에 걸리면 끝이다. 금품수수나 비리에 관련되면 규모에 관계없이 바로 퇴사하도록 되어 있다. 이런 것들이 청결조직을 지탱하는 틀이다.

협력업체 직원들이 삼성 직원에게 작은 선물이라도 줬다가는 즉각 되돌아오기 일쑤다. 관례상 있는 술자리 같은 접대도 통하지 않는다. 그저 원리원칙을 지키는 게 최선이다. 삼성은 혹시 이를 어기는 직원에 대해 철저하고 엄격한 감사를 실시하고 있다. 그룹 차원에서는 미래전략실의 감사팀이 있고, 각 계열사별로 감사 부서를 두고 정기 또는 비정기적으로 감사를 실시한다. 삼성의 감사는 철저함과 엄정함으로 유명하다. 각 기관이나 회사에서 자체적으로 실시하는 수박 겉핥기식의 요식행위가 아니다.

집중적으로 추적해 끝까지 비리를 밝혀내는 실질감사를 하고 있으며 결과에 대해서도 반박할 수 없을 정도로 치밀하고 엄정하다. 감사 과정을 보고 있으면 등골이 다 서늘해질 정도다. 삼성의 감사는 휴지를 얼마나 사용했는지도 분석할 정도이고, 직원이 드라이버 하나라도 빼돌릴 수 없고, 천 원짜리 한 장도 개념 없이 낭비하지 못하게 하는 시스템이다.

감사실의 능력은 KBS의 감사를 삼성전자 감사팀에 의뢰할 정도로 정평이 나 있다. 감사가 강하다는 것은 역설적으로 말하면 과거엔 부정을 저지르는 사람이 많았다는 얘기로 볼 수 있다. 감사실은 아기 돌을 포함해 직원의 길흉사에 어김없이 납품업체를 초청해 많은 돈을 상납 받는 직원, 납품회사에 기계나 차를 주고 회사에 납품하도록 만들어 상당한 대가를 받는 직원, 원가를 의도적으로 높게 계산해 부당 이익을 챙기는 직원 등 숱하게 많은 부정을 적발해냈다.

하지만 감사는 적발을 중심으로 하는 사후 대책이라기보다는 사전

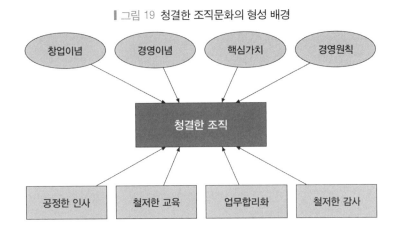

┃ 그림 19 청결한 조직문화의 형성 배경

창업이념 경영이념 핵심가치 경영원칙

청결한 조직

공정한 인사 철저한 교육 업무합리화 철저한 감사

예방을 위한 역할이 더 크다. 비록 간 떨리게 무서운 존재지만, 눈앞의 작은 이익에 현혹되어 더 큰 부정을 저지르지 않게 사전에 예방해주는 고마움도 있다. '무능도 부정이다'라는 말은 삼성그룹의 감사 용어다. 승진이 양성적인 사기 진작책이라면 감사는 음성적인 업무 강화책이다. 당근과 채찍인 셈이다.

3. 세계에서 제일 빠른 스피드 경영을 만들다

빠른 판단과 의사결정력

세계경제포럼WEF의 창설자인 클라우스 슈바프는 현대를 일컬어 '빠른 것이 느린 것을 잡아먹는 시대'라 정의했다. 현대 비즈니스는 시간과의 싸움이다. 품질 좋고 값싼 제품과 서비스를 누가 더 '빨리' 시장에 내놓느냐에 기업의 성패가 달려 있기 때문이다.

여기서 이건희 회장의 특별채용으로 삼성에 근무했던 일본인 고문의 이야기를 들어보자. 『삼성의 결정은 왜 세계에서 제일 빠른가』는 1994년부터 10년간 이건희 회장의 요청으로 삼성전자 상무로 활동했던 요시카와 료조가 쓴 책으로 삼성전자의 성공비결을 자세하게 분석하고 있다. 현재 삼성전자의 성공 토대를 만드는 데 공헌한 저자는 디지털 시대로의 전환기에 삼성전자가 선발업체들을 물리치고 글로벌 기업으로 도약한 배경과 성공요인을 현재 일본 기업이 겪고 있는 실패의 원인과 대비시켜 심도 있게 분석하여 삼성 관련 어느 책보다도 깊이 있는 연구를 보여주고 있다.

저자는 후발주자인 삼성전자가 치열한 글로벌 경쟁에서 일본 기업들을 추월한 비결을 디지털 시대로의 전환에서 찾았다. 아날로그에서 디지털로 넘어가는 시대의 변화를 제대로 활용한 것이 성공의 발판이 되었다는 것이다. 또한 삼성이 이런 디지털 시대의 선두주자가 된 것은 '빠른 의사결정' 능력에 있다고 말한다. 시시각각 상황이 변하는 글로벌 시대에 누구보다 빨리 결정을 내린 후 수평분업으로 실행에 옮긴 것이 삼성의 성공비결이라는 분석이다.

토너먼트전에서 가장 중요한 것은 '빨리 결정하는 것'이다. 상대가 어떻게 나올지 살펴보거나 상대보다 우세한지 열세한지 등을 따지고 있어서는 경쟁에서 이길 수 없다. 무엇보다 중요한 것은 '앞서 달리는 것'이다. 2등은 쓸모없다. 돌다리가 아닌 썩어가는 나무다리라도 건넌다. 이런 다리를 맨 처음으로 건너고 뒤돌아보았을 때에도 아직 다리가 무너지지 않았다면 그 다리를 쳐서 무너뜨리고 아무도 쫓아오지 못하게 한다. 이러한 스피드에 대한 사고방식 없이는 글로벌 전쟁에서 승자가 될 수 없다고 강조했다.

영국 ≪파이낸셜타임스≫도 2012년 삼성전자의 성공은 수요에 대한 반응, 즉 속도와 민첩성에 있다고 보도했다.

삼성전자의 부회장이었던 윤종용 국가지식재산위원회 위원장이 인터뷰에서 한 이야기를 들어보자. "디지털 시대엔 경쟁력의 요소가 달라집니다. 디지털 시대엔 '시스템 온 칩system-on-chip'이라 해서 모든 회로가 반도체 칩 안에 들어갑니다. 조립 공정이 간단해지고 불량률이 낮아집니다. 디지털 시대엔 남들이 생각하지 못했던 신제품을 남보다 빨리 개발하는 것이 가장 중요한 경쟁력 요소가 됩니다. 그래서 저와 삼성전자 경영진은 디지털 시대에는 창의력, 즉 두뇌와 스피드가 경쟁력이 될 것이라는 결론을 내렸습니다."

"외부에서 삼성전자의 성공은 중요한 순간에 빠르고 결과적으로 올바른 의사결정을 한 것이 큰 요인이라고들 합니다. 삼성전자의 가장 큰 특징은 문제가 발생한 후에 의사결정을 하는 것이 아니라, 사전에 사장단이 수시로 모여서 앞으로 어떻게 될지 토의해 발생할 가능성이 있는 문제들마다 미리 결론을 내려놓는 것입니다. 또 전자업계의 시장 변화가 워낙 빠른 점을 감안해 어떤 방향으로 일을 진행하다가 잘 안 되거나 상황이 바뀌면 곧바로 중단하고 다른 방향으로 일을 진행하는 것을 잘했습니다."

일본의 경제주간지 ≪이코노미스트≫가 '일본경제 입문'에서 다룬 "삼성과 도요타의 돈 버는 방법 차이"라는 글도 흥미롭다. 특정 사업에 집중 투자해 승부를 거는 삼성전자의 강점은 '스피드'로 요약되었다. 경영자원을 될 만한 사업에 투입, 시장에서 빠르게 전개하는 전략은 일본 회사가 따라가기 어렵다는 분석이다. 그렇다고 삼성이 상품 투입에서 앞서는 것은 아니다. 반도체 액정 등은 모두 일본 메이커들이 먼저 시작

삼성이 강한 진짜 이유

한 분야다. 결국 삼성은 일본 회사가 제품을 내놓고 움직인 뒤 시장에 참여해 스피드로 시장을 지배한다는 것이다.

'기술'을 중시하는 일본 메이커와 달리 삼성전자는 정확한 시장조사와 주도면밀한 준비, 결단력으로 수익을 거두는 '시장 중시형'이라는 분석이다. 이 잡지는 이어 도요타는 사업 착수의 주도면밀함, 고객 중시, 자체 교육기관을 통한 인재육성에서 삼성과 비슷한 점이 많다고 지적했다. 그러나 도요타는 집중 투자로 즉시 결과를 추구하는 삼성과 달리 이익을 내기 위한 '구조(기반) 만들기'를 중시하는 게 다르다는 것이 이 잡지의 결론이다.

삼성의 '헬기경영'도 스피드 경영에서 빼놓을 수 없다. 빠른 의사결정이 필요하거나 시간이 급할 때는 전용헬기가 동원되기도 한다. 삼성테크윈이 운용하는 이탈리아 아구스타사의 AW139와 같은 기종인 이 헬기는 미래전략실 실장은 물론 각사 사장CEO을 비롯한 경영진들이 이용하는데, 서울 도심에서 부산까지 헬기로 이동할 경우 1시간 이내로 시간을 대폭 줄일 수 있어 '스피드 경영 차원'에서 지방 사업장 방문 시에도 많이 이용한다.

20년 전 이건희 회장은 각사로 업※의 개념을 명확히 하라는 지시를 내리면서 반도체는 업의 개념이 '스피드'라고 했는데 이러한 통찰력이 오늘날의 반도체 성공신화를 이루는 계기가 아닌가 생각된다.

'후츠파'와 '빨리빨리' 문화

이스라엘에서는 자신이 모르는 것을 인정하고 당당하게 질문하거나 도전하는 태도를 '후츠파(chutzpah)'라고 한다. 후츠파는 유대 민족이 갖고 있는 독특한 문화다. '주제넘은', '뻔뻔한', '오만한' 같은 부정적인 뜻에서부터 '놀라운 용기', '배짱' 등 긍정적인 의미까지 함께 담고 있다.

남녀노소, 지위고하를 막론하고 자유롭게 의견을 교환하고 자기의 주장을 말하고 묻는 것에 서슴지 않으며, 실패를 두려워하지 않는 '후츠파' 정신은 유대 민족의 창조성을 키우는 원동력으로 평가받는다.

1948년 건국한 작은 나라, 이스라엘의 저력은 무섭다. 전 세계 인구에서 차지하는 비율은 0.2%에 그치지만 노벨상 수상자는 178명으로 전체의 22%에 달한다. 물리 47명(26%), 화학 30명(20%), 의학 53명(28%) 등 특히 과학 분야에서 높은 성과를 거뒀다.

그렇다면 IMF 외환위기와 미국발 금융위기까지 잘 이겨내고 삼성이나 현대차 같은 세계적 기업의 약진은 물론, 가난하고 국제 원조를 받던 나라에서 민주화와 경제성장을 이루어 상대적으로 잘나가고 있다는 평가를 받고 있는 우리나라에는 유사한 정신이나 동인이 없을까?

후츠파의 위대한 정신을 소개한 윤종록 미래창조부 차관은 단연 '빨리빨리' 문화라고 말한다. 빨리빨리는 '신속, 순발력'이란 단어와 일맥상통한다. 빨리빨리를 전제로 하는 스피드가 강조되면서 창의적 조직 문화가 요구되는 지금, 우리 문화가 성숙되고 선진화되어 과정과 원칙이 지켜지는 사회가 된다면 그 빨리빨리는 세계적으로 유례없는 우리 민족의 문화 원형질이 되어 우리의 우수성이 될 수 있다.

삼성 스마트폰이 애플을 제친 비결도 스피드

스마트폰 산업과 패션 산업의 공통점은 무엇일까? 유행 주기가 점점 더 빨라지고 있다는 점이다. 따라서 유행 변화를 경쟁자보다 빨리 정확하게 감지하고, 이를 토대로 생산과 유통 시스템을 유연하면서도 즉각적으로 조절할 수 있는 능력, 공급사슬 관리가 더욱 중요해지고 있다.

2009년 삼성전자는 위기였다. 몰아치는 애플발 스마트폰 광풍에 한 치 앞을 내다보기 어려웠다. 핵심인 모바일 사업에 대한 우려가 곳곳에서 터져 나왔다. 삼성은 구글과 손잡고 안드로이드폰 개발에 사활을 걸었다. 뛰어난 연구개발R&D 능력 및 제조기술, 마케팅 파워 등을 빠른 속도로 결합하며 승부수를 띄웠다.

영국 ≪파이낸셜타임스≫는 이러한 삼성전자의 성공은 수요에 대한 반응, 즉 속도와 민첩성에 있다고 보도했는데 결국 삼성 스마트폰은 2012년 애플을 제치고 세계 1위에 올라섰다. 연구개발 능력과 제조기술, 마케팅 파워에 플러스알파가 작용한 결과다. 그 알파로는 공급사슬관리Supply Chain Management: SCM가 꼽힌다. 제품력이 갖춰지자 SCM의 힘이 시너지 효과를 냈다는 것이다.

SCM이란 시장 변화를 읽는 것부터 자재 조달, 제품 생산, 마케팅 및 판매에 이르는 과정에서 시간 및 비용을 효율화하는 것을 말한다. 이전엔 단순히 제품 생산을 위한 조달과 생산 후 물류 등에 초점을 맞췄다면, 최근엔 기업 고유의 SCM 전략을 통해 새로운 브랜드 가치를 창출하는 수단으로 범위가 확장되고 있다.

기술이 상향평준화되면서 SCM의 범위는 더 커지고, 영향력도 더 강해지고 있다. 변화에 빠르게 적응하고 고객과의 거리를 신속히 좁히며 재고를 없애 비용을 줄이는 모든 과정이 SCM과 연결되기 때문이다. 삼성이 텔레비전에서 소니를 제칠 때도 기술력과 품질, 디자인 경쟁력을 높이면서 혁신적인 SCM을 도입한 게 주효했다. 당시 삼성전자 부사장으로 텔레비전 사업을 이끌던 최지성 미래전략실장이 도입을 주도했다. 팀 쿡 애플 최고경영자도 SCM 전문가다. 그가 2007년 애플에 합류한 이후 가장 먼저 한 게 공급사슬 단순화였다.

전통적으로 SCM은 생산 중심 또는 효율성 중심이었다. 전 세계 공장에서 생산된 제품을 글로벌 시장에 효율적으로 공급하기 위해 프로세스를 개선함으로써 비용을 최소화하는 것이다.

하지만 이 같은 SCM은 양날의 칼이 될 수 있다. 도요타는 원가절감을 위해 부품을 현지조달 방식으로 바꿨지만 거래업체의 급격한 증가로 새로운 비용을 떠안아야 했다. 한때 LG전자에 막대한 비용절감을 안겨준 SCM은 협력업체 불만과 통제접점 확대 등으로 인한 또 다른 비용을 낳기도 했다.

삼성은 샤프와의 제휴를 비롯해 공급사슬에 있는 기업들과 제휴 및 협력을 강화하면서 특유의 스피드 경영을 실현하고 있다. 단순히 비용절감을 위한 SCM 강화나 자사 가치 중심의 SCM 전략보다는 협력 네트워크를 기반으로 한 제품의 지속적인 혁신과 기업을 둘러싼 기업생태계 전반의 부가가치를 향상시키는 새로운 관점의 SCM이 필요하다.

이건희 회장의 출근 경영

이건희 회장은 은둔의 경영으로 유명하다. 1987년 삼성 회장직에 오른 뒤 계속 자택인 서울 한남동 승지원에 머무르면서 1년에 고작 두서너 번 사무실에 출근했다. 그래서 오랜만에 사무실에 출근하거나 장기외유를 마치고 공항에 모습을 나타낼 때마다 매스컴들이 북새통을 이룬다.

그랬던 이 회장이 정기 출근을 시작한 건 2011년 4월이다. 삼성이 애플의 아이폰 열풍에 휘말려 어려움을 겪던 그때 이 회장은 거의 매주 서초동 42층 집무실에 나와 업무를 보기 시작했다. 결과적으로 삼성전자는 이 회장의 출근이 시작된 후 '갤럭시폰'으로 본격 반격에 나서며 위기에서 벗어나기 시작했다.

이와 관련, 삼성 내부에선 이 회장이 출근할 때와 그렇지 않을 때의 조직 긴장도의 차이를 얘기하는 이가 적지 않다. 삼성과 재계에 따르면 이 회장의 출근 효과 중 가장 큰 것은 조직 내 위기감 고취다. 이 회장이 집무실에 앉아 있는 것만으로도 삼성 서초동 사옥엔 위기감과 긴장감이 흐른다.

또 하나는 의사결정이 한결 빨라졌다는 얘기가 나온다. 이 회장이 매주 신사업 구상부터 그룹 내 인사와 현안 처리 등을 챙기면서 나타난 흐름이다. 2012년 6월 7일 최지성 당시 삼성전자 부회장이 미래전략실장으로 발탁된 것, 2013년 8월 삼성엔지니어링 사장이 전격 경질된 것 등 매년 12월 정기인사 때만 행해지던 인사가 필요할 때마다 수시로 이뤄지고 있다.

삼성 고위 관계자는 "이 회장은 예전엔 승지원에 머물며 열흘에 한 번 정도 부정기적으로 보고받았으나, 출근을 시작한 뒤로는 1주일에 적어도 한 번 관심 있는 분야의 사장단 등 임직원을 불러 두 시간가량 점심을 같이하며 대화한다"며 "이 같은 출근경영, 오찬경영이 삼성의 분위기를 바꿔놓고 있다"고 말했다.

자료: 2013년 10월 10일 자 ≪한국경제신문≫.

자율경영과 책임경영의 힘

삼성의 스피드경영에 크게 한몫을 하고 있는 것이 자율경영과 책임경영 시스템이다. 한 중소기업 사장이 경영학 교수에게 이런 말을 했다고 한다. "경영은 한마디로 남을 나처럼 일하게 만드는 것이다." 경영을 간단하게 어떻게 정의해야 할지 고민하던 이 경영학 교수는 중소기업 사장의 한 줄짜리 정의에 감탄했다고 한다. 자율경영의 최종 목표일지도 모르는 말이다.

자율경영은 시스템 경영에 기반을 두어야 제대로 작동이 가능하다. 시스템 경영은 우수한 인재, 탁월한 시스템, 진취적인 기업문화를 바탕으로 조직구성원 전원이 자율경영을 실행하여 지속적인 고성과를 창출하기 위한 고유의 책임경영 방법이다. 우리나라의 경우 시스템 경영을 잘 수행하는 기업으로 삼성을 들 수 있다.

흔히 오너경영이 스피드의 원천으로 알려져 있지만 다 그렇지는 못하다. 오너가 모든 의사결정을 하고 일일이 실무에 간섭한다면 오히려 정반대의 현상이 나오게 마련이다. 삼성은 이병철 회장이 암에 걸려 미국에서 치료를 받느라고 장기간 자리를 비웠을 때도 그룹경영에는 아무런 문제가 없었다. 그뿐만 아니라 한때 삼성그룹이 후계구도와 관련하여 검찰의 내사 등 손발이 묶여 있는 상황에서 이건희 회장이 6개월이 넘게 해외에 체류하고 있었음에도 불구하고 그룹의 경영은 오히려 더 승승장구했다는 사실을 보면 잘 알 수 있다.

자율경영이란 바로 각 조직들과 구성원들이 스스로 정할 수 있는 역할을 수행하고 결과에 책임을 지는 능력이 있어야 한다. 경영자가 비전과 전략을 제시하면 구성원들 스스로가 문제들을 발견하고 해결할 수 있는 제안을 하며 회사에 기여하는 책임정신이 중요한 시대가 되고 있다. 즉, 사원 한 사람 한 사람의 사원력社員力이 현장을 바꾸고 새로운 가치를 창출하는 역량을 갖추어야만 회사를 변화시킬 수 있는 것이다.

삼성전자가 지난 2009년 4월부터 시행한 '자율 출근제'를 비롯하여 비즈니스 캐주얼 도입 역시 이러한 자율경영의 변화코드를 읽게 하는 대목이다. 말하자면 삼성전자가 넥타이를 푼 것이다. 이는 시간관리 중심에서 성과관리 중심으로의 전환을 의미하고 성과와 업무 중심 문화로의 전환과 함께 자율에 뒤따르는 신뢰를 바탕으로 한 조직문화를 만들겠다는 의지이다. 이렇게 비즈니스 캐주얼 도입은 혁신적인 사건으로 받아들여지고 있다.

회사 관계자는 "창조경영 실천에 필요한 창의적인 조직문화 구축을 위해 개개인의 창의와 다양성이 좀 더 자연스럽게 발현될 수 있도록 드레스코드를 개선했다"며 "해외 글로벌 기업들 역시 자율화 추세를 보이고 있으며 직원들의 반응도 매우 좋다"고 말한 의미를 되새겨 볼 필요가 있다고 하겠다.

팀제도의 위력과 임원, 간부들의 역할변화

삼성은 이미 1985년부터 사무생산성을 높이기 위한 대대적인 경영혁신을 전 그룹에 확산시켜가는 동시에 1990년대 초부터는 인사, 조직 부분에 변화와 혁신을 한 발 앞서 추진하여 종전의 관리방식에서 탈피하면서 대기업병과의 전쟁을 치러 대전환을 이루었다.

심지어는 10년 후의 인력구조나 간부 비율 등을 사전에 예측하고 시뮬레이션도 하면서 변화를 시도했다. 1989년 비서실 인사팀 주관으로 이러한 조직혁신을 벤치마킹하기 위해 도요타를 비롯한 소니나 아메바 조직으로 유명한 교세라 같은 회사를 인사부서장들이 단체로 수차례 방문하기도 했다.

이와 같이 삼성은 국내에서는 최초로 조직과 직급의 파괴를 과감히 추진해 인력구조의 변화에 대응했는데, 이것이 이른바 삼성의 인사파괴人事破壞였다. 이러한 인사파괴를 1993년 '신경영'을 추진하면서 가속화시켜 나갔고 IMF를 기점으로 하여 더욱 두드러지게 강화했다.

삼성의 직급파괴 현상은 새로운 신분질서의 재정립, 제로베이스Zero-base에서 역량 중심의 신계층 구조로의 전환, 진정한 성과 및 능력주의 인사로의 출발점이었다. 연공적 요소의 연결고리 단절로 성과주의 인사의 걸림돌을 제거할 수 있었는데, 이는 인력 유동성이 심화되고 평생직업 개념이 사라지는 시대적 상황을 반영한 조치였다. 사람 중심이 아닌 일 중심의 조직운영 형태로 임원간부들의 역할과 기능을 전환시킨 것이다.

이건희 회장은 이를 군대용어에 비유해 설명했다. 군대용어 중에 전략戰略, 전술戰術, 전투戰鬪라는 개념이 있다. 이를 실제 전쟁양상과 기업경영에서 서로 비교하면 어떻게 될까?

걸프전이라고 하면 첨단 전자전電子戰으로 아직도 많은 이들의 뇌리에 생생하게 남아 있다. 당시 부시 대통령이 전쟁을 시작한 것은 하나의 전략으로서, 전쟁이 국제정세의 흐름에 미치는 영향, 주변 국가들의 상황 등을 시뮬레이션해가면서 결정해야 하는 것이었다. 따라서 무엇보다도 통찰력과 판단력이 중요했을 것이며, 이를 기업에 비유하면 사장의 역할이었을 것이다.

또 걸프전의 영웅이라고 불리는 슈워츠코프 장군이 어디서부터 공격해 들어갈 것이냐, 공중전이냐 탱크전이냐를 결정하는 것은 전술의 개념이다. 본부장, 사업부장의 역할도 이와 같다. 사장의 전략을 뒷받침해서 경영목표를 달성하기 위한 방법이나 수단을 찾아내는 일일 것이다.

반면 전투는 직접 몸을 부딪쳐 싸우는 것을 말한다. 이러한 일은 간부와 사원이 해주어야 한다. 개발, 생산, 판매 현장에서 더 좋은 것을 만들고 더 많이 파는 것이다. 여기에 더하여 개인기個人技는 장군에서부터 병사에 이르기까지 누구나 각자의 위치에 맞게 꼭 갖추어야 하는 능력으로서 이를 제대로 갖추어야만 전략, 전술, 전투가 효과적으로 이루어질 수 있다. 기업이라면 전문지식과 실무능력이 해당될 것이다.

회사에 따라서는 이러한 개념을 제대로 적용하지 못하는 경우가 많다. 전략을 짜야 할 CEO가 현장의 전투에 너무 치중하거나 현장에서 전투를 해야 할 간부들이 책상에서 서류 결재나 하고 행동으로 솔선수범하기보다는 말로만 사원들을 다루는 경우도 많다.

과거에 삼성은 연공주의에 의한 관료주의적인 피라미드 구조였다. 단순한 품의서나 보고서라도 과장, 차장, 부장, 이사, 전무, 부사장, 사장 등 부문별로 도장 8~10개를 다 찍었는데 이러한 복잡한 결재단계를 3개로 바꾼 것이 팀제이다. 과거에 삼성이 팀제를 도입할 때는 과장이 팀장이었다. 1990년대 중반까지만 해도 삼성의 팀장은 부장급이었다. IMF 직전의 팀장은 대개 이사급이고 지금은 전무급이나 부사장급도 많다. 과거의 팀장은 전투력을 발휘하는 직급인 반면 지금은 전략과 전술을 발휘하도록 한 것이다. 이처럼 팀제의 도입과 임원간부들의 역할 변화로 대기업병을 탈피하고 스피드경영에 큰 변화를 준 것이다.

앞으로 잘나가는 초일류 기업이 되려면 환경에 빨리 대응할 수 있고 경쟁력을 갖춘 강력한 조직이 필요하다. 오늘날의 경영환경에서는 장기 조직이 아니라 바둑 조직으로 운영되어야 한다. 조직구성원의 존재나 역할이 바둑알처럼 평등하지만, 바로 그 바둑 한 알이 때로는 다 죽어가는 집을 되살리기도 하는 시대다. 조직도 이처럼 변화해야 하는 시대가 된 것이다.

바둑조직과 장기조직

장기는 장기알 하나하나마다 크기도 다르고 역할이 정해져 있다. 장기알은 그 일정한 법칙과 룰에 의해서만 움직일 수 있다. 심지어 졸(卒)들은 후퇴할 수 없고 사(士)들은 궁궐을 벗어날 수 없다. 일반 기업조직에서 사람마다 직책이 있는 것과도 같다. 기업에서 임원, 간부, 회사원들이 '장기알'이다. 장기에서는 임금(宮)을 온전하게 보존하는 게 최우선이다. 졸(卒)이나 마(馬), 상(象), 포(包)는 보디가드처럼 온몸을 던져 임금을 향해 쏟아지는 창과 화살을 막아내야 한다. 그런 다음 적의 임금(宮)을 향해 공격해야 한다. 장기는 한마디로 '적의 임금 쓰러뜨리기'다. 부하들이 다 살아 있어도 임금(宮)이 죽으면 모든 게 끝이다.

그러나 바둑은 패러다임이 완전히 다르다. 바둑은 멀쩡했던 말들이 어느새 죽기도 하고 다 죽었던 말들이 한순간에 기적처럼 살아나기도 한다. 바둑알은 그저 '검은돌, 흰돌'일 뿐이다. 그런데도 바둑판 위에서 이들은 천만조화를 다 일으킨다. 흰돌, 검은돌로 나누어진 바둑알은 컴퓨터 언어인 '0, 1'과 비슷하다. 그저 부호일 뿐이다. 컴퓨터에서 0과 1로 나타내지 못하는 말들이 없듯이 바둑에서도 이 두 가지 색으로 수천만 가지의 '전투 상황'을 조합해낸다.

바둑은 장기와는 달리 어떤 바둑알이든 하는 일이 다 똑같다. 직책도 평등하다. 바둑알은 우선 자신부터 살아야 한다. 그러나 혼자서 산다는 건 불가능해서 반드시 다른 바둑알과 끊어지지 않아야(연대) 한다. 서로 손에 손을 맞잡고 '생존 띠'를 만들어야 한다. 바둑판엔 싸움터가 따로 없다. 바둑알이 놓이는 곳, 바로 그곳이 싸움터다. 그리고 그 땅이 어느 곳이든 싸워 이겨 '집'이 나면 바로 그곳이 자기 땅이 된다.

더 이상 관리의 삼성이 아니다

파이프론이란 "100cm 파이프라도 한 곳이 50cm면 50cm 파이프 구실밖에 못한다. 기업도 생산·유통·판매·경영관리 중 하나라도 2류면 2류 기업밖에 안 된다"는 것이다. 이건희 회장이 '관리의 삼성'이 발전을 가로막고 있다고 직격탄을 날릴 때마다 인용하는 말이다. 같은 개념으로 댐^{Dam}이론이 있다. 댐의 높이가 100m일지라도 어느 한 곳이 50m이면 담수 능력은 50m밖에 안 된다. 다시 말해, 시스템의 평가는 전체의 평균치가 아니라 가장 취약한 부문이 바로 시스템의 가치가 된다는 것이다.

삼성 신경영의 주요한 변화 중의 또 하나는 관리 스타일의 일대 혁신이었다. 필자도 관리본부 관리부 경리과에 입사하여 관리부서를 두루 거쳤다. 입사 당시는 물론 그 이후에도 '관리의 삼성'이라는 말이 삼성의 대표적 이미지였다. 그러나 지금은 '관리의 삼성'이라고 이야기하는 사람은 거의 없다. 사실 당시 삼성에서는 관리부서가 상당한 파워를 가지고 있었다. 그 파워는 예산과 경비의 통제는 물론 임원간부 평가권과 인사부서의 발령에까지도 개입할 정도였다.

이런 것을 삼성은 신경영을 기점으로 과감히 깨버렸다. 실제로 그 당시 조직혁신을 위해 외국 회사를 벤치마킹하다보니 그곳엔 '관'자가 붙은 단 한 개의 부서밖에 없었다. 삼성과는 달리 자동차 관리, 빌딩 관리, 책상 등과 같은 비품을 관리하는 '관리과'가 있었는데 기획이나 경영지원 쪽에는 '관'자가 붙은 부서 명칭은 거의 찾아볼 수 없었다. 비품과 같은 물자가 아니라 사람을 다루는 부서에서 관리라는 용어 자체가 맞지 않는다는 사실을 알았다.

이후 관리를 위한 통제가 아니라 현업을 지원하고 서비스하는 곳이 관리부서의 올바른 기능이라고 생각되어 1993년 이후로 '관'자가 붙은 부서 간판은 다 내려버렸다. 지금은 삼성 어느 회사를 가도 '관'자는 비품을 관리하는 관재과를 빼고는 없다. 모두 '경영지원실' 혹은 '경영전략실'로 바뀌었다. 그 이후 우리나라도 어느 회사든 지원부서 명칭들이 다들 멋있는 이름으로 바뀌었다. 아울러 이 당시 조직도 '관리의 삼성'을 타파하기 위한 대대적인 조직혁신이 이루어지면서 그 기능과 구조까지도 획기적으로 바뀌었다. 삼성의 팀제도 이때 대부분 확대 도입되고 경영환경에 탄력적인 조직형태로 변화되었다.

목계지덕木鷄之德은 『장자』의 「달생편」에 나오는 우화인데 이것이 이야기하는 바는 '승패에 집착하지 않는 자야말로 무적의 강자요, 무념무심만이 최대의 무기'라는 뜻이다.

이건희 회장은 목계를 통해 위엄과 권위의 중요성을 깨달았고, 또 이를 '자율경영'이라는 철학으로 실천하고 있다. 목계는 '칼은 들고 있되, 휘두르지 않고도 목적을 달성하는 것이 최선의 상책'이라는 『손자병법』의 '상지상上之上: 싸우지 않고 이기는 것'의 교훈과 일맥상통한다.

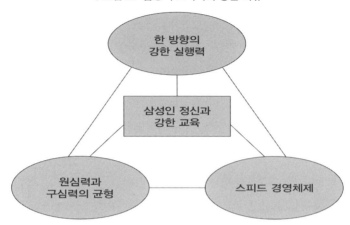

그림 20 **삼성의 조직력이 강한 이유**

그동안 삼성의 문화는 창의성과는 거리가 멀었던 것이 사실이다. 삼성은 그동안 '관리의 삼성'으로 불릴 정도로 자금, 기술, 인력 등 경영 전반에 걸친 꼼꼼하고 철저한 관리를 통해 일류 기업으로 성장했다는 점을 아무도 부인하지 않는다. 그러나 지금은 완전히 다르다.

오히려 '스피드의 삼성'으로 해외 언론들이 평가할 정도로 조직과 사람의 운영 형태가 바뀌었다. 급변하는 환경에서 신속한 대응을 하기 위해서 조직구성원들이 스스로 창의적이고도 책임의식을 가지고 움직이도록 하는 것이다.

혹자는 창조경영이라는 화두는 '관리' 중심의 경영방식으로는 제대로 정착하기 어렵다고 얘기한다. '관리'의 삼성과 창조경영은 공존할 수 없다. 삼성은 '관리경영'을 벗어나 '창조경영'을 접목시켜 미래 경쟁력 확보에 나설 것이다. 이는 현장을 쥐어짜는 '통제'의 관리가 아니라 부문 간 이견을 조정하고 제 기능을 발휘하도록 '지원'함으로써 회사 전체의 경쟁력을 극대화하는 것이다.

이러한 삼성의 변화는 그동안 탁월한 제조 능력으로 다른 기업을 따라하는 '패스트 팔로어Fast Follower'에서 벗어나 시장을 선도하는 '마켓 크리에이터Market Creator'로 거듭나기 위한 신호탄으로 해석된다. '관리의 삼성'이라는 말을 들을 만큼 비용을 잘 줄여왔고 빠른 의사결정으로 금융위기도 먼저 헤쳐 나왔지만 앞으로는 창조적으로 시장을 이끌지 못하면 도태될 수도 있다는 지적이 나오고 있기 때문이다. 즉, '창조적 리더'가 되기 위한 삼성의 고민을 엿볼 수 있다.

LEARN! SAMSUNG 12가지 포인트

1. 인재경영을 시작하라

인재를 중요시하지 않는 기업은 있을 수 없다고 보지만, 그렇다고 인재를 체계적으로 육성하고 활용하는 기업 또한 흔치않은 것이 우리 현실이다. 마쓰시타, 소니, 삼성의 창업자들은 모두 작은 중소기업으로 사업을 시작했으나 인재에 대한 남다른 안목으로 회사를 글로벌 기업으로 키울 수 있었다. 인재를 키우려면 막대한 선행투자가 필요한 반면 그 성과는 한참 뒤에야 나타나는 것이어서 중요성을 충분히 인식하면서도 실행에 옮기기 쉽지 않은 것이 바로 인재 양성이다.

그런 점에서 볼 때 삼성의 인재전략은 기업경영의 기본원칙을 천명한 데에 그친 것이 아니라 일류가 되지 못하면 살아남기 힘들다는 무한경쟁 시대의 위기의식을 바탕으로 절박한 생존전략의 차원에서 마련된 것이다. 현재 삼성그룹은 회사에 따라 차이가 있지만 삼성전자를 비롯해 주요 계열사 가운데 수십조 원씩의 이익을 내는 곳도 있어 비교적 잘 나가고 있는 편이다.

그러나 수년 후에도 이들 제품이 잘 팔리리라는 보장은 없다는 것이 삼성의 고민이다. 10년 전 사장단 회의에서 "앞으로 5~10년 뒤에 뭘 먹고 살지를 계속 고민해온 결과 가장 필요한 것이 사람이라는 결론에 이르렀다"는 이 회장의 설명만으로도 인재에 대한 중요성은 충분히 읽혀진다.

변화와 경쟁력은 회사의 인재에 의해 창출된다. 변화하는 국제사회 속에서 지속적으로 성장·발전하기 위해서는 경쟁력을 확보해 변화의 선봉에 서야 한다. 특히 21세기 화두였던 '무한 자유경쟁 시대'에서 승리하기 위해서는 차별화된 경쟁력이 무엇보다 중요하다. 따라서 기업 활동의 주체가 되는 사람, 즉 인재가 회사의 경쟁력인 것이다.

2. 인재가 없다고 탓하지 말고 키워라

"많은 회사들이 인재가 부족하다는 말을 합니다. 인재가 없어서가 아니라 인재를 키우는 방법을 모르기 때문입니다." 2013년 10월 한국을 방문한 페이스북 아태 인사총괄 마단 나갈딘 부사장의 말이다.

이병철 회장은 우리나라 최초로 신입사원의 선발에 공채제도를 도입했을 뿐 아니라, 아무리 바쁜 일이 있어도 신입사원 면접시험에는 꼭 참석할 정도로 좋은 인재를 선발하는 데 무척이나 신경을 썼다.

그리고 좋은 인재를 뽑아 최고의 인재로 양성하는 교육에도 관심이 많아 우리나라 최초로 기업연수원을 지어 자주 교육현장을 방문했으며, 또한 작고할 때까지 직접 삼성연수원장 직함을 놓지 않을 정도로 교육과 인재 양성에 대단한 관심을 갖고 있었다. "경영자는 인재에 대한 욕심이 있어야 하고, 우수인재를 확보하고 양성하는 것이 기본책무"라는 이 회장의 얘기는 삼성그룹뿐만 아니라 우리나라 모든 경영자들이 한번쯤 깊이 생각해볼 문제이다.

삼성은 처음부터 우수한 사람보다는 될성부른 사람을 뽑아 교육을 통해 우수한 사람으로 만들었다. 삼성의 교육은 신입사원 때만 진행되는 것이 아니다. 삼성에 다니는 내내 교육받을 기회가 열려 있다. '교육이란 부진한 사람이 받는 보충수업'식으로 인식하는 일부 기업들도 있지만, 적어도 삼성에서는 그렇지 않다. 즉, 삼성에서는 낙오자나 부진한 사람이 교육을 받는 것이 아니라, 오히려 유능한 사람에게 교육의 기회가 열려 있다. 그야말로 교육은 성과가 좋은 사람에게 조직이 베푸는 보상이라는 인식이 지배적이다. 교육의 특혜를 받은 사람은 능력 있는 사람들이며, 임원으로 승진하는 데도 유리하다. 이 때문에 삼성인들은 교육받는 것을 부담스러워하지 않고, 오히려 교육을 받기 위해 성과를 높이고자 애쓴다.

중소기업은 자금, 기술, 판로 확보 등 수많은 문제와 애로사항이 있으나 사람의 문제가 가장 시급한 과제다. 특히 중소기업에는 우수한 인재가 들어오지도 않지만 키워놓으면 금방 그만둬 버리기도 한다. 그렇다고 사람이 없다고 한탄할 일이 아니다. 조금 부족하더라도 뽑아서 키워야 선순환이 이루어진다. 우수한 인재는 국가자원이다. 특히 우리처럼 인적자원으로 미래의 경쟁력을 창출해야 하는 나라에서는 이를 위한 구체적 인적자원 지원제도가 절실히 요망된다.

3. 경쟁을 통한 성과주의 조직문화를 만들어라

경쟁이 없는 개인이나 조직은 쇠퇴하고 만다. 누구나 경쟁을 좋아하는 사람은 없다. 그리고 경쟁이 없는 사회에서 살고 싶어 하는 사람들이 많다. 하지만 그것은 불가능하다. 경쟁이 없으면 마음이 편하고 넉넉함 같은 여유가 있을 것 같지만 결과는 전연 다르다.

혈연, 지연, 학연을 중요시 여기는 우리나라의 현실에서 어쩌면 건전한 경쟁풍토의 조성은 애초에 어려운 일일지도 모른다. 그렇지만 건전한 경쟁은 개인이나 조직에 활력을 불어넣고 신선한 긴장감을 조성한다. 건전한 긴장감은 옥탄가가 높은 에너지를 공급하는 충전소 역할을 하기 때문에 반드시 필요하다.

삼성을 움직이는 삼성 인사조직 시스템의 원리는 '경쟁'과 '보상'이다. 삼성이 외환위기 이후로 바뀌었다면 조직의 경쟁문화가 바뀐 것이 가장 큰 이유이다. 삼성은 모든 것을 경쟁시킨다. 경쟁에 따른 결과에 대해서는 보상을 파격적으로 제시한다. 이것을 뒷받침하기 위해서 우리나라 어느 기업보다 그에 대한 평가 시스템이 발달되어 있고 또한 인재 육성을 위한 교육 시스템이 만들어져 있다.

현재 한국 기업들의 성과주의는 누가 뭐라 해도 대세이며 문제가 있다면 잘못된 인식과 운영이 문제이다. 이제 기업들은 강력한 능력주의 인재정책을 전개해야 하며 지금까지의 집단주의를 고쳐 개개인을 육성할 수 있는 개별주의 인사로 전환해야 할 것이다. 동질집단을 개선하고 개개인이 개성과 특성을 발휘할 수 있는 이질집단을 지향해야 한다.

이러한 성과주의 인사가 정착되려면 이를 담을 수 있는 제도가 구축되어야 한다. 예를 들어 차가 다니는 도로는 여러 가지가 있다. 비포장도로도 있고 아우토반 같은 초고속도로도 있다. 내가 가진 차가 아무리 우수한 자동차라도 2차선 시골길을 달리면 제한속도가 있어서 시속 60킬로미터 이상을 달릴 수 없고 추월도 할 수 없다. 인사에 비한다면 연공서열식 인사이다.

그러나 고속도로에서는 시속 100킬로미터 이상 스피드를 낼 수가 있고 추월도 가능하다. 아우토반에서 달린다면 자유로운 추월은 물론 더욱 무한질주도 가능하다.

이처럼 우수인재가 들어와서 머무르고 내부 인재들이 우수인재로 육성되려면 제도, 즉 인프라가 달라져야만 한다. 평가나 성과에 상응하는 보상이 없는 연공서열식 인사제도만으로는 우수인재가 들어오지 않을 뿐 아니라 들어오더라도 금방 나가버리는 가장 큰 이유 중의 하나가 되고 만다.

4. 제도와 시스템에 의한 경영시스템을 구축하라

많은 기업가들은 '키워서 쓸 만하면 떠나버린다'고 분통을 터뜨리는데, 이제는 이직이 일반화되고 있다는 것을 전제로 인사와 조직을 설계해야 한다. 사람을 중심으로 업무가 설계된 조직은 그 사람이 나가면 조직이 한꺼번에 무너질 수밖에 없다. 이병철 회장은 지금의 중소기업 수준 규모였던 1960년대부터 비서실을 만들어 스태프를 통해 경영을 했고 각종 제도와 시스템을 만들어 그것에 의해 회사를 키웠다.

그러나 보통은 어느 정도 성공한 후에도 창업자가 계속 일을 손에서 놓지 않고, 자기보다 회사를 더 많이 아는 사람도 없고 더 많이 고민해본 사람도 없기 때문에 조직과 시스템에 의한 경영보다는 '사람에 의한 경영'을 고집하는 경우가 많다.

그리고 창업 1세들은 아끼는 만큼 이익이 더 난다는 개념이 굳어 있어 유능한 인재를 영입하여 높은 보수를 주는 데는 한계가 있다. 설령 유능한 인재를 뽑아 많은 보수를 주고 일을 시켜보아도 자기만큼 잘 알지도 못 하고 열심히 일하는 것 같지도 않아 결국은 오랫동안 자기와 동고동락해온 심복(?) 몇 사람하고만 다시 일을 하게 되는 경우가 일반적인데 이것이 '사람에 의한 경영'이다.

사실 기업 규모가 어느 정도 될 때까지는 '사람에 의한 경영'이 가장 효과적이며 또한 돈이 가장 적게 드는 경영이다. 그래서 창업자들은 쉽게 이런 경영을 버리지 못 하는 것이다. 그러나 사람에 의한 경영에는 한계가 있다.

기업이 커가는 데는 성장 과정에서 분명하게 다른 게 있다. 중소기업은 CEO의 그릇 만큼만 회사가 크기 때문에 거기에 머무르고 만다. 반면에 CEO가 본인의 한계를 뛰어 넘는 제도와 시스템을 갖추어 성장을 하면 중견기업으로 커갈 수 있다. 대기업은 분명 다르다. 제도와 시스템위에 모든 조직원들이 주인정신을 가지고 자율과 책임감을 가진 문화가 성숙되어야만 가능하다.

5. 순혈주의를 타파하라

지금은 조직구성원들은 물론 모든 것이 다양화되고 있다. 삼성은 이병철 회장 당시만 해도 공채 중심으로 차례로 올라오는 구조였다. 이는 일본의 도요타 방식에서 가져온 것이다. 해외에서 근무했던 사람보다는 순전히 공채를 통해 올라온다. 그러나 외환위기를 전후로 인재상이 바뀌었다. 이제는 모범생이 아니라 다양한 재주를 가진 천재형 인재가 중요해졌다. 삼성의 경우 외부 영입 비중이 30~40%로 늘어나고 있어서 외부의 유능한 인재들이 몰려 들어오고 있다. 이미 한국에 근무하는 외국인 수도 1,200명을 돌파했다.

조직의 분위기도 내부적으로만 똘똘 뭉치는 분위기가 바뀌고 있고 자기들만 고집하는 방식이 아니라 외부 사람이나 문화를 수용해주는 방식으로 많이 변하고 있다.

조직 내에는 다양한 의견들이 존재해야 하고 그 다양한 의견들이 좌충우돌하면서 합리적인 의사결정을 해야겠다는 판단에 의해 인재 구성 방식이나 조직 운영방식이 바뀌게 된 것이다. 오너의 지시를 100% 수용하는 조직이 아니라 때로는 시비도 걸고, 아니라고도 이야기할 수 있는 다양성을 수용하는 조직이어야 한다. 특히 오래된 조직일수록 외부 수혈에 인색하고 들어오더라도 기존의 인력들이 배척하는 경우가 많다.

영국의 프리미어리그와 일본의 본인방

영국의 프리미어리그는 선수, 감독, 구단주의 국적에 제한이 없다. 주전 모두를 외국 선수로 짤 수도 있다. 이번 시즌 20개 팀에서 그라운드를 밟아본 선수가 488명인데, 국적은 무려 66개국에 이른다. 강등권(하위 3팀) 탈출 싸움은 선두경쟁보다 더 흥미진진하다. 이런 개방과 경쟁 시스템이 프리미어리그를 212개국, 6억 가구가 시청하는 세계 최고의 리그로 만들었다.

반면 일본에는 기성(碁聖), 명인(名人), 본인방(本因坊)이란 3대 바둑 기전이 있다. 조치훈이 1990년대 본인방을 10연패했고, 대삼관(3대 기전 그랜드슬램)을 네 번이나 이뤄 국내 바둑 팬에게도 친숙하다. 3위 기전인 본인방은 우승상금이 약 5억원에 달해 웬만한 세계 기전의 두 배다. 하지만 일본 바깥선 잊혀진 그들만의 리그가 되었다. 일본기원 소속 기사들만 참가를 허용하는 순혈주의 폐쇄성 탓이다. 우물 안 일본 기사들은 세계랭킹 50위 안에 단 한 명(32위)만 남았다.

영국과 일본은 대륙에 면한 섬나라여서 공통점이 많지만 국기(國技)를 세계화하는 데에는 정반대의 길을 걸었다. 1980년대 몰락하던 노(老)제국 영국은 경쟁을 수용해 부활한 반면, 1980년대 욱일승천했던 일본은 잃어버린 20년에 신음하는 처지임을 프리미어리그와 본인방이 극명하게 상징한다.

자료: 2012년 1월 31일 ≪한국경제신문≫.

6. 조직과 직급을 파괴하라

삼성의 인사제도는 기본적으로 연공서열 제도였는데 신경영 이후 서열철폐라는 인사파괴가 시작되어 상무가 전무를 건너뛰어 부사장이 되는 등 발탁인사가 과감히 시행되었고, 능력·성과 중심의 인사제도가 강화되는 등 인사에 대한 패러다임의 변화가 있었다.

이때 조직도 대대적인 혁신이 이루어지면서 조직의 기능과 구조까지도 획기적으로 바뀌었다. 관리통제 중심의 층층구조의 조직을 플랫Flat하게 만들기도 하고, 간접지원 부서의 인원을 과감하게 반으로 줄여 영업으로 전진 배치하는 등 조직을 슬림화시켰다. 이를 수용할 수 있도록 하기 위해 팀제도 이때 대부분 도입되고 환경 변화에 대응 가능하도록 탄력적인 조직형태로 변화되었다. 이것이 관리의 삼성을 탈바꿈하는 계기가 되기도 했다.

여기에 간부들의 숫자가 급격하게 늘어나 탄력성이 떨어진 조직에서 도장만 찍던 간부들이 과감하게 실무를 직접 수행하도록 하는 혁신운동을 그룹 차원에서 강력하게 시행하여 조직에 활기를 불어넣었다. 과장,

차장, 부장직급 같은 자격과 맡고 있는 직책^{Post}을 분리하여 운영함으로써 간부들의 숫자가 많더라도 조직을 유연하게 운영할 수 있게 변화시킨 것이다.

"조직은 바꾸기 위해 존재한다"는 말이 있다. 조직은 환경 변화에 따라 항시 탄력적으로 바뀌어야 하고, 과거의 피라미드 형태의 관료형 조직은 과감히 파괴시켜야 한다. 이제 장기알 조직이 아니라 바둑알 조직으로 변환되어야 한다. 연공서열을 깨고 층층구조의 직급을 뛰어넘는 조직운영의 지혜가 필요하다.

7. 확실한 동기부여 시스템을 만들어라

회사 경영자들이 자주 직원들에게 요구하는 것이 바로 주인의식이다. 주인처럼 생각하고 행동해야 회사와 개인이 같이 성장·발전한다는 취지다. 이왕 회사에 다닐 바에야 주인의식을 갖고 근무하는 것이 본인을 위해서도 회사를 위해서도 좋은 일이다. 하지만 어떻게 직원들이 스스로 주인의식을 갖게 하느냐 하는 것은 지혜를 필요로 한다.

주인의식을 갖게 하는 최선의 방법은 여러 가지 일에 직원을 참여시켜 개개인 스스로가 책임감을 가지고 일에 몰입할 수 있도록 하는 것이다. 기업 경영자에게 요구되는 것이 기업가정신^{Entrepreneurship}이라면, 직원들에게는 주인의식^{Ownership}이나 책임의식이 요구된다. 이러한 주인의식 제고를 위해서는 기업 경영의 성공과 실패, 즉 경영성과를 공유하는 메커니즘이 필요하다.

사실 우리 기업들이 실제로 성과배분제를 운영하면서 많은 어려움을 겪고 있는 것으로 나타나고 있다. 그렇다고 성과배분이 고정급화되다

보면 구성원들에게 성과급 수혜를 당연시하는 인식이 생긴다. 매년 일정 금액의 성과급을 받는 경우 이러한 인식이 흔히 발생한다. 이처럼 고정급화될 경우에는 성과급을 주고도 동기부여나 주인의식 제고라는 효과를 기대하기 어렵게 된다.

따라서 성과배분제 운영을 통해 구성원의 주인의식을 제고하기 위해서는 무엇보다 합리적인 성과배분 기준을 설정하여 이를 공유하고, 운영과정에서 성과급 수혜를 당연시하지 않도록 제도적 장치를 마련하는 것이 요구된다.

그러나 연봉이나 성과급 등 금전적으로 성과를 보상해야만 동기부여가 되는 것이 아니다. 사람은 금전적 보상만으로 일하지 않으며, 특히 우수인재의 경우 경력개발 기회, 도전적 직무, 책임과 자율성, 일의 즐거움 등 비금전적 요소를 더 중요시하고 있다.

선진기업들은 구성원들의 동기부여 효과를 극대화하기 위해 금전적 보상과 비금전적 보상을 병행하고 있으며 연봉, 인센티브뿐 아니라 교육, 경력개발을 포함한 총보상Total compensation의 관점에서 운영하고 있다.

8. 핵심인재를 뽑아 제대로 관리하라

기술력의 관점에서 보면 도요타, 소니, 노키아 등의 기업들은 쇠락하리라고는 상상하기 어려울 정도의 높은 경쟁력을 가지고 있다. 그러나 앞으로는 기술력보다 경영자의 통찰력과 창의력, 즉 인재관리 능력이 기업 경쟁력의 가장 중요한 척도가 될 것이다. 이제는 삼성이나 애플과 같이 뛰어난 인재경영을 통해 창의적인 성과를 이뤄내는 기업들이 세계

경제의 판도를 뒤흔들고 있다.

과거에 많은 기업들이 기술력이라는 하나의 잣대만을 들이대며 구글이나 애플과 같은 기업을 무시했다. 하지만 기술력을 등에 업고 승승장구하던 닌텐도, 노키아, 소니와 같은 기업들이 지금에 와서는 고전을 면치 못하고 있다. 기술전쟁도 인재전쟁과 같다. 조직의 승패는 구성원들의 격차에 달려 있다고 해도 과언이 아니다.

최근 세계의 일류 기업들은 A급 인재를 확보하기 위해 업종과 국경을 넘나들며 동분서주하고 있다. 세계적으로 강력한 경쟁력을 갖추고 있는 GE와 삼성도 미래의 생존을 위해 A급 인재를 확보하는 데에 역점을 두고 있다. 특히 삼성은 오래 전부터 A급 인재를 미래 경쟁력의 원천으로 보고 국적을 불문한 우수인재 확보에 열을 올리고 있다.

이건희 회장은 "A급 인재 한 명이 만 명, 혹은 10만 명을 먹여 살린다"고 강조하며 인재경영의 중요성을 역설한 바 있다. 1993년에 세계 최초로 청색 LED를 개발한 일본 중소기업 니치아 화학공업의 나카무라 슈지는 그런 A급 인재의 대표적인 예라고 할 수 있다. 연구에 몰두하기 위해 승진도 포기해가면서 밤낮없이 실험에 매진했던 그는 사측의 반대를 무릅쓰고 고독한 싸움을 벌인 끝에 청색 LED를 발명해냈다. 그 덕분에 조그만 형광등 회사에 불과했던 니치아의 매출은 무려 다섯 배나 뛰어올라 1,600억 엔 정도였던 매출액이 8년 후에는 8,000억 엔이 되었다.

A급 인재는 이처럼 조직의 명운을 좌우할 수도 있는 뛰어난 존재이다. A급 인재 한 명이 먹여 살릴 수 있는 사람의 수는 이제 계속해서 늘어날 것이다. A급 인재들은 그들이 가진 출중한 능력만큼이나 까다로운 존재들이다. 그들은 기업의 대우가 마음에 들지 않으면 언제든 미련 없이 떠날 준비가 되어 있는 사람들이다. 그러므로 A급 인재를 관리하는

데에는 그만큼의 정성과 노력이 수반되어야 한다. 그러나 이 모든 것을 감내하고 A급 인재를 성공적으로 확보하고 유지한다면 그 조직의 미래는 더욱 더 밝게 빛나게 될 것이다.

9. 지속적인 위기의식을 조장하라

'안락 속에는 늘 위험이 도사리고 있다'라는 교훈은 글로벌 초일류 기업들에게도 예외는 아닌 것 같다. 의기의식은 이제 생존의 키워드이자 자만심에서 벗어날 수 있는 최대의 무기가 되었다. 2013년 9월 4일 언론들은 미국의 마이크로소프트MS사가 노키아를 인수한다는 보도를 했다. 핀란드의 노키아사는 한때 전 세계 휴대폰 시장에서 40%를 장악하고 있던 세계 최대의 모바일 업체이며 과거 구글로 넘어간 모토로라의 아성을 넘어 전 세계를 장악한 혁신적이고 창조적인 회사이자 핀란드의 상징적 기업이다.

그런데 노키아 경영진은 2009년 애플의 스티븐 잡스가 아이폰이라는 스마트폰을 개발하여 전 세계의 이목을 집중시키자 그것을 일시적으로 유행하다 사라질 제품으로 보고 그 영향은 미미할 것이라고 간과했다. 하지만 애플의 아이폰과 삼성전자의 갤럭시 시리즈라는 스마트폰은 전 세계의 모바일 시장을 장악해 나갔으며 좌초되지 않을 것 같던 '노키아'라는 항공모함을 불과 4년 만에 좌초시키고 말았다.

한때 혁신과 창조 경영의 상징 같았던 노키아의 좌초는 경영진의 매너리즘의 결과이자, 위기의식을 유지하지 못하고 '위험 속의 안주'를 택했던 안일함의 산물이라는 것이 전문가들의 시각이다. 이건희 회장은 항상 긴장유지와 위기의식을 강조한다. "계속적인 변화와 혁신 없이 영원한 1등은 없다." 2012년 모토로라의 구글 인수, 그리고 2013년 9월 MS의 노키아 인수는 왜 지속적인 위기의식의 조장이 필요한지를 단적으로 말해주고 있다.

삼성을 세계적 기업으로 성장시킨 이건희 회장이 신경영 20주년 기념사에서 "1등의 위기와 싸워 이겨내야 한다"고 강조한 것을 상기할 필요가 있다. 결국 잘나가는 기업은 위기를 먹고 자라며 바람이 강하게 불수록 연은 더 높이 난다.

10. 중간허리를 강하게 만들어라

우리나라의 경우 대기업은 물론이고 각종 금융기관, 심지어는 공기업이나 공무원 조직에 이르기까지 정도의 차이는 있으나 지난 10년 사이에 초급 간부 이상의 비율이 20%를 넘어 많게는 30%대에 근접하고 있으며 특정 회사나 부서에 따라서는 50%를 초과하는 경우도 있어 이미 항아리형이나 역피라미드 조직구조가 되었다.

문제는 5년, 10년 후면 조직구성원들이 고령화되는 것은 물론 간부과잉에 빠지고 말 것이라는 것인데, 반대로 정보화 시대의 정보기술IT 발전이나 인터넷, 인트라넷의 확산은 조직의 플래트화나 슬림화를 가져오기 때문에 기존의 간부들의 역할과 기능이 종전과는 완전히 달라지지 않으면 조직은 경직되고 비효율조직으로 전락하게 될 것이다.

그야말로 대기업병이나 중소기업병 같은 '간부병幹部病'이라는 새로운 중병에 이르기 전에 중간간부의 자질을 높이고 능력을 키우면서 역할과 기능을 과감히 바꾸어 나가는 예방조치를 취해야만 한다.

간부들을 시대에 맞는 기능과 역할로 진화시켜 나가지 않는다면 기업 경쟁력은 물론 국가 경쟁력까지 떨어지고 말 것이라는 우려가 현실로 다가오고 있다. 그러나 개인이나 회사 차원에서 이러한 심각성에 비해 사전 대비나 처방에 대해서는 거의 전무하다고 해도 과언이 아니다.

미국의 경우 '중간간부 무용론'이 일찍부터 대두되었다. 미국의 첨단 기업인 마이크로소프트와 실리콘그래픽스 등은 일찍부터 과장, 부장 등의 직급을 없애거나 크게 축소하고, 근무연수나 직급보다 개인의 직무나 업무 중요도를 중시해 급여를 결정하고 있으며, 심지어 사장을 제외하고 아예 모든 직급을 폐지한 회사도 드물지 않다.

기업은 리더십의 차이에서 격차가 크게 생긴다. 지금까지는 전통적인 관료제의 특성인 피라미드형 매니지먼트Top-Middle-Bottom 스타일이 작용했고 특히 이러한 의사결정 방식은 고도성장 중심의 경제구조하에서는 적중했다. 그러나 지금은 세상이 바뀌어 작동에 어려움이 있다. 우리나라는 이미 과장 이상의 간부 비율이 대부분 30%가 넘는 간부공화국이 되어가고 있다. 환경 변화에 의해 탑다운Top-down 방식으로는 젊은 사람의 창의력을 더 이상 끌어낼 수가 없다.

11. 종교적 기업문화를 만들어라

삼성은 종교집단처럼 '목표의식'이 분명한 조직이다. 삼성에 다니는 사람과 대화를 하다보면 다른 기업에서 일하는 사람들과의 차이점을 여럿 발견할 수 있는데, 그중 하나가 회사에 대한 자부심이 강하다는 점이다. 평범한 샐러리맨이라면 함께한 술자리에서 상사에 대한 불만이나 처우 및 급여 등에 대해 볼멘소리를 하기 마련인데, 삼성인들은 대부분 그렇지 않다. 삼성인들은 자기가 다니는 회사에 대한 자부심이 대단히

높을 뿐더러, 회사는 물론 상사에 대해서도 좀처럼 흠을 잡으려 하지 않는다.

조금 과장되게 표현하면 그것은 종교적인 수준에 가깝다. 일단 삼성에 입사해서 3개월만 근무를 해도 직원의 절대다수는 삼성에 매우 우호적인 시각을 갖게 된다. 그리고 오너인 이병철 회장이나 이건희 회장에 대해 강한 존경심을 갖게 되며, 삼성이라는 조직에 대해서도 강한 자부심을 갖는다.

물론 이는 회장 혼자만의 노력으로 이루어지지 않는다. 미래전략실이나 인력개발원 등 상부조직에서 회의나 교육 등을 통해 끊임없이 변화를 유도해 나가고 이를 문화로 정착시킨다. 이를 통해 일사 분란하게 조직을 움직이고 목표를 향해 전력투구하는 직원을 키워낸다.

짐 콜린스는 그의 저서 『Built to last』에서 "장기적으로 비전을 가지고 있는 회사 Visionary Company는 그 구성원에 있어서 핵심이념을 열렬히 고수하면서도 구성원 모두 철저한 교화과정을 거치고, 적합성에 관한 엄격한 기준, 엘리트 의식 고취 등을 갖기 위해서는 기업의 이념적인 통제를 강하게 하는 동시에 개인의 창의를 북돋우기 위해 조직의 운영 면에서 광범위한 자율성을 부여해야 한다"고 강조했다.

비전기업의 관리자들은 단기적인 실적과 장기적인 성공 사이에 양자택일이 필요하다고 생각하지 않는다. 그들은 장기적인 성공을 최우선의 과제로 여기고 미리 준비해 나가면서 동시에 단기적인 실적목표에도 전력을 기울인다. 마니아 정신으로 미래를 준비한다.

12. 입구와 출구╫□를 동시에 관리하라

"경쟁시켜서 탈락시켜라!" 어느 조직이던 꼭 내보내야 할 사람들이 있다. 조직에 기여하지 못하고 회사에서 봉급만 축내는 사람들이 회사에 안주하고 있는 경우 이를 처리하지 못해 전전긍긍 하는 회사들이 많다. 대개는 강력한 노조의 힘과 법적인 측면이 강조되고 있기 때문에 해결하기 쉽지 않다. 이는 나가는 것을 전제로 하는 출구가 마련된 인사시스템이 만들어져 있지 못하기 때문이다. 회사 입사를 정하는 입구관리도 중요하지만 삼성이나 GE의 인사제도 같이 처음부터 버스기사처럼 손님을 갈아 태우는 제도가 필요하다.

대다수 기업은 채용에 비해 퇴직에 대해서는 무관심하거나 그다지 신경을 쓰지 않는다. 그러나 실제로 기업과 근로자의 신뢰나 유대 강화를 위해서는 채용 못지않게 퇴직관리에 신경을 쓰는 것이 필요하다. 기업들은 이제 퇴직인원들이 퇴직 후 회사의 이미지나 기업의 잠재고객이 된다는 점을 인식하며 의사결정을 해야 할 것이다. 따라서 퇴직인원의 관리문제는 인사관리라는 측면에서 깊이 있게 다루어야 하는 분야이고, 경영학적인 관점에서도 퇴직의 문제는 기업경영의 전략적인 차원에서 연구되는 분야라 할 것이다.

그렇다면 이 제도를 통해 얻을 수 있는 기대효과는 무엇일까? 구조조정을 둘러싼 분규 및 법정소송 가능성을 낮추어 불필요한 노사갈등을 최소화할 수 있을 것이다. 동시에 기업 이미지를 제고하는 등 기업경쟁력 창출에 도움이 될 수 있다. 이 외에도 개별 구성원들에게는 실직으로 인한 심리적 스트레스를 감소시키고, 전문적인 경력개발과 관리로 제2의 인생 설계를 도울 수 있을 것이다.

삼성이 강한 진짜 이유

필자는 30년 전 일본 주재원으로 5년 동안 근무한 적이 있다. 그 당시의 일본은 최전성기 시절이라 소니나 마쓰시타는 그 명성이 하늘을 찌를 듯이 전 세계를 석권하여 가전왕국으로 군림하고 있었고, 도요타는 자동차왕국인 미국을 강타하고 있을 때였다. 반면 삼성전자는 반도체 사업을 막 시작했으며 전자제품은 라디오 카세트나 소형 냉장고 정도를 겨우 생산할 때라서 일본시장 진출은 엄두도 내지 못할 시기였다.

그 당시 우리 기업들은 일본 배우기에 정말 열심이었다. 그 열기를 반영하듯 1년에 2만 명 이상이 도요타에서 연수를 받았다. 그때 도요타에서의 연수는 도요타가 직접 한 것이 아니라 도요타에 오랫동안 근무했던 도요타 출신들이 강사였다.

이 책이 세상에 나오게 된 것도 바로 이러한 이유 때문이다. 어차피 삼성 스스로 자신들의 제도나 시스템을 직접 세상에 알리고 전파하는 것은 오해의 소지도 있고 어려움이 뒤따르기 마련이다. '중이 제 머리 깎기 곤란'하듯이 현직에 근무하는 삼성 사람들이 이러한 것들을 공개하거나 전파하기는 쉬운 일이 아니다. 이는 삼성에서 오랫동안 제도를 기획하고 현장에서 많은 경험을 했던 OB들의 몫이 아닌가 생각한다.

삼성은 사회에 공헌하기 위해 사회봉사 활동을 적극적으로 펴나가고 있으며 막대한 사회공헌 기금을 출연하고 중소기업 지원도 많이 하고 있지만, 그에 못지않게 인사제도나 인재 육성 노하우 같은 정보를 세상에 공개하고 전달하는 것도 중요한 사회적 책임의 한 방법이 아닐까 생각해본다.

필자는 삼성에서 오랫동안 같이 근무했던 OB들과 삼성의 인사제도나 인재경영에 대한 컨설팅과 세미나, 공개 워크숍 등을 개최하여 현장 전파활동을 적극적으로 해왔다. 그 사이 이제 삼성은 그야말로 글로벌 기업으로 우뚝 서 있다. 이병철과 이건희 회장은 분명 탁월한 인재 중심 경영으로 삼성을 글로벌 기업으로 키워냈다. 그럼에도 삼성에 대한 공부를 하기는커녕 도리어 흠집 내기에 열중인 것은 정말 안타까운 일이 아닐 수 없다. 삼성의 인재경영은 이제 세계적인 수준임에 틀림없다. 인재경영에 관한 한 삼성을 배울 필요가 있다. 도요타나 소니가 잘나갈 때 우리가 벤치마킹을 열심히 했던 것처럼 …….

이 책은 삼성의 인재경영을 다룬 필자의 저서 『10년 후 무엇을 먹고 살 것인가』가 나온 지 꼭 5년 만에 세상에 나오는 책이다. 2013년 6월 7일은 삼성 신경영이 시작된 지 20주년이 되는 날이었다. 그 사이에 삼성에는 비자금 사건으로 회장이 현직에서 물러나기도 했고 심한 질타를 당하기도, 혹독한 시련기를 맞이하기도 했지만 오히려 이것이 그룹을 결속시키고 이를 반전의 기회로 삼아 삼성전자를 주축으로 고속질주를 해왔다. 그러는 사이에 삼성의 경영 스타일은 물론 조직문화나 인사제도도 상당한 변화를 해오고 있다.

그러한 의미에서 이 책은 『10년 후 무엇을 먹고 살 것인가』의 후속편이다. 그동안 인재경영을 둘러싼 인사·교육 분야에서의 큰 틀은 유지하되, 변화된 내용들을 대부분 반영하려고 노력했다. 따라서 어떤 부분은 같은 내용으로 구성되어 있음을 밝혀둔다. 다만 지난 책이 인사부서나 경영자 중심의 눈높이로 전문성을 가지고 쓴 책이라면 이 책은 사원에서부터 간부들은 물론 일반 학생들까지도 누구나 가볍게 읽을 수 있도록 노력했다.

필자의 게으름으로 차일피일 미루던 차에 삼성에 관한 책을 쓸 것을 제안해주신 도서출판 한울의 김종수 사장님이 아니었다면 아마 지금도 원고들이 책장에 나뒹굴고 있었을지도 모른다. 거칠기만 한 원고를 꼼꼼하게 한 줄도 빼놓지 않고 다듬어주신 도서출판 한울의 편집부에게 감사드리고, 엄청난 분량의 초기 원고를 입력하고 다듬어준 친구 강수호, 그리고 독수리 타법인 필자가 안타까워 늘 옆에서 도와준 아내에게도 그 고마움을 이 글로 대신한다.

지은이 **가재산** e-mail: jska@unitel.co.kr

저자는 25년 동안 삼성의 여러 계열사에 몸담으면서 경영관리에서부터 인사기획, 경영혁신 주도에 이르기까지 오늘날 삼성 신화의 토대가 된 부서들을 두루 섭렵한 혁신의 선구자이다. 회장 비서실 인사팀에 재직하는 동안에는 이건희 회장의 경영 철학을 전파하는 일, 특히 '삼성 신경영'을 주도하는 사무국 업무를 담당하기도 했으며, 이 기간 동안 조직혁신, 신인사제도 기획, 새로운 경영모델에 대한 그룹 내 교육을 주관한 삼성 변혁의 산증인이기도 하다.

삼성을 나온 이후 인사관리 토털 서비스 기업인 (주)조인스HR을 창업하여 2003년부터 CEO, 임원, HR담당자 등을 대상으로 인사제도, 인재 육성 등과 관련한 강의와 중소기업을 중심으로 한 컨설팅을 꾸준히 수행해오면서 삼성의 인사조직에 대한 강의나 세미나를 하고 있다.

또한 2012년 '한국형 인사조직 연구회'를 만들어 회장직을 맡아 산학연(産學硏) 인사전문가 60여 명의 회원들과 함께 우리식의 한국형 경영과 한국인 특성에 맞는 인사 조직모델을 만들고 전파하는 데 앞장서고 있다.

서강대학교에서 경영학을 전공하고 MBA 과정을 수료했으며, 카이스트와 고려대학교의 CEO 과정을 수료했다. 현재 종합 HR솔루션 협동조합인 피플스그룹 대표이사로 재임 중이며, 서울 과학종합대학원 겸임교수, 고용노동부 인적자원개발 진단 및 BEST HRD 국가인증 평가위원을 맡고 있다.

여러 신문과 잡지에 인사 및 교육에 관련된 칼럼을 기고하고 있으며, 지은 책으로 『한국형 팀제』, 『디지털 시대의 간부진화론』, 『성공을 위한 모닝테크』, 『10년 후 무엇을 먹고 살 것인가?』, 『중소기업, 인재가 희망이다』, 『어떻게 최고의 인재들로 회사를 채울 것인가』, 『셈본 인생경영』 등이 있다.

한울아카데미 1653

삼성이 강한 진짜 이유: 사람·조직·조직력

ⓒ 가재산, 2014

지은이 ㅣ 가재산
펴낸이 ㅣ 김종수
펴낸곳 ㅣ 한울엠플러스(주)

초판 1쇄 발행 ㅣ 2014년 1월 25일
초판 2쇄 발행 ㅣ 2016년 1월 25일

주소 ㅣ 10881 경기도 파주시 광인사길 153 한울시소빌딩 3층
전화 ㅣ 031-955-0655
팩스 ㅣ 031-955-0656
홈페이지 ㅣ www.hanulmplus.kr
등록번호 ㅣ 제406-2015-000143호

Printed in Korea.
ISBN 978-89-460-6117-0 93320

* 책값은 겉표지에 표시되어 있습니다.